U0562543

徽州非物质文化遗产资源保护与产业融合发展研究

秦 枫 ◎ 著

人民出版社

序

徽州非物质文化遗产不仅是地方性的传统文化遗产，更是中国优秀传统文化的样本和典范，具有独特的文化风貌和文化底蕴，在政治、社会、经济、科技、文化艺术、历史等领域彰显多重价值。徽州非遗资源的保护、传承、传播及产业融合，对于提升文化认同度、保持文化多样性、增强文化经济力具有重要意义。

习近平总书记强调"要加强非物质文化遗产保护和传承"[①]，弘扬社会主义核心价值观，继承和发扬中华民族优秀传统文化，实现中华优秀传统文化的创造性转化和创新性发展。徽州非物质文化遗产资源保护与产业融合的研究具有重要的时代价值和实践意义。秦枫教授的新作《徽州非物质文化遗产资源保护与产业融合发展研究》正是立足于中华优秀传统文化的创新性发展与创造性转化的背景，对徽州非物质文化遗产进行深入研究的成果，具有现实性和针对性。

该书逻辑结构合理，整个内容体系完善，将理论研究与实证研究相结合，不仅从非遗本体角度阐述了徽州非遗保护、传承、发展的新路径，也从外在市场、政府、社会的角度阐明了徽州非遗传播、利用模式选择，对徽州

[①] 《习近平在广东考察时强调　以更大魄力在更高起点上推进改革开放　在全面建设社会主义现代化国家新征程中走在全国前列创造新的辉煌》，《人民日报》2020年10月16日。

非遗资源的传承、保护、传播及产业融合进行了深入研究，为其他区域性文化发展与创新研究提供了新的视角。首先对徽州非物质文化遗产资源进行调研，对徽州非遗特征、现状进行考察，为徽州非遗的数字化、传承、保护、传播、产业融合相关话题研究做经验性铺垫。其次从媒介融合和数字技术角度，结合传播学等相关理论分析非遗的编码解码、数据库等问题，利用数字信息技术对非遗进行重新编码、重构和阐释，在数字技术的文化层面上让公众接受，提出非遗传播体系和传播程式，以提高徽州非遗传播的广度和深度。其三，从系统性、生态性和场域性角度论述徽州非遗的文化空间保护、文化事象传承以及传承主体的保护。其四，从理论角度考察非遗传播遵循的两个逻辑：公益逻辑的传播主要是促进文化传承与保护，提升文化认同；市场逻辑的传播促使非遗转化为大众消费的文化符号和文化内容，是非遗资源市场价值创造和再生的过程。其五，阐述非遗及其文化符号融入产业运营的逻辑和路径，挖掘非遗资源中的产业要素，以及非遗参与产业融合发展的影响因素。最后是通过多元主体视角考察非遗保护传承、传播及产业融合的规制和互动问题。

本书立意新颖，具有较强的专业性、学术性、实用性和可读性。作者具有多学科学习背景和研究经历，从公共管理到文化产业管理再到传媒管理，对徽州非遗资源的研究也体现了学科的交叉性。一是扎实的调研，通过访谈的方式获取了徽州非遗及其生态保护区的材料；二是宽阔的视野，既从管理学的学科视野看待徽州非遗的保护与传承，也从数字媒介的学术角度分析非遗的传播，同时还从其他学科角度综合讨论徽州非遗的产业融合；三是理实的交融，书中既有理论层面的分析，也有丰富的经验资料和实践案例分析。

本书在其前期研究成果基础上整合、修改、拓展、完善而成，增加了最新的数据和案例。从管理学、传播学、文化生态学等学科方法和视野考察徽州区域非遗的传承、传播和发展。坚持把握导向、立足学术、着眼文化传承传播，通过对徽州非物质文化遗产的研究，为其保护、传承和传播提供科学、实用的启发和借鉴，为徽州的文化生态保护区建设提供了有力的理论支持和实践参考，有助于进一步推进非物质文化遗产创造性转化、创新性发展。该书的出版也将丰富徽文化的研究，拓展徽文化的研究边界。

是为序。

祁述裕

中央党校（国家行政学院）二级教授

中国行政体制改革研究会行政文化委员会会长

目 录

绪 论 ……………………………………………………………………001

第一章 徽州非物质文化遗产资源禀赋与现存问题……………025

第一节 徽州非物质文化遗产资源禀赋与特征……………………025

第二节 徽州非物质文化遗产资源现状与问题……………………028

第二章 空间·文化·人：徽州非物质文化遗产资源传承与保护………………………………………………038

第一节 文化空间：徽州非物质文化遗产资源存续物理场域………040

第二节 文化事象：徽州非物质文化遗产资源的组成"细胞"………052

第三节 传承主体：徽州非物质文化遗产资源的依附载体…………062

第三章 数字化：徽州非物质文化遗产资源保护与发展新路径……067

- 第一节 数字化对徽州非物质文化遗产资源的"接合"……068
- 第二节 数字环境：徽州非物质文化遗产资源新场域……074
- 第三节 数字编码：徽州非物质文化遗产资源的转化……081
- 第四节 数字载体：徽州非物质文化遗产资源数据库……093

第四章 公益与市场：徽州非物质文化遗产传播的逻辑……119

- 第一节 非遗传播困境与模式选择……119
- 第二节 认知—认同—传承：徽州非遗传播的公益逻辑……131
- 第三节 符号—品牌—经济：徽州非遗传播的市场逻辑……141

第五章 逻辑与路径：基于徽州非物质文化遗产资源的产业融合发展……170

- 第一节 稀缺与通约：徽州非物质文化遗产资源的产业逻辑……171
- 第二节 约束与优势：徽州非遗资源与产业融合SWOT分析……184
- 第三节 徽州非物质文化遗产资源产业融合关键及模式选择……198

第六章 规制与互动：政府、社会、市场多主体视角……213

- 第一节 理论基础：政府管理、利益相关者、公共产品理论……214
- 第二节 政策规制：非物质文化遗产资源保护与产业融合……223
- 第三节 协同互动：非物质文化遗产利益相关者相互作用……228

第四节　非遗资源产业融合的支撑系统 245

结　语 255

参考文献 264

附录一　"徽州非物质文化遗产资源保护与产业融合发展"
　　　　 访谈提纲 275

附录二　"徽州非物质文化遗产资源保护与产业融合发展"
　　　　 访谈对象简表 277

后　记 279

绪　论

一、研究背景与研究意义

（一）研究背景

1. 传统文化振兴

文化是一个国家、一个民族的灵魂。文化兴国家兴，文化强民族强。没有高度的文化自信，没有文化的繁荣发展，就没有中华民族伟大复兴。党的十八大以来，习近平总书记多次就中华文明、中华优秀传统文化、文化遗产等发表重要讲话，强调中华优秀传统文化的历史影响与重要意义，为传承和发展中华优秀传统文化指明了方向。2023年6月，在文化传承发展座谈会上，习近平总书记指出："中国文化源远流长，中华文明博大精深。只有全面深入了解中华文明的历史，才能更有效地推动中华优秀传统文化创造性转化、创新性发展，更有力地推进中国特色社会主义文化建设，建设中华民族现代文明。"[①]

早在2017年，中共中央办公厅、国务院办公厅就印发了《关于实施中华优秀传统文化传承发展工程的意见》并提出："到2025年，中华优秀传统

[①] 习近平：《在文化传承发展座谈会上的讲话》，《人民日报》2023年9月1日。

文化传承发展体系基本形成，研究阐发、教育普及、保护传承、创新发展、传播交流等方面协同推进并取得重要成果，具有中国特色、中国风格、中国气派的文化产品更加丰富，文化自觉和文化自信显著增强，国家文化软实力的根基更为坚实，中华文化的国际影响力明显提升。"党的二十届三中全会提出："必须增强文化自信，发展社会主义先进文化，弘扬革命文化，传承中华优秀传统文化，加快适应信息技术迅猛发展新形势，培育形成规模宏大的优秀文化人才队伍，激发全民族文化创新创造活力。"①

  作为中华优秀传统文化的重要组成部分，非物质文化遗产是民族文化的精华与民族智慧的结晶，是文化自信的鲜活载体，也是文化强国的厚重沉淀，更是全人类的文化瑰宝。非遗不仅是文化的具体表现形式，更是承载人类智慧和社会记忆的载体。通过保护非遗，我们能够维护这些独特文化的生存状态，使其在现代社会继续发挥重要作用。非遗的传承过程涉及人与人之间的互动，这种互动不仅是技艺和知识的传递，更是情感与文化认同的深化。非遗的传播则是将这种多层次的文化价值扩展到更广泛的群体，从而提高非遗的知名度（尤其是濒临失传的非遗），唤起公众的保护意识，增强社会的凝聚力，促进不同文化之间的交流与理解。以文化自觉培育文化自信，充分激发文化活力。习近平总书记一直非常关心非物质文化遗产的保护传承。2019年，在敦煌研究院座谈时的讲话中，习近平总书记指出："要加强对国粹传承和非物质文化遗产保护的支持和扶持，加强对少数民族历史文化的研究，铸牢中华民族共同体意识。"2022年，习近平总书记对非物质文化遗产保护工作作出重要指示："要扎实做好非物质文化遗产的系统性保护，更好满足人民日益增长的精神文化需求，推进文化自信自强。要推动中华优秀传统文化创造性转化、创新性发展，不断增强中华民族凝聚力和中华文化影响力，深化文明交流互鉴，讲好中华优秀传统文化故事，推动中华文化

---

① 《中国共产党第二十届中央委员会第三次全体会议文件汇编》，人民出版社2024年版，第9页。

更好走向世界。"2024 年，习近平总书记对加强文化和自然遗产保护传承利用工作作出重要指示，强调"要持续加强文化和自然遗产传承、利用工作，使其在新时代焕发新活力、绽放新光彩，更好满足人民群众的美好生活需求。"①

2. 非遗传承发展

社会环境必然会发生改变，与之相伴的是，植根于社会环境中的文化记忆可能会被遗忘。在新媒介时代，非遗文本不能继续"不言自明"，陷入了因文本与当下存在时间差、空间差而产生的张力之中。非遗的传承发展，首先在于"保"——保存、保护。在运用传统方式进行保存、修复和保护的同时，要不断提高对非遗的考证、阐释、转化和现代化存储的能力。既要有静态的数据梳理、馆藏式保存，更要进行动态的保护，在日常生活中、现代生产中进行活态化保护，通过让非遗从存量转向增量的方式保护。数字技术已经使许多濒临消亡的事物重获新生，原本看上去毫无关联的传统文化与产业，可以借助数字技术构建新的联结与跨界，拓展出许多新兴业态。而这种跨界与融合，恰恰让传统文化、文化遗产等中华历史文化瑰宝找到了新的传承发展思路。利用新型数字媒介技术对文化遗产进行数字化采集、处理、再现、解读、保存与传播，使之从唯一性、主体性、专有性转变为多元性、数字性、共享性。其次在于"传"——传承、传递、传播。在保护非遗事项本身的同时，更要关注"人"的传承与"文化"的传递。要完善代表性传承人制度，将非遗传承融入国民教育体系，推动传统传承方式和现代教育体系相结合，拓宽人才培养渠道，不断壮大传承队伍，增强传承活力，让非遗延续历史文脉、见证中华文明绵延传承。在全球化、数字化时代，传播为文化遗产和现代社会的良性互动、中华文明与西方文明的交流互鉴提供了媒介和桥梁。以非遗为话语载体，提升非物质文化遗产领域的文化话语权，促进中华

---

① 《进一步加强文化和自然遗产的体性、系统性保护——习近平总书记重要指示为加强文化和自然遗产保护传承利用工作指明方向》，《人民日报》2024 年 8 月 7 日。

优秀传统文化与世界非遗文化的沟通与交流，推动中华优秀传统文化走出去，增强中国非遗的传播力、引导力、感召力和亲和力。在国际传播中，拓宽非遗传播的广度和深度，让不同文化形态在此基础上交流碰撞，促进民心相知相通，消除文化误解，减少文化理解障碍，达到"美人之美，美美与共"的和谐状态。

3. 数字技术进步

中国互联网络信息中心发布的第 53 次统计报告显示：截至 2023 年 12 月，我国网民规模达 10.92 亿人，互联网普及率达 77.5%。数字技术的影响是非常广泛的，除对文化产业发展的巨大影响外，对文化消费者的影响也不容忽视。在数字媒介技术下，考察非遗从传承、传播到数字生存与发展的情况，推进非遗数字化理论和实践研究。非物质文化遗产的独特之处在于，其并非物质性遗产，而是人类思想、实践和创造的文化表现。这些文化元素通常以口头方式传承，代代相传，这对社群认同和文化传承相当重要，但也因此很难被完整全面地记录与传播。随着信息技术的蓬勃发展，数字技术为系统性保护和传承非物质文化遗产拓展了全新的路径，它能让我们以更全面、精确和持久的方式记录、保存和传播非遗，从而突破时空限制，实现跨时空的传承和发展。首先，数字化存储技术为非遗的系统性保护提供了强有力的支持。通过数字化记录，传统技艺、民俗活动和口头传说等非遗内容能够得到全面、准确的保存。这种方式不仅能有效避免因时间流逝或人为因素导致的遗失风险，还能将这些珍贵的文化资料转化为数字档案，便于后续的研究和利用。其次，数字技术为非遗的传播提供了新的平台与渠道。社交媒体和网络视频平台的兴起，使非遗传播不再局限于特定的地域或人群。通过短视频、直播等形式，非遗的表现形式得以生动展现，吸引大量观众关注。这种互动性与参与性提高了公众对非遗的认知，激发了他们的兴趣和参与感，从而形成更广泛的文化认同和传播网络。最后，虚拟现实（VR）和增强现实（AR）技术的应用，为非遗的展示和体验提供了更为丰富的维度。借助 VR

技术，用户能身临其境地体验传统节庆或手工艺制作过程，增强对非遗的理解与感受。

4. 产业发展需要

非遗保护工作的落脚点在于，在传承的基础上发挥非遗的当代价值，这不仅是静态保存，更是活态的利用。费孝通曾说："这些传下来的东西之所以传下来就因为它们能满足当前人们的生活需要。"[①] 既然能满足现代人的需要，它们就属于现代社会。2021年春节前夕，习近平总书记走进贵州黔西化屋村的苗绣扶贫车间，了解发展特色苗绣产业、传承民族传统文化等情况，并指出："民族的就是世界的。特色苗绣既传统又时尚，既是文化又是产业，不仅能够弘扬传统文化，而且能够推动乡村振兴，要把包括苗绣在内的民族传统文化传承好、发展好。"[②]

习近平总书记强调："要推动文化产业高质量发展，健全现代文化产业体系和市场体系，推动各类文化市场主体发展壮大，培育新型文化业态和文化消费模式，以高质量文化供给增强人们的文化获得感、幸福感。"[③] 传统文化是内容发展的母体，发展新型文化业态可增强多元化供给能力，满足多样化社会需求，繁荣文化市场。《中华人民共和国非物质文化遗产法》第三十七条规定："国家鼓励和支持发挥非物质文化遗产资源的特殊优势，在有效保护的基础上，合理利用非物质文化遗产代表性项目开发具有地方、民族特色和市场潜力的文化产品和文化服务。"近年来，国家制定并出台了诸多有关文化产业的法律法规、政策文件，鼓励挖掘地方优秀文化（如非遗）。非物质文化遗产所蕴含的精湛的传统技艺、深厚的民族思维、独特的文化基因为文化创意产业提供了文化素材和创意源泉。同时，文化创意产业也给非物质文化遗

---

① 费孝通：《江村经济》，上海人民出版社2013年版，第298页。
② 《习近平春节前夕赴贵州看望慰问各族干部群众向全国各族人民致以美好的新春祝福 祝各族人民幸福吉祥 祝伟大祖国繁荣富强》，《人民日报》2021年2月6日。
③ 《习近平在全国宣传思想工作会议上强调举旗帜聚民心育新人兴文化展形象更好完成新形势下宣传思想工作使命任务》，《人民日报》2018年8月22日。

产带来了前所未有的发展机遇，提供了创新机制和融入现代社会的途径。

（二）研究意义

徽州非物质文化遗产不仅是地方性的传统文化，也是中华优秀传统文化的样本和典范。其具有独特的文化风貌和深厚的文化底蕴，在政治、社会、经济、科技、文化艺术、历史等领域彰显多重价值。在现代化和全球化的社会中，非遗的保护、传承、传播及产业融合，对于深化文化的地方性、多样性和经济性保护与发展有着重要意义。徽州非遗资源的保护与产业融合亦契合联合国教科文组织的倡议和国家对非遗的指导方针，研究此主题其意义不言而喻。

1. 理论意义

（1）有利于徽州非物质文化遗产资源的传承、保护与传播，为其他区域性文化的发展与创新提供参考。从场域环境、文化记忆、文化生态多样性等视角出发，以文化空间、文化事象、传承主体为切入点研究保护与传承。在媒介融合和数字媒介语境下，提出非物质文化遗产传播模式，从而提高徽州非物质文化遗产传播的广度和深度，提升公众对徽州非物质文化遗产资源的感知度和认同感，传播区域文化。

（2）有利于徽州非物质文化遗产资源的内容整理与信息挖掘。挖掘徽州非物质文化遗产资源的内容是传统文化复兴和地方文化产业发展的内在要求。对于非物质文化遗产，不仅要保护与传承，更要运用现代技术和话语体系重新解读与诠释，赋予其新的文化意涵，使之与现代生活相关联，也就是利用数字信息技术对非物质文化遗产重新编码、重构和阐释，让公众在数字技术的文化层面上接受它。数字化在重构非物质文化遗产的同时，还带来了公众认知、消费和利用遗产的行为的变化，即产生对技术层面的数字化的人文认知、思考与行动。

（3）从理论上阐述非物质文化遗产（作为区域优秀传统文化）资源参与产业融合的逻辑与路径。基于空间、主体、制度、环境、产业等共生依赖关系，通过系统论的视角尝试构建完整的徽州非遗资源保护与产业融合的生态系统，为徽州文化发展提供理论支撑，这在一定程度上有助于提升徽州乃至安徽的文化软实力。

（4）为文化资源、文化传播等相关学科建设提供了有益的补充和拓展。

2.现实意义

（1）在文化产业繁荣发展的背景下，徽州非物质文化遗产保护传承研究能为徽州文化生态保护区①的建设提供可行性方案和行动指南；非遗的数字化和产业化研究，有利于徽州文化的传播。

（2）数字化研究与产业融合研究是社会、经济发展的趋势。非物质文化遗产资源是文化创意产业、旅游产业、影视产业等业态的内容来源和基础素材。从本书的研究区域与对象来看，徽州非物质文化遗产的数字化转化使社会公众有可能理解文化遗产资源的内涵和价值，并推动文化创新。这有利于徽州文化遗产资源的保护与传承，即使失去传承人，亦可运用数字技术将其保存并呈现给后人。同时，对徽州非物质文化遗产资源的产业融合进行实证研究，通过对徽州非遗资源产业化的 SWOT 分析和产业融合影响因素 ISM 分析，能为其他非遗或其他区域的产业融合、模式、路径及可持续发展提供借鉴；为文化主管部门和文化企业在布署顶层设计与产业融合时提供参考。

二、文献回顾

关于非遗的学术回顾，主要针对本书各章节涉及的内容进行梳理。非遗研究在国内起步较晚，以中国知网（核心期刊及 CSSCI 期刊论文）为例，自 2003 年始，关于非遗的研究日益活跃，2006 年后更是如雨后春笋般涌现，研究成果总体上升，其中，2012—2013 年和 2023 年出现了两个小高潮，这与非遗实践紧密相关。2003 年 10 月 17 日，联合国教科文组织第 32 届大会通过《保护非物质文化遗产公约》（简称《公约》），这是人类非物质文化遗

---

① 2008 年 1 月，徽州文化生态保护实验区获批。2019 年 12 月，实验区通过文旅部验收，徽州文化生态保护区入选国家级文化生态保护区。

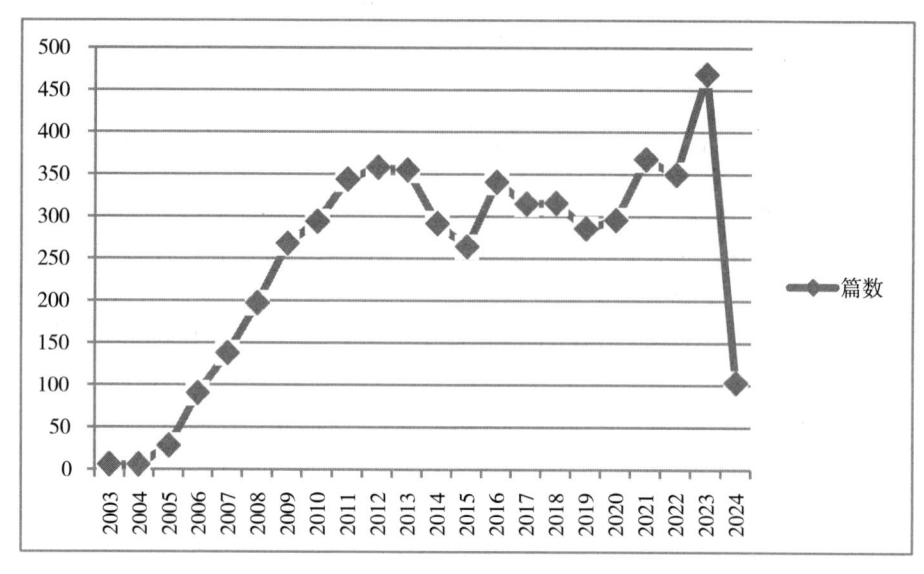

图 0-1　2003—2024 年关于非遗研究的文献数量统计

产保护事业的重要里程碑。2004 年，中国成为第 6 个加入《公约》的国家；2013 年是《公约》发布十周年，2014 年则是中国加入《公约》十周年；2022 年，习近平总书记对非遗保护作出重要批示，2023 年是《公约》发布二十周年。非遗本身不是新事物，是历史文化传承的结果，但非遗研究却是一个与时俱进的话题。下面，笔者将从四个部分进行回顾。

(一) 关于非物质文化遗产的本体性研究

1. 非遗概念性研究

对于非遗及其相关概念，学界有不同的认识。联合国教科文组织在《保护非物质文化遗产公约》（下称《公约》）中定义了"非遗"，但该定义是通过类别划分的方法对非遗内容进行描述和列举，这种划分可能会导致人们对非遗的认知产生偏差，不利于非遗的保护与传承[①]。非遗的概念早已有之，

---

① 连冕：《"非物质文化遗产"保护的悖论与新路径》，《装饰》2005 年第 1 期，第 19 页。

但并未形成统一认知,无论是日本的无形文化财概念,还是联合国教科文组织的相关概念,都涉及非遗,但非物质文化遗产不等于非物质文化①,不能混为一谈。非物质文化是一种文化状态,而非遗则是一种特殊的文化样式经过一定的制度安排程序,成为公共文化的文化自觉过程②。王文章从理论和实践两个层面进行了深入的思考和探索,其编著的《非物质文化遗产概论(修订版)》(2013)从理论框架、概念阐释、实践内容等方面对非物质文化遗产进行了开创性研究,是非遗研究和实践的指导性文献之一。此外,非遗的本真性相关概念研究也是一个重要议题,非遗本真性与非遗活态性在遗产实践中存在矛盾③,不同利益相关方基于自身需求对本真性有不同的认识。

2. 非遗保护与传承研究

非遗保护与传承研究是当下非遗研究的重点,通过文献分析,可大致分为以下几个方面:(1) 非遗传承人研究。非遗保护与传承的本质在于"人"——对传承人的保护和培养,离开传承人这一主体,非遗则无从谈起,所以传承人是众多学者重点研究的对象。传承人的生活与生产状况直接影响着他们传承的信心和动力,应加强对传承人的生产、生活、传承意愿等问题的关注,引导传承人更好地参与非遗保护与传承④,并在法律法规层面界定传承人的地位和权利,在物质、精神、环境、科研等方面提高关注度和保护力度⑤。但也要考虑到有些非遗为群体共有而非个体独占,若只为个别人提

---

① 向云驹:《论"口头和非物质遗"的概念与范畴》,《民间文化论坛》2004年第3期,第69-73页。

② 高丙中:《非物质文化遗产:作为整合性的学术概念的成型》,《河南社会科学》2007年第2期,第15—17页。

③ 唐璐璐:《非物质文化遗产的本真性:实践中的概念误用与路径混淆》,《文化遗产》2022年第6期,第9—17页。

④ 樊嘉禄:《非物质文化遗产项目评定中的几个问题》,《安徽大学学报(哲学社会科学版)》2007年第4期,第37—39页。

⑤ 苑利、顾军:《非物质文化遗产传承人管理工作中的几个问题》,《河南社会科学》2015年第23期,第109—113、124页。

供物质补助，必然会引发传承群体的心理失衡①。(2) 保护与传承原则和制度研究。关于非遗保护与传承原则，在《公约》倡议的基础上，国内外学者进行了积极且富有建设性的讨论。既有统一的认识——"活态化""本真性""完整性""真实性"等保护与传承原则；又有差异化观点，如非物质文化遗产是一种整体性、生命性、生态性的资源，在保护中要坚持"生命、创新、整体、人本、教育、协调"六原则②；同时，非遗保护也要与时俱进，坚持创新原则；非遗作为制度确定的公共文化，政府必然是其保护与传承的主体，必须坚持主体的主导性③，不同学科背景和知识结构的学者从自身研究出发，提出了不同的保护与传承原则。在制度层面，除研究解读国家和地方出台的法律法规和条例，学者们还从制度机制方面讨论非遗的传承与保护，完善非遗传承人及项目的申报、认定和保护方式④，政府在资助非遗传承工作时，变"输血"为"造血"，运用经济杠杆，发挥市场作用⑤。(3) 保护与传承模式研究。对非遗保护模式的探索，主要集中于两大类：一是"馆式"保护，包括博物馆（数字、生态博物馆）、档案馆、图书馆、文化馆等，每种场馆都有自己的特色和优势，可根据非遗的不同属性和特征，进行相应的场馆保护。二是活态性保护，即生产性、生活性保护模式。当下生活离不开传统文化的滋养，非遗是现实生活的一部分（不少非遗，特别是生产技艺性的非遗，至今发挥着应有的功能和价值），非遗与现代产业相融合，在符合文化发展规律的基

---

① 苑利：《非物质文化遗产传承人保护之忧》，《探索与争鸣》2007年第7期，第66—68页。

② 贺学君：《非物质文化遗产"保护"的本质与原则》，《民间文化论坛》2005年第6期，第71—75页。宋俊：《可持续发展理念与非物质文化遗产系统性保护》，《文化遗产》2023年第3期，第1—8页。

③ 王大为：《试论非物质文化遗产的保护原则》，《黑河学刊》2012年第5期，第43、78页。

④ 萧放：《关于非物质文化遗产传承人的认定与保护方式的思考》，《文化遗产》2008年第1期，第27—132页。

⑤ 苑利：《非物质文化遗产保护中的"输血"与"造血"》，《文化遗产》2015年第3期，第1—5页。彭凯、晋琳琳：《新兴经济体企业传承创新民族非遗技艺的演进路径与作用机制——基于战略性社会责任视角的案例分析》，《学术研究》2023年第11期，第47—51页。

础上参与产业运营，成为区域社会经济发展的驱动力。(4) 传承与保护的主体研究。除传承人这一主体外，不少学者围绕非遗进行主体性研究，对政府、非政府组织、企业、学者、当地民众、文化消费者等方面的研究与探讨。(5) 非遗文化空间研究。随着我国非遗研究和保护实践的深入，学界日益关注非遗的生存环境、空间结构、文化关联等。文化空间是特定活动方式和共同文化的形式及环境，兼具时空性和文化性，并非空间的具体表现形式①，有学者认为文化空间还应包含该遗产生存、发展以及传承的空间，非遗的文化空间应具备活态性、传统性、整体性三个特征，这样才能体现文化空间的特性及其在非物质文化遗产保护中的重要地位②，文化空间应真实地、生活化、整体地呈现非物质文化遗产③。文化空间是传统文化活动集中区，是传统或民间文化有规律地表达的地方④。在前期研究的基础上，不少学者开始探索非遗的文化空间及其保护：有从保护理念方面探讨的，有从在地民众角度阐述的，还有从保护方式维度讨论的。但尚未将文化空间作为自然、社会、政治的耦合系统进行深入探讨。

(二) 关于非物质文化遗产数字化方面的研究

1. 国外研究概况与趋势

纵观国外文化遗产数字化实践，主要特征就是运用当代科技增强文化遗产保护力度，这有助于遗产的存储、传播和研究。

在非物质文化遗产理论方面，首先是对概念本身的研究。Janet Blake 从四个维度阐释了非物质文化遗产的定义：不同国家对文化财和文化遗产概念的界

---

① 陈虹:《试谈文化空间的概念与内涵》,《文物世界》2006 年第 1 期, 第 44—46、64 页。

② 张博:《非物质文化遗产的文化空间保护》,《青海社会科学》2007 年第 1 期, 第 33—36、41 页。

③ 向云驹:《论"文化空间"》,《中央民族大学学报（哲学社会科学版）》2008 年第 3 期, 第 81—88 页。

④ 乌丙安:《〈孟姜女传说〉口头遗产及其文化空间——国家级非物质文化遗产〈孟姜女传说〉评述》,《民俗研究》2009 年第 3 期, 第 5—11 页。

定;对文化遗产本质的讨论;从文化意识和文化遗产角度的阐述;通过明确文化权利的内涵来加深对文化遗产的理解。① Ahmad Yahaya 对非物质文化遗产的概念进行了阐述,并比较了各国在遗产范围和定义方面的不同表述。②Marilena Vecco 从有形和无形两个角度探讨了该概念并强调要接受对非物质文化、口头文化以及对文化多样性的认可。③Julia Kolesnikova 指出,非物质文化遗产的概念不应局限于国家和民族的区域划分,而应依据文化遗产的成长环境进行分类。④

文化遗产数字化的研究方面,以"cultural heritage"+"digital"作为检索词,在 ProQuest 学位论文数据库、Wiley 学术图书在线等外文学术资料库进行组合检索,其研究成果多集中在传播与艺术设计、计算机科学、图书馆学等领域。Kate Hennessy 认为,以社区为基础对非物质文化遗产进行记录、传播和生产,数字遗产在数字时代保护了遗产的复杂性。⑤Jeremy Boggs 认为数字文化遗产的视觉界面和前景浏览的应用设计有助于对文化遗产的理解。⑥Anil Singh 讨论了印度政府对文化遗产资源的数字化保存措施等内容。⑦Boamah 等人提出影响数字文化遗产资源保护的四大类因素——态度、资源、政策、管理因素。Brown 等人强调要利用数字技术对文化遗产进行保存和利用,确保

---

① Janet Blake,"On Defiming the Cultural Heritage", in *The International and Comparative Law Quarterly*, 2000, 49(1), pp.61-65.

② Ahmad Yahaya, "The Scope and Definitions of Heritage: From Tangible to Intangible", *International Journal of Heritage Studies*, 2006, 12(3), pp.292-300.

③ Marilena Vecco,"A Definition of Cultural Heritage: From the Tangible to the Intangible Science Direct", *Journal of Cultural Heritage*, 2010,11(3), pp.321-324.

④ Julia Kolesnikova, "Correlation of Concepts of Intangible Property of the State, National Wealth and Intangible Heritage", *Procedia Social and Behavioral Sciences*, 2015,188,pp.237-241.

⑤ Kate Hennessy,"Cultural Heritage on the Web: Applied Digital Visual Anthropology and Local Cultural Property Rights Discourse", *International Journal of Cultural Property*, 2012.

⑥ Jeremy Boggs,Stan Ruecker, Milena Radzikowska, and Stéfan Sinclair(eds.),"Visual Interface Design for Digital Cultural Heritage. A Guide to Rich-Prospect Browsing", *Literary and Linguistic Computing*, 2012.

⑦ Anil Singh,"Digital Preservation of Cultural Heritage Resources and Manuscripts: An Indian Government Initiative", *IFLA Journal*, 2012.

文化遗产能够提供给公众，即用于娱乐、教育等。① 以上研究从区域、项目或技术实现方面着手分析文化遗产数字化，而Cameron & Kenderdine与Kalay等人则从文化和媒介批判的视角对文化遗产数字化进行了理论探索。②

2. 国内研究概况与趋势

关于非物质文化遗产数字化方面的研究，代表性的论著有李欣《数字化保护：非物质文化遗产保护的新路向》、杨红《非物质文化遗产数字化研究》和彭冬梅《数字化保护：非物质文化遗产保护的新手段》等。关于非遗数字化的学术论文，一是宏观概述性研究。部分学者对非遗数字化保护进行了概念性和宏观性研究，涵盖非遗数字化概念、意义、现状等方面③；二是针对某类非遗项目或某区域非遗的数字化研究④；三是从图书、档案馆等视角关于非遗的数字化研究⑤；四是针对某数字技术在非遗中的应用研究⑥。

---

① Deidre Brown, George Nicholas, "Protecting Indigenous Cultural Property in the Age of Digital Democracy: Institutional and Communal Responses to Canadian First Nations and Māoriover-Barori Heritage Concerns", *Journal Of Material Culture*, 2012.

② Fiona Cameron, Sarah Kenderdine, *Theorizing Digital Cultural Heritage: A Critical Discourse,* Cambridge, Mass: MIT Press, 2007; Yehuda E. Kalay etc., *New Heritage: New Media and Cultural Heritage,* Routledge, 2007, p. 320.

③ 黄永林、谈国新：《中国非物质文化遗产数字化保护与开发研究》，《华中师范大学学报（人文社会科学版）》，2012年第2期，第49—55页。

④ 彭冬梅、潘鲁生、孙守迁：《数字化保护——非物质文化遗产保护的新手段》，《美术研究》，2006年第1期，第47—51页。林毅红：《基于数字化技术视角下的非物质文化遗产保护研究——以黎族传统纺染织绣工艺为例》，《民族艺术研究》2011年第5期，第116—121页。曹玲、张丽：《江苏非物质文化遗产数字化保护实践分析》，《兰台世界》2011年第26期，第74—75页。

⑤ 张眎：《从非物质文化遗产数字化保护看图书馆合理使用制度》，《图书馆理论与实践》2009年第10期，第4—8页。张小芳：《图书馆数字化保护非物质文化遗产探析》，《图书馆学刊》2010年第9期，第44—46页。高鹏：《利用数字化档案技术保护非物质文化遗产》，《大众文艺》2010年第19期，第179—180页。

⑥ 吴林娟、瞿辉：《基于XML/Metadata的非物质文化数字图书馆建设》，《图书馆界》2010年第3期，第4—6页。刘斌：《基于G/S模式的非物质文化遗产异构数据可视化共享机制研究与实现》，成都理工大学2011年博士论文。张红灵：《数字图书馆建设中的非物质文化遗产数字化保护》，《四川大学学报（哲学社会科学版）》2008年第1期，第123—125页。

目前对非遗数字化研究多涉及遗产的数字化框架、数字技术语言、数据库问题、数字博物馆、数字图书馆等方面，很少涉及文化主体的话语权问题；较多的讨论文化遗产的数字化技术，很少讨论在文化遗产数字化过程中的文化问题、伦理问题、知识产权问题、文化主体权利与权益问题、遗产阐释力问题等。国内关于非遗数字化保护、非遗数据库等方面的学术研究尚处在起步阶段，但学术与实践已意识到非遗数字化的重要性和现实意义。然而，非遗数字化研究涉及文理工多学科、知识跨度大，国内许多现有的研究面临系统研究和深度研究的困境，存在技术、理论与实践脱节以及理论学者与技术人员缺乏深度交流的情况。

（三）非物质文化遗产传播研究

在新兴媒体蓬勃发展，尤其是数字媒介出现的背景下，对非遗传播的研究不仅局限于传统媒介，数字化、网络化等线上传播研究正蓬勃兴起。非遗的传播实践拓展了公众对非遗关注的深度与广度，如央视及省级卫视的非遗类文化节目，这些实践带动了学术研究，相关学术论文和著作也逐渐增多。

国外学者对非遗的研究可分为两个方面：一方面聚焦于大众媒介和数字媒介对非遗的传播与呈现，以及数据库等新兴媒体对非遗的传承与保护话题。例如，Karp 提出将非遗数字化并保存到虚拟博物馆共享。[1]Carbi、Crawhall 等人[2]提出文化遗产虚拟体验系统、设计非物质文化遗产信息管理系统。另一方面是对当下大众媒介对非遗的传播进行反思和批判。例如，W.Benjamin 论及工业复制技术使非遗失去了年代感和空间价值[3]；Y.Kalay 等

---

[1] Cary Karp,"Digital Heritage in Digital Museums", *Museum Interna-tional*, 2004, 56（1-2），pp. 45-51.

[2] Cabri G, Bonfigli M E, Zambonelli F, et al.,"Virtual Visits to Cultural Heritage Supported by Web-agents", *Information & Software Technology*, 2004，46（3）pp.173-184.Crawhall N. "A Protection and Management Oriented Intangible Culture Heritage MIS Architecture and its Prototype Application", *Journal of Cultural Heritage*, 2008（12），pp. 1063-1067.

[3] Benjamin W. *The work of Art in the Mechanical Age of Reproduction*, London: Penguin Books Ltd., 2008.

学者认为复制会让非物质文化遗产的传承呈现碎片化，缺乏完整性，新媒介传播会使大众对非遗理解片面化①。

国内关于非遗的传播研究目前有以下几种倾向：一是运用传播学相关理论分析非遗传播内容、渠道、受众、效果等，并论述其在文化交流、普及等方面的价值。②二是针对某一项、某地非遗事项进行传播学分析，如戏曲民歌、节日文化传播。三是研究大众传媒在非遗传承与保护中的作用。③四是研究视听影像的非遗传播，包括短视频、纪录片、电影、电视、广播等媒介。④五是研究非遗的数字化传播，运用信息理论、传播学，探讨全球化、互联网语境下数字媒介环境中的非遗传播特点，以及数字媒介对非遗保护与传播的方式。⑤在专著方面，仲富兰教授的《民俗传播学》将传播学理论应用于非遗研究，把非遗作为民俗文化的组成部分，指出非遗就是民俗文化

---

① Kalay Y, Kvan T, Affleck J. *New Heritage: New Media and Cultural Heritage*, London: Routledge, 2007.

② 谭宏：《关于非物质文化遗产传播的思考——基于"拉斯韦尔5W模型"的分析》，《新闻爱好者》2009年第6期，第14—15页。柴颂华、吕尚彬：《基于"5W"模式下的非物质文化遗产传播研究》，《学术论坛》2016年第7期，第149—153页。向勇：《非物质文化遗产创意传播的三重立场：中国性、现代性和未来性》，《云南民族大学学报（哲学社会科学版）》2023年第6期，第58—61页。

③ 刘壮、谭宏：《传媒在非物质文化遗产保护中的作用》，《新闻爱好者（理论版）》2007年第12期，第22—23页。权玺：《论广告对非物质文化遗产的保护利用》，《兰州大学学报（社会科学版）》2008年第4期，第80—83页。穆昭阳：《大众媒介语境下的非物质文化遗产传播》，《长江师范学院学报》2010年第4期，第25—28页。

④ 黄仲山：《近年来非物质文化遗产的电视综艺化传播》，《四川戏剧》2018年第8期，第61—63、69页。魏鹏举、魏西笑：《非遗短视频发展的现象学分析：以三位抖音头部博主为观察对象》，《云南民族大学学报（哲学社会科学版）》2023年第6期，第61—63页。

⑤ 谈国新、孙传明：《信息空间理论下的非物质文化遗产数字化保护与传播》，《西南民族大学学报（人文社会科学版）》2013年第6期，第179—184页。常凌翀：《互联网时代西藏非物质文化遗产的数字化传播路径》，《中央民族大学学报（哲学社会科学版）》2014年第3期，第167—171页。汪海波、郭会娟、李林森等：《供给侧改革背景下的文化遗产数字化传播研究》，《艺术百家》2017年第1期，第105—109、161页。黄佳雨、刘颖：《新时代我国体育非物质文化遗产研究的进展与展望》，《吉林体育学院学报》2022年第6期，第25—32页。

中的民间民俗,其对民俗学和传播学所做的探究,为非遗传播奠定了基础。其他相关著作中亦有提及非遗传播的话题,如杨红的《非物质文化遗产展示与传播前沿》。总体而言,当前非遗传播研究成果日益增多、视角多元,特别是以新兴媒介、文旅融合等视角论证非遗传播。研究方法多为定性研究,进行个案研究,以某一地或某一项非遗为研究对象,考察非遗传播的现状和问题。

(四) 非遗资源产业融合研究

非遗资源的产业融合,是借助市场运行机制,把非遗当作生产要素,经产业化运营,将其转化为文化商品或服务。然而,并非所有非遗都能进行产业化运营,只有具备产业要素的非遗,才能利用其文化符号参与到产业化中去[1],这意味着要对非遗进行分类对待,将非遗传承和产业开发分开,文化传承与文化产业二者并重,在市场中实现非遗的产业价值,进而反哺非遗的保护与传承[2]。不过,但要区分非遗产业化与一般产品产业化,非遗产业化应保持适度的范围。[3] 在工业化、全球化的背景下,部分非遗濒危,仅靠政府和传承人的保护,难以维持其生命周期。将非遗推向市场,进行产业化利用也是一种保护非遗的方式[4],同时非遗产业开发也是一种对非遗的传播。从当前的非遗保护和利用情况来看,非遗产业运用存在政策滞后、法律法规

---

[1] 佟玉权、赵玲:《非物质文化遗产保护利用的产业化途径及评价体系》,《学术交流》2011年第11期,第187—191页。黄永林:《非物质文化遗产产业利用意义和发展模式研究》,《中国文艺评论》2022年第8期,第13—26页。

[2] 周高亮、吕军:《吉林省非物质文化遗产保护产业化战略思考》,《东北史地》2012年第4期,第87—90页。

[3] 佟玉权、邓光玉:《农村非物质文化遗产保护中的民间组织作用》,《贵州大学学报(社会科学版)》2012年第6期,第117—121页。

[4] 于茜虹、陈锋:《产业化视角下的吉林省非物质文化遗产资源评估与实证检验》,《产业与科技论坛》2015年第3期,第97—98页。周茜茜、萧放:《遗产与资本:非物质文化遗产作为文化资本的当代实践》,《文化遗产》2023年第1期,第40—46页。

不完善、资金匮乏、产业结构不合理等问题。非遗产业融合指的是与非遗相关的物态要素的市场化和产业化，而不是非遗精神层面要素的市场化[①]。通过文献可知，国内非遗产业化研究呈现出以下特点：一是将非遗保护与产业融合并重，提倡用市场来解决非遗保护问题；二是非遗与旅游产业、影视产业融合，是当前研究的热点；三是相对保守的观点，对非遗产业化持谨慎态度或反对的意见。但研究缺乏系统观点，缺少多主体互动的视角；此外，理论的宏观研究和个案研究较多，实证性研究相对不足。

三、研究方法与研究内容

（一）研究方法

本书的研究对象是非物质文化遗产，它涉及多个学科，研究内容包括非遗保护与传承、非遗传播、非遗产业融合等，这就需要多学科视角与多元化研究方法，主要采用以管理学、传播学、文化生态学方法为主的跨学科研究方法。从整体设计来看，采取规范的理论研究和实证分析方法。规范的理论研究主要为：对当前非遗研究进行学术回顾；查阅、整理徽州非遗资源，分析非遗传承保护的现状与问题，以及非遗产业融合的相关问题。实证方面主要是对徽州非遗进行田野调研，考察徽州非遗传承保护意愿及其影响因素，探讨非遗传播与文化认同的联系，对徽州区域非遗产业融合进行实证分析，最后在理论论证和实证分析的基础上提出徽州非遗的传承保护模式、非遗传播路径以及产业融合的系统化生态化建议方案。

具体研究方法如下：

1. 田野调查与问卷访谈结合：采用实地考察、访谈和问卷发放对徽州非遗相关主体进行调查，考察非遗的生存状态及非遗事项存在的问题，研究相

---

① 杨亚庚、陈亮、陈文俊等：《论宜产型非物质文化遗产的产业化》，《河南社会科学》2014年第1期，第118—122页。石美玉、詹雪芳：《旅游促进非遗创造性转化与创新性发展的中国经验》，《旅游学刊》2024年第3期，第12—15页。

关主体对徽州非遗保护传承、非遗数字化与产业融合认知程度、参与态度以及徽州文化传播效果等，考察徽州非遗传播、文化认同和产业融合等内容。

2. **模型分析**：运用德尔菲法和解释结构模型（ISM），对徽州非遗传承保护、产业融合进行关键要素分析；运用SWOT模型分析徽州非遗产业化的宏观环境、产业化的优劣势、机会与挑战。

3. **系统和生态学方法**：非遗传承保护、非遗传播、非遗产业融合不是相互独立的系统，而是相互关联和相互作用的系统，根据非遗涉及的各个要素系统及其组成部分进行系统性研究。

4. **典型案例与演绎归纳结合**：选取典型案例作为具体分析对象，考察徽州非遗的传播、数字化及产业融合效果等，并将研究成果推广到徽文化资源保护与发展方面，最终为国内其他区域文化提供参考和借鉴。

（二）主要内容

本书总体分为7个部分（包括绪论），主体是六个章节。内容涉及传承保护、传播、产业融合、主体互动等方面。下面是各个章节的内容提要。

第一章主要根据近年来的实地田野调研和文献资料整理而成，内容涉及徽州、徽州文化、徽州非物质文化遗产相关类别。在调研中对徽州非物质文化遗产进行考察，并按照非遗类别进行总结，包括其生存、传承、发展、保护、利用现状以及面临的现实问题。从调研内容得出，非物质文化遗产在现实环境中存在生存与发展的生态性问题，多数非物质文化遗产项目传承人数量日益减少、生存空间受到压缩、"流动记忆"面临消失、传播方式传统、传播范围窄化等。面临以上问题，希冀通过保护、传承与发展等手段以弥补项目的存续问题，为下文的数字化、传承、保护、传播、产业融合相关议题研究做经验性铺垫。

第二章主要从三个维度阐述徽州非物质文化遗产传承与保护，分别是文化空间、文化事象、传承主体。徽州作为中国第二个文化生态保护实验区，

绪 论

无论从自然生态、社会生态还是文化生态来看，都是具有较好完整性和原生性的文化空间。但随着工业化和城市化的推进及新农村建设，部分文化空间被割裂。在阐释文化空间保护时，应从文化空间内涵、文化生态属性、文化空间理念多层次考虑。所有的非物质文化遗产都具体表现为文化事象，没有文化事象就没有非遗，对于不同的非遗类别，需要采取不同的保护与传承方式——生活性、生产性、博物馆式、在地性、数字化。无论是文化事象还是文化空间，都离不开人这一主体，没有文化传承人，非遗事象也将随之消逝，对于传承主体的保护需要有全面的保障制度、创新制度、激励制度，从而更好地促进文化事象和文化空间的延续与发展。

第三章主要阐述数字媒介对非物质文化遗产保护与发展的影响，正如波兹曼所言：技术的变革导致整体性变革。非物质文化遗产及其生存环境和载体是相对脆弱的，现代数字技术对非物质文化遗产带来了变革性的影响，既有好的一面，也有令人担忧的一面。我们应审视并阐述数字媒介对非物质文化遗产的影响。设计文化抽象编码层面的框架原则，对具体的、多维度的文化事项进行降维、化约处理——少即是多。抽象是非物质文化遗产经过合理的归类和综合特征的描述。完成文化抽象后，阐述数字编码，根据信息传播理论和信息空间理论，阐述非物质文化遗产数字化的语义层面、技术层面、效度层面的问题。如何最大效度地完成非物质文化遗产的编码与解码，尽可能减少理解偏差与误解，需要多主体协同矫正。最后是关于数字化的风险控制与障碍克服。如何存储、共享、管理及应用数字化之后的非遗数据？为回答此问题，本章主要论述了非物质文化遗产数字化的核心载体——数据库。对徽州非物质文化遗产数据库构建意义和建构路径，借鉴"参与光谱""合作—参与"机制进行阐述，并尝试设计和构建遗产数据库和数字地图，论述数据库的管理与运营。本书仅从功能上对数据库提出构想，涉及笔者的一些实践，并非具体的技术讨论。非物质文化遗产数据库构建，主要能实现两个方面的功能：一是保存与管理非物质文化遗产，为非物质文化遗产的保护与管理提供决策依据；二是为了有效利用非物质文化遗产的数字内容，通过数据系统分析整合，挖掘非物质文化遗产资源中的有效资源，将文化服务、文化传承与产业利用融为一体，有利于科学研究、经济转型、文化振兴。

第四章主要从传播角度阐释。传播本身就具有传承文化的功能，传播是为了更好地传承与保护非物质文化遗产。在当下的传媒时代，非物质文化遗产的传播，最大的优势在于跨越时空，既可以异地在线传播，也可以异时传播。从传播流向来看，数字化媒介普及之前，口语传播、文字传播、印刷传播乃至电子传播，大多为点对点或点对面的单向传播模式。随着数字媒介的普及，受众由相对被动的消费者与接收者转换成更加主动的使用者、选择者和产消者，能够积极利用数字媒介进行内容生产和传播实践。非遗传播是一个增值过程，在数字媒介的作用下，遗产的传播价值和效用更大，促使社会力量参与到遗产保护与发展中来，使得公众能够更加广泛、深刻地认识遗产，培养自觉的遗产保护意识，合理利用遗产，给予公众文化熏陶和文化体验，提高社会公众的遗产素养，从而使得遗产得到更好的保护和传承。非遗的传播不仅应遵循传承文化的公益逻辑，同时也要发挥市场的作用。通过媒介，非遗资源被转化为大众消费的文化符号和文化内容，这是非遗资源市场价值创造和再生的过程。因而，徽州非遗资源的媒介化呈现是一个有目的性、针对消费需求的对传统文化资源的选择、呈现、转化和市场增值过程。

第五章首先阐述了非遗资源融入产业的两个逻辑——稀缺性与通约性。文化在积累过程中会打上地域社会、自然的烙印，形成多元差异的地方文化资源（非物质文化遗产资源），因此其本身则具有一种稀缺性。同时，在文化产业的内容生产过程中，利用地方文化资源进行再生产，亦需打造稀缺性的文化内容，才能在产业竞争中形成特色与优势。但从文化发生的根源来看，本土文化与其他文化具有某种通约性——人性、审美、艺术等，故而区域非遗资源在参与产业运营过程中，又需要文化产品具备某种流通性，以降低文化折扣率，提高其接受度。稀缺性是区域非遗资源参与文化创意产业的价值增长点和核心竞争力，通约性则是文化产品生产、流通与消费的"通行证"。① 非遗资源产业融合是一个系统性工程，徽州非遗资源的产业发展有助于提升徽州非遗的保护与传承，也有助于徽州非遗产业和文化产业的发展壮大，同时也能推动徽州经济社会文化的全面发展，为安徽乃至全国其他区域提供样板。区域非遗资源在产业融合发展过程中受到外在各类条件的约束，非遗传承与保护应合理科学地利用自身的优势因素。近年来，徽州非遗的保护传承、传播、产业融合在省、市政策的引导、社会力量的支持下取得了一定成绩，但产业融合度仍显不足。运用战略分析方法（SWOT），根据研究对象内生禀赋和外在约束与利好条件，找出其优势、劣势及核心竞争力之所在。非遗资源产业融合借助市场运行机制，以非遗为生产要素，通过产业化运营，使其转为文化商品或文化服务。但并非所有的非遗都可以进行产业化运营，只有具备产业要素的非遗，才能利用其文化符号参与到产业化中。接着基于ISM模型分析徽州非遗资源产业融合影响因素。最后，根据对徽州非遗资源产业融合的实地调研，对非遗资源的开发利用、产业融合提出一般性产业模式并对模式进行细描与阐述。

第六章主要论述非遗保护与产业融合的规制和互动。非遗保护与产业融合离不开政府政策的规制，也离不开多元主体的互动。徽州非物质文化遗产保护与产业融合这一议题，涉及社会公共利益和市场私人利益，本章从政府管理、公共产品和利益相关者角度展开阐述。结合徽州非物质文化遗产资源保护、利用与开发的现状，阐述非遗保护与产业融合的价值取向——政治价值（文化基因价值、文化主权价值）、经济价值（商业价值、产业价值）、社会价值（文化、审美、教养等）② 以及其他价值，价值是非遗传承与发展的政策供给基本考量点。从制度安排来看，政府是非遗保护与利用的名义主

---

① 秦枫：《稀缺与通约：地方文化的产业逻辑》，《中国文化产业评论》2017年第1期。
② 秦枫：《价值·主体·文化：文化政策解析》，《中国文化产业评论》2015年第1期。

体，有责任和义务监督、执行相关政策规范，以保护文化的多样性。在具体执行上，既要放宽对徽州当地政府及管理机构的限制，允许其根据非物质文化遗产保护开发需要、专家咨询建议，以及其他利益相关者诉求，搭建和完善适宜非物质文化遗产发展的文化生态环境，从而传承文化基因，维护文化主权；也需根据市场需求、文化产业发展前景、社会发展水平，完善以市场价值为导向的相关政策，减少对市场行为的干预，以提高公众生活品质。由价值取向推衍出所涉及的利益相关者——在地民众、传承人、投资者、企业、非政府组织、专家学者以及媒介等，分别从各自的角度出发提出自身的利益诉求，同时在政策的规制下实现协同互动，以达到非遗保护与产业融合的平衡和利益最大化。

四、主要观点与几点说明

（一）主要观点

1. 保护徽州非遗资源，有利于强化文化地方性，通过地方文化的体验提升文化认同度和区别度，进而为文化记忆、基因传承与价值传播提供依据。非遗资源的产业化不仅有助于实现文化资源的产业价值和经济价值，而且还可以更好地保护、传播和传承优秀区域文化。

2. 徽州非遗保护与传承是系统性、生态性、场域性的，涉及文化空间保护、文化事象保护以及传承主体保护，三者缺一不可。

3. 在媒介融合背景下，应遵循"公益"和"市场"两种逻辑，非遗通过数字媒介，参与到文化资源保护与产业化中。

4. 数字化是当下徽州非遗保护与传承的新路径，也是新媒介环境下徽州非遗传播的新形式和新路径，同时也是将非遗资源转化为文化资本的有效手段，是非遗资源产业融合的关键环节和桥接路径。

5. 非遗资源融入产业的两个逻辑——稀缺性与通约性。徽州非遗资源的产业发展有助于提升徽州非遗的保护与传承，也有助于徽州非遗产业和文化产业的发展壮大,还能够推动徽州经济社会文化的全面发展。非遗资源产业融合借助市场运行机制,以非遗为生产要素,通过产业化运营,使其转为文化商品或文化服务。但并非所有的非遗都可以进行产业化运营,只有具备产业要素的非遗,才能利用其文化符号参与到产业化中去。

(二) 几点说明

1. 关于研究区域。"徽州"既是一个地理概念,也是一个文化概念,是具有典型中国传统文化意义的区域。历史上,徽州的行政区划范围包括一府六县及周边地带,这一地理区域是徽州文化存续的主要空间,涵盖歙县、黟县、休宁、祁门、绩溪、婺源。随着中国社会历史的发展,徽州行政区划的概念被徽州文化区的概念所取代。当下,徽州作为一个文化生态区的概念而存在,其对应的行政区域为安徽省宣城市绩溪县、安徽省黄山市全境(屯溪区、徽州区、黄山区、歙县、休宁县、祁门县、黟县)、江西省上饶市婺源县。在论证过程中笔者试图将整个徽州文化生态保护区作为研究区域范围,但徽州文化生态保护区与新中国成立前的徽州行政区划并不完全一致,且地跨两省三市,在实践过程中遇到诸多客观梗阻,故退而求其次。为了调研的可行性和完整性,笔者以徽州文化生态区的主要区域黄山市(全境均位于徽州文化生态保护区)作为研究区域。

2. 关于研究对象。笔者将目光聚焦于非物质文化遗产资源,徽州非物质文化遗产涵盖了联合国教科文组织所定义的所有门类,在研究时按照"传承、保护和产业融合"的思路进行分类论证。当前,徽州文化区域已建立非物质文化遗产四级名录体系[①],本研究以省级以上名录中的非物质文化遗产项目为研究对象。本书所涉及的非物质文化遗产概念与当下学界的定义并无二致,只不过是将其限定在徽州范围内的记忆型和技艺型非物质文化遗产。

3. 关于文中数据。涉及的徽州数据,仅以黄山的统计数据为例,这是因

---

① 四级名录:国家级、省级、市级、县级。

为黄山全境作为徽州的主体部分，具有典型性和代表性。此外，婺源、绩溪与黄山市的数据统计口径可能存在不一致的情况，所以主要引用黄山市的数据以便于利用和阐释。

4.关于"传承主体"。狭义而言，传承主体特指非遗传承人及其群体，如第二章第三节的概念范畴；广义而言，传承主体涵盖政府及其主管部门、社会组织、文化企业等涉及非遗传承的利益相关者，书中除第二章第三节所涉及的传承主体外，其余均采用广义概念。

第一章
徽州非物质文化遗产资源禀赋与现存问题

本章主要是依据近年来的实地田野调研和文献资料整理而成，内容与徽州、徽州文化、徽州非物质文化遗产项目类别相关。在调研中对徽州非物质文化遗产进行考察，并按类别对各非遗进行总结，涵盖其生存、传承、发展、保护、利用的现状以及面临的现实问题。由调研内容可知，当前现实环境中的非物质文化遗产在生存与发展方面存在生态性问题，大多数非物质文化遗产项目的传承人群不断减少、生存空间被压缩、"流动记忆"面临消失、传播方式传统、传播范围变窄等。针对上述问题，笔者提出借助保护、传承与发展等手段来弥补非遗项目的存续问题，为下文关于数字化、传承、保护、传播、产业融合相关议题的研究做经验性铺垫。

第一节　徽州非物质文化遗产资源禀赋与特征

在徽州的主要地区，依托绝佳自然生态环境而存在的不仅有大量物态文化遗产（如古村落等），还有丰富的非物质文化遗产，如民俗风情、方言、民间艺术、传统技艺等。徽州非物质文化遗产内容丰富、种类繁多，有着较高的学术价值和社会文化价值。目前，依据笔者所掌握的数据整理，徽州文化区域已构建起非物质文化遗产四级名录体系。该区域的非遗呈现以

下特征:

特别地缘,特色文化。徽州地处皖南山区,境内高山环绕、峰峦叠嶂。其独特的地理位置与相对封闭的山区自然环境,决定了徽州地区的非物质文化遗产具有鲜明的地域性,也为徽州文化的繁荣与发展提供了天然的屏障。徽派建筑风貌、宗族宗法社会、对程朱理学的固守与普及、对人与自然和谐理念的广泛践行等,都与徽州显著的地域性相关。从徽州的文化地理界域来看,经典徽州包括一府六县,即徽州府(府城驻地歙县)辖歙县、休宁县、黟县、祁门县、婺源县、绩溪县。而2008年获批的国家级徽州文化生态保护实验区,包括歙县、休宁县、黟县、祁门县、婺源县、绩溪县、屯溪区、徽州区、黄山区,共九个区县单元。其中,屯溪区系由原休宁县划出设立,徽州区系由原歙县划出设立,只有黄山区原为太平县,不属于经典徽州文化地理的原有范围。作为国家级文化生态保护实验区的徽州,其非物质文化遗产的特征无疑与该区域的文化特征紧密相联,并且是在独特的地域空间和历史框架内演化发展成的。具体而论,古徽州文化源自中原士族移民文化的宗法制度体系、儒商一体且兴盛于明清两代的徽商文化体系、徽州山川形胜与风水理念支撑的士民生活文化体系等经典文化构建,在中国文化大系统中都极具特色。毫无疑问,这些特质对该区域非物质文化遗产起到了锻造筋骨、锤炼内质的作用,最终赋予徽州非物质文化遗产以鲜明的地域文化形态。

发于民间,居于主流。徽州非物质文化遗产生于民间、长于民间,在民间流传至今。它们是在长期的劳动过程中,经过一代代的积累和改进并以师徒或团体授受的形式传承下来,逐渐形成的技能或习俗。很多至今仍存活于当地人们的生活之中,与人们的日常生活紧密相连。与中国其他地区的非物质文化遗产所不同,徽州文化中的诸多非物质文化遗产具有显著的文人、士人审美意趣,是乡民文化与士人文化有机结合的产物。这是徽州文化独有的文化特征。

密度超常,类别齐全。在传统徽州区域范围内,文化遗存的密度很高。

第一章 徽州非物质文化遗产资源禀赋与现存问题

按照目前规划的黄山市全境加上宣城市绩溪县来算,国土面积共10933平方公里,人口约165万;即便加上如今已划归江西省的古徽州核心属县婺源县,也不过是13881平方公里、200万人口。虽然人口数量少、面积小,但都创造了灿烂的文化样态。除婺源县的徽州区域,现有2处世界文化遗产、2座中国历史文化名城、19个中国历史文化名村镇、35处全国重点文物保护单位、联合国人类非遗代表作名录2项、国家级非遗20余项(不包括重复交叉的项目)、省级非遗110余项,以及1个国家级历史文化保护区。如此密集的文化遗产,不仅在安徽省内绝无仅有,在全中国地市级区域的横向比较中也是稀见的。仅从数量而言,大略也只有云南、山西、福建、江西的个别地市可与之相较。另外,徽州地区的非物质文化遗产类别齐全(除曲艺外),几乎涵盖了所有类型。

表1-1 安徽各地市非遗类别及数量分布情况

城市\类别	A	J	B	E	H	D	K	F	G	S	P	C	N	M	R	L	其他
民间文学	3	2	2	1	7	1	1	0	1	6	2	2	1	0	0	3	0
传统音乐	1	3	2	2	4	2	2	2	2	2	4	1	4	7	8	3	2
传统舞蹈	1	10	3	3	4	7	4	0	1	3	8	7	0	7	2	0	0
传统戏曲	2	2	2	2	5	1	4	1	1	3	3	2	1	1	6	7	2
曲艺	2	0	0	0	2	3	6	1	0	5	0	2	3	3	1	4	0
传统体育、游艺与杂技	4	3	0	1	0	3	4	2	1	3	1	4	0	0	0	1	0
传统美术	18	8	0	4	2	1	3	4	0	4	13	2	2	2	2	9	3
传统技艺	10	38	11	9	13	5	12	4	8	17	33	1	11	4	8	9	4
传统医药	3	11	3	1	2	0	0	0	0	1	2	0	1	1	0	1	3
民俗	3	12	8	2	5	2	4	1	3	5	12	2	3	4	3	2	0
非遗总数量	47	89	31	25	44	25	40	15	17	51	77	23	26	29	30	39	14

注:1. 第一栏以字母代表各城市,如A代表合肥,J代表黄山。
2. 黄山市的89项不包括绩溪县的22项。
3. "其他"表示社团、学会、高校等非遗申报单位。

内涵精粹，品位超众。 徽州区域文化的精粹性堪称中国农耕社会的典范，有相当一批非遗项目代表国家级技艺水平，并具有全国性影响。徽州非遗资源中的众多文化样式，是中华传统文化在特定领域的集中展示，独具文化风格和精神内涵。千年徽州文化创造在非物质文化遗产方面的另一大特征是项目品质之高令人难忘。例如，被列入国家非遗目录的歙砚制作技艺、徽州三雕、徽墨、绿茶制作技艺、徽派传统民居营造技艺等，这些文化事象都代表着中华优秀传统文化在特定领域的高度甚至是当时的唯一集中体现。

生态完整，协同自治。 徽州地区自然环境优美，至今仍保存数量较多且较为完整的古村落、古城镇和古街区，丰富密集的物质（实体）遗存成为非物质文化遗产传承发展的有效载体。该地区非物质文化遗产与物质文化遗产相互依存、相互交融的特性明显，天然构成文化生态的完整性，有利于对境内非物质文化遗产进行整体性保护。经典徽州文化的发展具有鲜明的系统性强、自治性强的特点，并且这种特征是在系统整体达到很高水平时才产生的。由于古代徽州的居民是北方汉族世家大族移民而来，徽州文化在孕育之初便带有中原文明的基因，并非完全在山越部族的徽州本土逐渐发展起来的。因此，各南迁宗族入徽后先聚集在篁墩，在此进行文化的交融和发展，之后才各自迁入一府六县，但各自发育的文化遗产都带有非常强烈的宗法徽州"新安大族"的烙印。

第二节　徽州非物质文化遗产资源现状与问题

一、徽州非遗之分类及概述

根据笔者近年来对徽州区域的实地调研和文献查阅情况，梳理徽州非物质文化遗产资源，并按遗产类别分别予以总结和分析。调查涉及十个大类（民间文学，传统音乐，传统舞蹈，传统戏曲，曲艺，体育、杂技、游艺，传统美术,传统技艺,传统医药,民俗①),下文将分别针对徽州各个非遗类别的类型特点、存续现状、存在问题等层面进行总体性描述。

民间文学类。主要涵盖两个方面:一是生活气息浓郁的民谣、民谚、故事和传说;二是富有人文氛围的楹联匾额。

存续状况:民间文学的传承人分布广泛,基本以口述者为主,也包括一部分收集整理者(当地的退休教师、乡镇村干部或文化爱好者)和高校研究者。近年来,相关普查成果被汇编成书。但实际的口述者,特别是用纯正方言讲述的口述者却越来越少,少数讲述人年事已高,受众面越来越窄,口头传承面临很大的困难。

现存问题:(1)生活类文学属于口头遗产,其表现形式具有极大的不稳定性。随着交流方式多样化、信息传递快速化,这种口传文化的生存空间受到了极大的挤压。(2)熟悉生活类文学内容的传承者散布于各个农村,不具有代表性,难以确定代表性传承人,阻碍了此类文化的有效传承。(3)随着岁月的流逝,一批批知晓生活类文学的老人相继离世,而年轻一辈又缺乏学习传统文化和方言的意识,这类"流动记忆"正面临消失。(4)人文类文学依附徽派建筑而生,但徽派建筑主要为砖木结构,倒塌危机以及蚁患危机日益严重。同时,村落居民生活方式的改变和经济活动的影响也增加了楹联匾额的保护难度,许多楹联匾额仍被埋没,有待发掘。一系列古建筑自身存在的问题,使搜集楹联匾额的工作变得困难。(5)文化媒体的多样化、广大青少年欣赏心理与兴趣的转移,使懂得欣赏口口相传的人文类文学的人越来越少,后继乏人。

传统音乐类。基本上可以细分为"从日常生活中提炼的民歌和小曲小调""宗教音乐""与游艺活动相关的音乐"三类。

存续状况:民间小调缺乏新一代有影响力的传承人。例如,安徽休宁的

---

① 体育、杂技、游艺属于一类。

齐云山道场音乐后继乏人。游艺类音乐沿用至今，深受当地农民喜爱，然而近年来呈萎缩之势，只能在少数保留有业余剧团的乡村中或举办民俗活动时演奏。

现存问题：（1）诸如民歌、小曲小调之类的生活类音乐的产生，通常要经过一个较长的渐变积累过程，并且会随着时代变迁产生新的曲调和唱词。但随着城市化进程的加快，会唱原生态民歌的人越来越少，年轻人甚至不知道当地有民歌，更无法创造出新时代的徽州民歌。（3）游艺类音乐大多是农民闲时自发进行排练和表演的，由于缺乏专项经费支持，群众参与的积极性不高。（4）缺乏相关组织机构进行长期不间断的整理、研究和传播，民众关注度不高。

传统舞蹈类。主要分为祭祀礼仪类、生产劳作类和节庆游艺类舞蹈。

存续状况：近年来，一些传统舞蹈为满足旅游市场需求陆续复兴，但渐渐远离其初始目的，渐变成一种热闹的娱乐活动。祁门傩舞、采茶扑蝶舞、跳钟馗、字舞、麒麟舞等有传承人，游太阳、打莲湘已经没有传承人。

现存问题：（1）传统舞蹈旧时都是农民闲时自发组织排练表演的，缺乏专项经费扶持。随着农村劳力的对外输出，传统舞蹈团体缺乏演出人员和后续传承人。（2）大部分舞蹈都缺乏生存土壤，尤其是祭祀类舞蹈，随着农村群众观念的变化并受现代娱乐方式的影响，原来敬神祭祀、自娱自乐的功能与现代文明已不能相互融合，因而失去了演出机会。（3）一些经过加工整理后获得演出机会的舞蹈，比如傩舞、黎阳仗鼓、采茶扑蝶舞，虽然能在各种调研与大赛中演出、获奖，但已经变成少数专业团体的表演项目，缺乏传统舞蹈的原生性和自发性，其所蕴含的历史文化信息也逐渐弱化。

传统戏剧类。代表性的有徽剧和徽州目连戏。

存续状况：徽剧作为徽州极具特色的剧种，有专业剧团一个，即黄山市京徽剧团；研究机构一个，即黄山市徽剧研究中心。目连戏已在祁门县四个村庄不同程度地恢复了演出，但尚未建立长期有效的传承机制，保护状况仍不容乐观。

现存问题：（1）由于经费制约，以及农村大部分劳力外出务工，目连戏缺乏后继演出人员队伍。再加上目连戏唱腔古老，难懂、难唱、难学，一般人也不愿意出演，仅有的两支目连戏演出队伍难以为继。（2）因为时代变迁和意识形态的变化，目连戏所宣扬的一部分内容具有时代局限性，已落后于时代。对于发掘其中符合当代价值的内容并加工表演，还缺乏必要的、专业的手段。同时，由于主要分布地祁门县交通相对闭塞，旅游环境较差，目连戏也相应缺乏演出空间。（3）徽剧同样存在人员面临断层的现状。目前，徽州对徽剧的研究已成冷门，专业人员越来越少，演员年龄偏大，对徽剧的挖掘、整理、研究工作进展缓慢。

体育、杂技、游艺类。主要分为两类：一类是杂耍类，另一类是大众类。

存续状况：叠罗汉由叶村村民代代相传，至今未曾间断过，并成立了歙县叶村叠罗汉艺术团，进行叠罗汉艺术研究、资料搜集以及艺术表演等工作。其他杂技随着老艺人的逝去，知者甚少。

现存问题：（1）项目普查力度不足，该类别资料不完善。（2）缺少系统的展示体系和合理的保护利用措施，缺乏多元化的保护渠道。（3）对外宣传力度不足，民众关注度不高。（4）未及时培养传承人，致使许多有价值的项目逐渐失传。

传统美术类。以徽州三雕为代表的雕刻类和以徽派建筑为代表的建筑艺术类。

存续状况：由于现代居住方式的改变，徽派建筑中的徽州三雕与徽州人的日常生活愈来愈远；政府采取了一定的措施，存续现状有所改观。作为工艺品的徽州根雕、竹雕技艺在经过一度濒临灭绝的境地后，随着20世纪八九十年代的收藏热复苏，盆景的存续状况较20世纪也有明显好转。

现存问题：（1）普查力度不足，资料不齐全，名录体系不够完善。（2）保护传承方式单一，多以宣传展示为主，未有根据传统美术的不同艺术特征实施有针对性的保护方案。(3) 雷同项目散落在各县,未有进行资源整合,保护效率低。

传统技艺类:生活类技艺及艺术类技艺。

存续状况:少数传统手工技艺至今仍在沿用,如制茶、腌制等技艺仍是徽州人生活的重要组成部分,制茶技艺在国内和国际上都具有相当高的知名度,目前已基本实现企业化运作经营。其他多数传统技艺的发展呈现出从实用性向欣赏性过渡的趋势,如制墨、竹编、髹漆等已逐渐从生活的"主角"变为"配角"。

现存问题:(1) 有些项目普查力度不够,项目资料不够完善。(2) 存续情况较好的传统技艺多由企业传承,企业化运作和批量生产使某些传统技艺项目转向机械化制作,手工产品缺乏个性化。(3) 某些项目由于原材料基地过度开发、环境污染,难以保证传统技艺的原汁原味。(4) 一些传统技艺由于推介、传播面窄,民众关注度不高。

传统医药类:医科、医药类。

存续状况:传统医药传承人才匮乏,大量医药典籍散佚,相关中草药培育、相关医术传承和医药新产品研制困难重重。

现存问题:(1) 普查力度不够,资料仍需完善。(2) 在展示利用措施方面,传统中医药疗法具有个体化的特点,这导致中医药的标准化和规范化治疗面临困难。(3) 传播面窄,传播手段缺乏多元化,大众关注度不高。

民俗类:主要包括生活类民俗、节日类民俗和仪式类民俗。

存续状况:由于所包含的类型和项目很多,徽州民俗的存续现状比较复杂。整体而言,随着现代社会经济文化的发展,相对于其他类非物质文化遗产来说,民俗类受到的冲击更大,存续情况也最不乐观。节日类民俗主要以小区域物质交流会的形式存在,其民俗内核逐渐流失。生活类民俗情况稍好,大部分仍在沿用。

现存问题:(1) 项目普查力度不够,资料仍需完善。(2) 由于民间信仰的缺失，部分仪式类民俗项目流于表演与展示，无法承载应有的历史文化信息。（3）由于现代人生活旨趣的演变，一些生活类民俗逐渐流失。（4）农耕社会里与农事相关的生产习俗和节庆习俗在现代生活中难以真正复原。

从以上调查结果所呈现出徽州非物质文化遗产的现状与个性化问题来看，随着优秀传统文化复兴、文化产业发展等政策的出台，徽州文化生态保护区的设立，徽州各地非物质文化遗产的保护意识和观念逐渐增强，项目的普查也在深入开展，资料整理日益完善，一些曾经被淡忘的遗产项目也逐步复苏。但调研发现，非物质文化遗产的生存与发展还存在不少现实性问题。

二、非物质文化遗产所面临的问题

（一）生存问题

社会环境和社会结构的变迁，使非物质文化遗产所依存的自然环境和社会环境发生很大的变化。原本在农业社会产生、发展起来的遗产事项已不适合当下环境，如祭祀类舞蹈，原来敬神祭祀、自娱自乐的功能与当下社会生活不能相互融合；也有一些遗产项目具有时代局限性，与主流意识形态不兼容，如目连戏、傩舞之类，急需从中挖掘存在当代价值的内容。在受众方面，年轻一代在文化消费时不会主动选择此类演出项目，导致遗产事项在现实社会中的生存空间受到严重挤压。部分非遗传承人为追求经济上的富足而离开本土谋生，有些非遗传承人即便未离开本土，也不以自己所拥有的非遗技艺作为谋生和获取经济收入的主要来源，在时间和精力上很少组织和参加非遗活动；更有甚者，在重大岁时节日表演的个别非遗事项也无法集聚足够的表演者。

"除了上了年纪的人，很少有人会唱徽州小调了。现代人不需要这个了，以前哄小孩会唱，婚丧嫁娶也会唱。最典型的拉纤民歌，以前新安江的纤夫在拉纤的时候会唱，但现在没有拉纤的了，

这种小调自然也就没人唱了。我收集了很多拉纤的词。"(D-8)

"现在演目连戏的人都很难凑齐,老一辈的有的身体不行了,有的外出打工了,年轻的又不会,很难凑齐。"(D-10)

另外,非遗保护传承还存在重申报轻保护的状况。自2006年国家级非遗申报制度建立以来,社会对非物质文化遗产保护传承的认识不断提高,申报非遗代表作名录的热情空前高涨,对徽州非遗的保护和发展起到了积极的推动作用。但是同时也存在不同程度的重申报轻保护的问题。有些地方千方百计地申报项目,以求列入一定层级的非遗代表作名录;一旦获得成功,热情随之锐减,申报前后的态度、行为大相径庭。这种现象的原因之一是部分地方政府和部门的领导,认为"非遗代表作名录"可以提高地方的知名度和美誉度,有可能带动当地的旅游休闲经济,申报成功是有关地方的一种荣耀;原因之二是把申报与保护划等号,认为保护就是申报,申报成功了,遗产也就自然而然地得到上级政府保护了。这种心态不利于非遗真正得到保护与传承。

(二)传承危机

随着岁月的流逝,老一辈传承人相继离世,年轻一辈缺乏学习传统文化和方言的意识,"流动记忆"正面临消失。文化产品的多样化、文化载体的多元化,以及广大青少年欣赏心理与兴趣的转移,导致真正懂得欣赏传统民间艺术的人越来越少。城市化进程加快,农村大部分劳动力外出务工,不少传承人自己主要精力放在为经济生活而奔波上,非遗事项(尤其是"记忆"类遗产)不能为其带来相应的收入,一般人也不愿意去学。

"年轻人甚至不知道当地有民歌,年轻人对这个(徽州民歌)不感兴趣,但我经常去小学教音乐,是教育局请我去的。"(D-8)

"难懂、难唱、难学,一般年轻人都不愿意学(目连戏)。"(D-10)

"我家小孩不愿去学传统手艺,说是现在没人愿意去学,出师慢,赚钱少,现在两个孩子都在外面,一个是在外面上学,一个在外面打工。但我个人感觉非遗还是有发展的,现在国家这么重视。"(D-14)

"像我这个年龄,小时候经常会看到你说的这些非遗,但现在很少见了,有些村里的人都外出打工了。"(D-13)

如果把非物质文化遗产简单地划分,那就是技艺性非遗和记忆性非遗两类。从实验区的情况看,技艺性非遗无论是传承项目,还是传承人,在政府和个人层面,申报都比较积极,因为这种非遗申报成功后带来的经济效益明显,体现的价值也很直接。例如,歙砚雕刻技艺不同级别的传承人,价值溢出明显不同,级别越高,其作品价格也就几何级增高。茶叶、徽墨、制笔、三雕等技艺也是如此。

至于记忆性传承项目和传承人就不一样了,申报积极性明显不高,尤其是以口传心授方式存续的传统音乐、传统戏曲、民间习俗等非遗项目。在现代生活方式和市场经济社会的冲击下,社会存在过度追求经济指标的价值取向,致使经济效益低的记忆类非遗受到的关注度很低,及时有效地传承和保护困难重重。不少项目传承人的生存状况不理想,有一些老艺人年逾古稀,生活保障措施不完善,年轻人群体因价值观与老辈不同和实际生活的压力,缺乏传承非遗的动力,不少独门绝技随着老辈艺人的离去而失传。

另外,非遗传承过程中也存在重个体轻群体倾向。国家在非遗保护工作中,除了加大对非遗项目保护的资金投入以外,给予传承人的扶持资金也在逐步增加,这对非遗的保护起到了很大的引导作用,保障了众多传承人的基础传承经费。不少传承人认为,这种直接发放到传承人手中的传承经费属于个人的补助费、生活费，是否要拿出一部分或大部分用于非遗的传承工作完全由个人自主决定。有一些非遗项目属于整体传承项目，特别是演艺类项目，每个演员的角色不同、分工不同，很多角色在整个项目中都很重要，缺一不可。而评选传承人的名额有限，这就导致评选过程中无法做到均衡，往往申报了一个传承人就得罪了一批"传承人"。曾经发生过因为一个传承人领取了国家经费补贴、其他人罢演罢工的事件，他们认为是"个别人拿钱，大家在演戏"，从而出现孤立、排斥传承人的现象，甚至不让传承人参加演艺活动。

（三）传播问题

一般来看，非物质文化遗产具有在地性特征，其表演与展示受到各种限制，传播手段较为传统，传播范围狭窄，地方文化主管部门的推介和外宣力度不够，多数局限于在政府网站或者新闻报道中宣传；传承人自身的传播能力有限，一般年龄稍长的传承人使用手机、电脑都不太熟练，年轻一代的传承人在媒介使用方面较好，但仍未能达到主动传播文化的程度，不能有效扩大受众群体，公众的关注度也不高。

"我使用手机，但一般只是打电话。发信息我都不会，不过我儿子会用智能手机。"（D-11）

"我会主动关注非遗方面的信息，但自己没有时间去写去发。"（D-15）

（四）发展问题

关于徽州非物质文化遗产的发展问题要分类来看，一类是生活、生产技艺类，对当下生活生产还能发挥作用的遗产事项，特别是具有市场前景的非遗，其生存发展情况较好，如制墨、制砚、漆器、炒茶等。有些记忆类项目自身生存都很困难，其发展问题自不待言，需要依靠制度保障。发展问题亦与传承人的观念意识有关,部分传承人具有创新意识,能够很好地将遗产事项与当下的文化内容结合起来,如版画、剪纸,除了传统主题以外,还将现代的题材融入创作,使作品能够与时俱进,符合现代人的审美情趣。

"我去年在敦煌那边待了半年,主要是采风、思考,我想把有关佛的形象的内容嵌进去(砚雕),你看我这块砚,就是去年从那边回来创作的。在那边的时候,我看到一尊佛像,联系到我的砚石,我就开始构思了,回来后立刻就着手去做了。"(D-9)

"我买这个版画,是因为它的主题不像其他的那么传统,它很活泼。"(D-19)

对非物质文化遗产保护工作一直以来存在着两种不同的主流观念,即"坚守好传统"和"关键要创新"。第一种立场认为,由于徽州非遗的经典性和徽学研究传统的延续,徽州非遗产品是祖辈留给我们的难得而珍稀的财富,特别是那些留存至今的器物、技艺,必须要按照最纯粹、最传统的工艺与方式去严格保护,严格按照传统的工艺进行手工生产,以保证其原真性,不能盲目改变工艺与样式去追求创新。

第二种立场则认为,古徽州一大批高水平非遗精品,实际上是伴随着徽商和徽州官绅集群消费意趣而产生的,严格意义上说应该属于奢侈品的范畴,其价格也出奇的高,普通老百姓只能望洋兴叹。因此调研中也有若干专家和从业者指出,完全可以采用两条腿走路的方式,一方面规规矩矩做传统,一方面可以通过设计、材料、制作工艺、工具设备的创新,开发更多面向当代消费大众的质优价廉的非遗衍生品,比如工艺品、装饰品等,让非遗项目走进生活、走进当下,发挥非遗的功能性和审美性价值,使徽州的非遗产品真正成为皖南国际旅游区的地方特色旅游消费品,让人"买得起、带得走、留得住"。

第二章
空间·文化·人：徽州非物质文化遗产资源传承与保护

本章主要从三个方面阐述徽州非物质文化遗产传承与保护，分别是文化空间、文化事象、传承主体。徽州作为中国第二个文化生态保护实验区，无论是自然生态、社会生态还是文化生态，都具有较好的完整性和原生性的文化空间。但随着工业化和城市化的推进以及新农村建设，部分文化空间被割裂。在阐释文化空间保护时，应从文化空间内涵、文化生态属性、文化空间理念等多层面考虑。所有的非物质文化遗产都表现为具体的文化事象，没有诸多的文化事象就没有所谓的非遗。对于不同的非遗类别，需要采用不同的保护与传承方式——生活性、生产性、博物馆式、在地性、数字化。最后，无论是文化事象还是文化空间，都离不开人这一主体，没有文化传承人，非遗事象也将随之消逝，对于传承主体的保护，需要有全面的保障制度、创新制度、激励制度，从而更好地促进文化事象和文化空间的延续与发展。

文化资源是先人智慧的结晶，是世界珍贵的文化遗产。无论是物质文化遗产还是非物质文化遗产，它们始终是由人发明创造的。人总是被物质或空间所包围，或日常或具有更多意义，或有形或无形，包括日常工具、床和椅子、房子和城镇，以及文字、曲调、技艺等。因此，人们对共同的物或空间会产生相应的记忆,即集体记忆。相应地,人们对物或空间产生记忆,在很大程度上是对其意义的回忆和传承。其实,集体记忆建立了独特的文化空间,形成了群体性的文化记忆。文化遗产对人们有着非常重要的意义,是人们不可抹去的文化记忆。

非物质文化遗产对现实社会具有重要的意义,传承与保护徽州非物质文化遗产资源是留存文化记忆的重要途径,也能为创造更多新的文化资源提供有力的物质基础和精神载体。非物质文化遗产具有浓厚的传统性以及发展节奏的缓慢性,其发展速度多数时候无法与社会经济的快速发展相匹配。非物质文化遗产的传统性意味着非遗积淀了悠久的历史,并融入文化持有者的日常行为和文化心理当中,即使社会环境突变,文化发展的滞后性也会使这些传统在相当长的时间内稳定存在。① 非物质文化遗产的保护、发展和传承面临多方面的困境与危机:

技术复制导致的"灵晕丧失"。非物质文化遗产最大的价值在于原真性。在机械复制时代,面对复制技术的优势,非物质文化遗产的原真生产速度确实不能望其项背。但非物质文化遗产的核心是其文化价值,其所具有的文化个性,或者如本雅明所说的"灵晕"②,是机械复制所不能具备的。技术复制所带来的危机,尤其对技艺类非物质文化遗产的影响巨大,如剪纸、刺绣以及各种制作工艺等。例如徽州漆器制作技艺,历史较为悠久,早在唐代徽州就以漆器闻名,徽州漆器制作技艺从古至今都以纯手工为主,面对机械制作技术的冲击,徽州漆器制作技艺的生存与发展相对艰难。所以,为续存传统文化技艺,需要对非物质文化遗产整体及项目采取相应的保护措施,以延续中华优秀文化传统,保护文化多样性。

---

① 吕慧敏:《文化安全视野下非物质文化遗产的保护与传承》,《广州大学学报(社会科学版)》2015年第10期。

② Aura在中文中有多种译法,如"韵味""灵韵""灵光""光晕"等,意为"一定距离之外但感觉上如此贴近之物的独一无二的显现"。参见[德]瓦尔特·本雅明:《机械复制时代的艺术作品》,王才勇译,中国城市出版社2002年版。

公民保护意识不强。随着经济社会的深入发展、外来文化的流入，我国公民对传统文化的接触频次越来越少，中华优秀传统文化的发展空间受到了严重挤压。外来文化传入伊始，由于样式新颖、门类多样，人们的猎奇心理促使他们去欣赏新鲜事物。随着互联网等新媒介的出现，越来越多的新事物也在源源不断地产生。同时，现代经济的发展使得众多非遗项目出现后继乏人的状况。民众对非物质文化遗产等传统文化的关注度和感知度不强，其生存发展遇到困境。如徽州竹雕技艺，作为中国竹雕技艺中的一个重要流派，其分布范围遍及徽州旧辖歙县、休宁、黟县、绩溪、祁门、婺源6县及周边地区，主要流传于黄山市（原徽州地区）。然而，由于社会、经济、文化的急剧变革，人们的传承意识减弱等原因，徽州传统竹雕技艺大大萎缩，出现濒危状况。

第一节　文化空间：徽州非物质文化遗产资源存续物理场域

"文化空间"一词最早在非物质文化遗产领域中被提出，可追溯到1997年11月召开的第29届联合国教科文组织成员国大会，该大会正式通过了在非物质文化遗产概念中提及的"文化空间"这一表述。文化空间（cultural space）被解释为属于非物质文化遗产的一种具体表现形式，其中空间实质上是指民间以及传统文化等方面活动所对应的地域，同时也涉及相应的具有周期特点的时间等。"文化空间"一词引入我国后通常被译为"文化场所"，这其实也是为方便民众理解的一种译法，主要指文化遗产、文化活动的物质承载空间，即非物质文化遗产资源存续的物质环境和文化场域，其概念属性具有较强的物质性，在非物质文化遗产中包括与文化相关的遗址、村落和承载各种文化形式的古建筑等，这是狭义上的非物质文化遗产文化空间。而广义上的文化空间，有学者从人类学角度认为"其是指特定活动方式和共同文化的形成及氛围，兼具空间性、时间性、文化性，并非一般意义上的空间概

第二章 空间·文化·人：徽州非物质文化遗产资源传承与保护

念或一种具体表现"①。也有学者提出"文化空间还应该包括非物质文化遗产生存、发展以及传承的空间，非物质文化遗产的文化空间保护归根结底就是对其存在、发展、传承与表现空间的保护"②。并指出了文化空间的三方面特性：活态性、本土性、整体性。向云驹指出，文化空间存在的核心价值和理论依据在于其完整、综合、真实、生态、生活地呈现了非物质文化遗产。③在后续的研究中，向云驹又发现："作为非物质文化遗产的文化空间，它有一个可视、可触、可听的边界和可感知的对象。这里有许多民居，居民们在其中诗意地栖居，有若干标志性文化符号、文化物质、文化象征，有岁时、节令、仪式、表演、讲述、行为、信仰、风俗、习惯等活态、生态的文化，有身体、姿态、动作、活动等身在其中，有人性、人道、人格、人生、人类的历史、现实、未来和时空相融的表征和象征。"④民俗学者乌丙安认为，文化空间指的是"某一个民间传统文化活动集中的地区，或某一种特定的文化事件所选的时间；在这里所说的文化空间并不是只指某一个地点，因为从物质文化遗产角度看，地点是指那里有人类智慧创造的物质存留，也可以说是有纪念物或遗址的地方；而文化空间则是一个人类学的概念，它指的是传统的或民间的文化表达方式有规律性地进行的地方。"⑤也有学者指出，文化空间应该成为我国非物质文化遗产保护的一个重要的实践单位，而不仅仅是将文化空间视为非物质文化遗产保护中的环境或地理因素。非物质文化遗产文化空间的保护需要与国际接轨，以进一步改进和发展非物质文化遗产保护理论和实践经验。⑥

---

① 陈虹：《试谈文化空间的概念与内涵》，《文物世界》2006年第1期。
② 张博：《非物质文化遗产的文化空间保护》，《青海社会科学》2007年第1期。
③ 向云驹：《论"文化空间"》，《中央民族大学学报（哲学社会科学版）》2008年第3期。
④ 向云驹：《再论"文化空间"——关于非物质文化遗产若干哲学问题之二》，《民间文化论坛》2009年第5期。
⑤ 乌丙安：《〈孟姜女传说〉口头遗产及其文化空间——国家级非物质文化遗产〈孟姜女传说〉评述》，《民俗研究》2009年第3期。
⑥ 陈桂波：《非遗视野下的文化空间理论研究刍议》，《文化遗产》2016年第4期。

徽州非遗的文化空间并非某一类具象遗产,而是承载文化事象产生、生存、生长和传承的自然环境、经济环境、文化环境。徽州地区的自然、文化等空间具有强烈个性特征,徽州非物质文化遗产的文化空间因此拥有独特的区域性、延续性以及共生性内涵。了解徽州非物质文化空间后,需要做出正确的文化空间保护规划和举措。学者阚如良根据自然保护区的相关空间划分理论,将非物质文化遗产文化空间划分为"保护的核心""缓冲区"和"试验区"三个层级。他将非物质文化遗产的生活环境、历史面貌划分为文化空间的核心区,这是非物质文化遗产原始的样态,在此核心区不能修建现代化设施设备。这一空间内的非物质文化遗产种类对其生长环境依赖性较大,包括民俗、曲艺、传统戏剧、民间音乐、民间文学,而采取的保护方式主要是生存环境保护。核心区的重点在于保护文化遗产的生存空间。非物质文化遗产文化空间的缓冲区以培养传承人和科学研究为主,建成非物质文化遗产的传承区。这一空间适合保护的非物质文化遗产类型包括传统手工艺、民间美术、传统医药、杂技与竞技等,主要保护手段为科学实验、文化交流、培训学习、商业展览等。缓冲区的重点在于文化遗产传承的开放性保护。文化空间的试验区则以旅游开发、产品研发为主,对非物质文化遗产进行商业开发。关于非物质文化遗产文化空间保护的国内实践经验和案例已有不少,如借鉴西方文化遗产保护的生态博物馆、文化生态保护区。生态博物馆和文化生态保护区都是对文化遗产的文化和生态环境建立的完备保护区域,强调保护、保存、展示自然和文化遗产的真实性、完整性与原生性,主要是对自然环境和社会文化环境的活态化保护。

一、地域·延续·共生的文化空间内涵

非物质文化遗产所处的自然和人文环境对其自身而言是独一无二的,身处何种环境就会产生何种属性。徽州非遗资源的物理空间是文化遗产赖以生存的环境空间和物质载体,总体来讲是徽州非物质文化遗产的生态系统与人

第二章　空间·文化·人：徽州非物质文化遗产资源传承与保护

文环境的有机格局，这造就了徽州非物质文化遗产地域性、延续性和共生性的空间内涵。

1. 地域性。地域性的基本含义是文化事象与环境的关系。关于非物质文化遗产的地域性，2003年10月联合国教科文组织《保护非物质文化遗产公约》对非物质文化遗产的定义为"指被各社区、群体，有时是个人，视为其文化遗产组成部分的各种社会实践、观念表述、表现形式、知识、技能及相关的工具、实物、手工艺品和文化场所"，用"各社区""群体"或"个人"点出了非物质文化遗产的地域性。地域性除了代表文化事象和环境之间的关系，还用来表示不同文化之间的差异，也被用作"区域特色"的同义词。文化事象与环境交互作用的过程中形成了独特的特征。在自然地理环境方面，徽州非物质文化遗产资源所处的徽州地区山多岭密，海拔落差较大，山间谷地和盆地较少，且多窄小。屯溪盆地是徽州地区最大的盆地，也是主要的粮食产区，其他地区由于土质较贫瘠，耕地面积较少。徽州地区属于亚热带温润季风气候区，但由于山区面积较大、山区地面高程较大，其气温较低、积温较少，多云雾，少日照，降水丰富，夏季无酷暑，冬季非严寒。地形土壤和气候的特点不利于农作物的生长，导致了农业的不发达。但这催生了徽州地区商业手工业的繁盛，也间接地产生了多样的文化事象。地理环境的独特性需要人们的社会生活适应其中。环境的多样性势必造成非物质文化的多样性和独特性，从而形成地域性的文化生态。文化生态是历史过程的动态积累，它反映了社会成员共同的生活方式和该地区的实际人类状况，它与特定地区的地理生态环境和历史文化遗产密不可分。文化生态的维护与人类的全面发展、文化多样性的状态和格局息息相关，与生物多样性和维持生态平衡同等重要。徽州文化生态保护区的保护对象包括划定范围内的自然环境、历史遗迹等物质文化遗产和以活态存在并传承的非物质文化遗产。无论是地域文化还是文化生态或非物质文化遗产，都具有不可再生性，建立徽州文化生态保护区的区域整体性保护机制必不可少。

借助空间信息技术绘制徽州文化生态保护区的空间平面图，以明确徽州非物质文化遗产资源的分布状况，建立文化遗产保护和管理的信息系统，便于根据区域状况实施详细的保护措施。由硬件、软件、数据和用户有机结合而构成的地理信息系统（Geographic Information System，GIS），可以对徽州地区地理地貌等数据进行采集、储存、管理、运算、分析、显示和描述。非物质文化遗产地域空间的测定，可以从文化遗产的空间位置出发，运用 GIS 信息技术建立多种空间信息与属性信息并存的数据库和图形图像库，从而方便地进行分层或综合显示、查询，直观、简洁地了解遗产状况。[1]

2.**延续性**。徽州非物质文化遗产文化空间的延续性在一定程度上是其活态性的表现，但同时又具备持续性的特征。文化空间具有时间性和历史性，随着社会生产力、社会结构的变迁而发展变化。这是非物质文化遗产显著的特征，徽州的每一个非物质文化遗产项目都有深远的历史，在其区域内通过家族和社会群体代代相传，沿承至今，才形成了如今多样丰富的非物质文化遗产资源。如徽州民俗类非物质文化遗产"赛琼碗""上九庙会""抬阁""五福神会""许村大刀灯"等，传统技艺类"祁门红茶制作工艺""黄山玉雕刻工艺""歙县徽墨制作工艺""徽派盆景技艺""徽州楹联匾额传统制作工艺""万安罗盘制作技艺"等，都能够找到历史源头，这就体现了历史的延续性。非物质文化遗产是在人类生产实践当中产生的，其随着历史的发展而发展，但其中有些紧跟历史潮流生存至今，也有些被经济、制度等淘汰。徽州地区留存至今的非物质文化遗产更应发挥其时代价值，将人类宝贵的财富延续下去，这就需要借助其自身所具备的活态性特征。非物质文化遗产不管是什么表现形式，是民间文学、传统音乐还是传统技艺，抑或是传统戏剧曲艺表演，都是跟随人类的实践活动表现出来的，是活态的。延续性既是徽州非物质文化遗产生存与发展的特征之一，又是其保护实现的目标。发挥并助

---

[1] 刘建国:《考古与地理信息系统》，科学出版社 2007 年版，第 12—13 页。

第二章 空间·文化·人：徽州非物质文化遗产资源传承与保护

力其延续性、活态性是保护和传承徽州非物质文化遗产的有效手段之一。

3. 共生性。徽州非物质文化遗产的文化空间具有强烈的共生性内涵。非物质文化遗产的产生需要自然环境和文化环境。首先，共生性离不开自然环境，包括地理位置、气候特征、地形地貌等因素。其次，非物质文化遗产作为一种文化形式，是社会发展的产物。任何文化形式都与身边环境和诸多要素存在着多样的联系，可以说它们是共生的，而不是孤立存在的。非物质文化遗产项目作为一种与其他文化相伴生的文化事象，又与其他文化事象构成一种文化体系，非遗在文化体系中与其他文化遗产项目相互作用，两者共存。如果要区分不同层次的文化共生关系，可以分为三个层次。从宏观上看，联合国教科文组织实施非物质文化遗产保护，文化共生来源于世界文化多样性。不同民族的文化共存，相互影响，相互借鉴。从中观区域文化上看，文化共生指的是不同群体创造的社区文化和生活条件的遗产共存。从微观上看，文化共生是指单一文化系统内的文化构成事象间相互影响、相互借鉴，形成的一种共生关系。[①] 以其共生的徽州地域文化环境而言，地域文化环境包括多种空间，这些空间环境构成了人们日常生活的场所，也催生和承载了多样的文化事象。独特的地域文化环境使当地人们有着深厚的地域情感和强烈的认同感、归属感，也直接促成了非物质文化的多样性和复杂性。黄山市非遗普查数据显示，黄山市现存非遗涉及民间文学、民间舞蹈、戏曲、民间美术、民间手工技艺等14大类，种类和数量在安徽省16个地市中均位列第一。

徽州非物质文化遗产与其生态环境是一种有机的文化整体关系，二者的发展也是一个动态互生的过程。文化空间的变迁必然引发文化遗产自身的变迁，文化遗产的演变也会引发文化环境的变化。随着人类社会不断发展进步，徽州非物质文化遗产所赖以生存的社会结构和形态、功能和性质也会不

---

① 王巨山：《论非物质文化遗产保护中的文化共生与文化伴生》，《社会科学辑刊》2009年第5期。

断发生变化,与之对应的文化事象也将发生变化,这就是与人类社会的共生性特征。非物质文化遗产的具体变化大多是出现新的特征或形成新的文化形态,这种变化共存于发展了的社会形态和经济之中。徽州非物质文化遗产的保护与传承需要在地域自然环境和文化环境中不断创造出适合其生存的文化空间,使自身更富吸引力和感染力。

二、自然·经济·社会的文化生态属性

非物质文化遗产的发展与传承离不开自然环境、经济环境和社会环境这样一个大的文化生态空间,而徽州非物质文化遗产同样具备自然、经济、社会的文化生态属性。

自然属性。任何一种文化的出现,必然依赖于一定的自然生态系统。"人类的文化,像树上的果实一样,是依照气候和地理条件而产生的。所以自然地理环境对于文化之起源和进化,应视之为占有主要的地位。"[①] 从自然维度可以看出,文化生态脱胎于自然生态,是人类长期活动于自然地理环境的产物。一定的自然生态氛围制约和影响着生存于其中的文化态度和行为方式,文化特质丛的迥异性,体现了文化生成的多样自然生态景观,即自然生态环境向人类社会的内化,形成了不同形态的文化元素,进而积淀出不同的文化模式。徽州古村落在自然环境的映衬下展现为具有灵魂和活力的生命体,由此可以说,自然生态系统是人类集群进行文化创造活动的物质基础,为人类提供了必要的时空地理环境,故保护徽州地区自然生态的多样性,是进行文化生态保护的首要前提。同理可知,区域文化,即以自然生态环境和地形地貌为标志所形成的特色文化。徽州地区是山区,具有"七山一水一分田,一分道路与庄园"的文化生态格局。从表象看,它反映了徽州自然区域的地理形貌;进行实质分析,则可以看出自然生态对徽州文化的转化,其中

---

① [美] 爱尔马德:《文化进化论》,黄宝玮译,上海文化出版社1989年版,第88页。

第二章 空间·文化·人：徽州非物质文化遗产资源传承与保护

衍射出一种朴素的自然生态观，体现了文化群体对自然的尊重。文化生态与自然生态应协同发展，文化生态的延续得益于自然生态的平衡与多样。但现实中，现代化或工业化的文化开发，或狭隘的文化生态观导致了对自然的破坏，按照现代社会的意志对自然进行设计和建构，使其从"荒野"文化向田园文化转变。殊不知，"自然界不仅是一个运动不息从而充满活力的世界，而且是有秩序和有规则的世界"①。徽州文化如此厚重与完整，与自然生态环境是分不开的。

经济属性。经济环境是指"人类加工、改造自然以创造物质财富所形成的一套生产条件，包括工具、技术、生产方式等"②。文化生态适应一定的社会生态，文化生态保护必然依赖一定的社会环境。文化生态问题源于社会问题，对待文化生态的态度是社会发展的映射。从社会形态变迁之中，我们可以考察，社会与文化之间的逻辑关系：在原始社会形态中形成的文化，可称之为"自然图腾文化"，一切文化现象皆被看作自然作用的结果，这种文化态度即顺应自然；当发展到农业社会时，可称之为"伦理文化"，一切文化现象皆围绕血缘宗法而产生；随着生产力的发展，在工业社会或后工业社会中形成了"技术图腾文明"，在此态势下，传统文化或区域文化被资本所驱使，文化变得工业化、物质化。非物质文化遗产是人类在生产生活中创造的历史见证，与人们的生产生活不可分割。生产工具的改进、生产力的提高、交换的产生、社会分工的出现，促使人类社会发展进步。人类的历史本身就是一部人类社会的经济发展史。徽州非物质文化遗产作为历史的产物，自然与人类社会的经济活动有着无法割裂的关联。就传统的食品制作技艺、古建筑制作工艺等技艺类项目来说，从落后的手工业到现代的机械化运作，都是经济发展在背后推动、演进。徽州戏剧曲艺类艺术类项目，同样深受经济活

---

① [英]柯林伍德：《自然的观念》，吴国盛译，北京大学出版社2006年版，第4页。
② 胡兆量、阿尔斯朗、琼达等：《中国文化地理概述》，北京大学出版社2006年版，第109页。

动发展的影响，从而散发别样生机，通过戏班、剧团等经济组织形式在社会生活中表现并发展。

社会属性。非物质文化遗产的保护与发展同样离不开社会环境。社会组织环境是指"人类创造出来为其文化活动提供协作、秩序、目标的组织条件，包括社会组织、政府机构、政治制度等结合而成的体系"[①]。人是社会的主体，是所有生产活动的主体。社会组织具有规范性，对个人行为具有约束力，是社会治理的重要组成部分。在传统社会中，家庭和家族等社会组织对人们的生产和生活方式产生了重要影响。非物质文化遗产是以人为核心的生活文化，人既是其保护的主体，也是其传承的主体。[②] 徽州非物质文化遗产的发展和传承必然离不开以人为主体的社会，其拥有必要的社会属性。

当然，不管是自然生态环境的平衡，还是社会层面对文化生态的保护，文化自觉固然重要，但都离不开社会主导意识和观念——政治措施的引导和规制。这里的"政治"是指对文化生态保护的一种宏观调控，即"政治系统对社会资源进行权威性的分配与调控"。用政治措施弥补现代社会的市场化倾向，即一切围绕"经济利益"而开发的倾向，引导社会对文化进行生态化保护，警惕单纯追逐经济 GDP 而忽视社会效益。这里的"政治"主要表现在政策法规的制定与实施、政府的协同治理以及财政支持等方面。文化生态保护的立法就是一种政治态度。围绕文化生态保护的政策法规尚无体系，散见于各部门法律之中，且操作性不强。当然，文化生态保护是新事物，就连保护区也称之为"实验区"，可知其还处在摸索期，必将经历一个发现问题、分析问题、解决问题的过程。以徽州文化生态保护实验区为例，其地跨两省三市三区六县，涉及文化生态区域横纵两个方向的法律、政策法规的制定，应减少上下级的行政摩擦，或增加横向政府间的合作力度，从而为文化保护区域内府际工作原理与机制提供政治前提。在经济发展和复杂的社会问题背

---

① 冯天瑜、何晓明、周积明：《中华文化史》，上海人民出版社 2010 年版，第 8 页。
② 汪欣：《非物质文化遗产保护的文化生态论》，《民间文化论坛》2011 年第 1 期。

第二章 空间·文化·人：徽州非物质文化遗产资源传承与保护

景下，公共事务的跨区域化、多边化，打破了以往的行政区域版图，府际协同合作与治理愈发明显。尤其是文化，如前文所述，文化地理单元具有功能文化区与形式文化区之分，随着文化的传播，这种文化区会不断延展。徽文化是一种典型的显文化，在社会中广泛传播，甚至海外都出现了"原版"徽州古民居，但本书所论徽州文化区域限定在皖赣两省三市，即便这样，也存在着很多政府间的协作问题。"徽州文化生态保护区"是一个空间概念，不是行政区划概念，更不是项目概念。在内涵上，该"保护区"是以文化认同为标志的地理空间；在外延上，该"区"已超出某个行政范畴，即文化区与行政区并非完全吻合，但我们又必须把文化生态保护相关问题纳入具体的行政空间形态中，以便明晰其地理范围，进而构建相应的制度安排，设计府际之间的工作机制。在文化行政内部，包括政府部门之间和跨行政区政府之间，行政内区的政府行为主要是纵向政府上下级关系和横向文化部门之间的关系。文化生态保护为什么要进行府际协同？主要原因是政府失灵。政府作为"理性人"，是趋利的，只专注所辖区域文化的生存与发展。如此，文化生态保护的府际协同治理应设置一个公共文化管理中心，形成行政区划之外的专属权力机构，对文化生态提供全面的保护措施与资源。[①]

三、整体·真实·再生的传承空间理念

文化空间保护的措施和理念必须遵从完整性和真实性的保护原则。(1)划定有效保护的边界。划定边界是对申报遗产进行有效保护的核心要求，划定的边界范围内应包含所有能够体现遗产突出的普遍性价值的元素，并保证其完整性与（或）真实性不受破坏。(2)缓冲区。只要有必要，就应设立恰当的缓冲区以有效保护遗产。缓冲区是为了有效保护申报遗产而划定的遗产周围的区域，其使用和开发受到相关法律和习惯规定的限制，为遗产增加了保

---

① 秦枫：《文化生态保护：自然·社会·政治之耦合》，《宜春学院学报》2011年第9期。

护层。缓冲区包括申报遗产直接所在的区域、重要景观，以及其他在功能上对遗产及其保护至关重要的区域或特征。缓冲区的构成应通过合适的机制来决定。申报时，需要提供有关缓冲区大小、特点、授权用途的详细信息以及一张精确标示边界和缓冲区的地图。(3) 可持续使用。世界遗产存在多种现有和潜在的利用方式，其生态和文化可持续的利用可以提高所在社区的生活质量。缔约国和合作者必须确保这些可持续使用或任何其他的改变不会对遗产的突出的普遍价值、完整性和真实性造成负面影响，有些遗产，人类不宜使用。世界遗产的相关立法、政策和策略措施都应确保其突出普遍价值的保护，支持对更大范围的自然和文化遗产的保护，促进和鼓励所在社区公众和所有利益相关方的积极参与，以此作为遗产可持续保护、保存、管理、展示的必要条件。①

整体性保护。以整体保护代替局部保护的保护模式提出的以"文化空间"为单位进行保护，本身就是对非物质文化遗产保护模式的突破。把多个单项遗产放在一个大的背景下，更有利于非物质文化遗产的保护。徽州文化生态保护区以非物质文化遗产保护为核心，对历史文化积淀深厚、存续状态良好、具有重要价值和鲜明特色的文化形态进行整体性保护。徽州文化生态保护区内现存有大量的非物质文化遗产：文学艺术类如新安文学、新安画派、徽派版画、徽派篆刻、徽派盆景、徽州戏剧等；传统医药类如新安医学、西园喉科等；传统技艺类如歙砚、徽墨、徽菜、安茶、万安罗盘；徽派传统民居建筑营造技艺等技艺，民俗类的多种庙会、节庆表演等。类型丰富，种类繁多，是非物质文化遗产资源分布较多的地区之一。徽州文化生态保护实验区自设立以来，力求突破非遗单向保护的思路，探索跨区域的保护模式，树立整体性的保护意识，注重从整体性出发保护徽州非物质文化遗产。如黄山市推出"百村千幢"工程，以现存古村落为载体，将徽州非物质

---

① 《世界遗产公约》操作指南2016年中文版。

第二章　空间·文化·人：徽州非物质文化遗产资源传承与保护

文化遗产融入其中，整体性保护其生存环境和传承环境。对徽州古民居、古祠堂、古戏台、古村落等建筑的修复和完善，能够较好地保护和传承徽派建筑工艺、徽州三雕制作工艺等非遗项目，也能够为依赖民间的徽州祠祭、徽剧、徽州民歌等曲艺民俗类非遗项目的生存空间进行保存、维护和修复。通过政策扶持和项目资助，支持传统手工艺类文化遗产进行家族传承；通过非遗项目培训活动，集体培养非遗传承人。整体性保护也需要增强主体保护意识，自觉维护徽州传统节庆、宗族祠祭等习俗，需要全民共同参与。

真实性保护。徽州非物质文化遗产文化空间的真实性保护，即保持非物质文化遗产项目的本真性和原真性。对于非物质文化遗产来讲，在保护过程中真实、准确地记录非物质文化遗产的形态、信息是一切保护工作的基本前提。只有真实地采集、收录徽州非物质文化遗产的信息资料，才能在后期保护过程中不偏离、不扭曲，制定的保护规划措施等才能有条不紊、有据可依。例如，在对非物质文化遗产进行调查、信息采集时，工作人员应以唯物史观分析非物质文化遗产的产生、发展及在此过程中出现的各种状况、现象，尊重非物质文化遗产的历史演变面貌，真实地采集记录，而不能凭借主观经验修饰、歪曲历史文化的真实形态和文化传承脉络，也不能根据想象或喜好对其改动或删减，更不能虚构。

再生性保护。文化空间的再生性保护，是对非物质文化遗产的文化空间的再生。文化空间的再生性是指以非物质文化遗产保护的核心文化要素为因子，结合其他文化需求或空间，构建一个新的、具有吸引力的文化旅游空间。再生的空间是一个新的、独立的旅游文化空间，其文化基因来自我国传统文化的基本要素，且应在新的文化空间"激活"的条件下进行。① 当下流行旅游开发的徽州小镇就是再造的徽州文化空间，在此承载了诸多非物质文化遗产的生存和发展、传承与开发。

---

① 黄丽娟：《基于文化空间视域的非物质文化遗产旅游空间的建构——以武夷山大红袍传统工艺为例》，《湖北文理学院学报》2018年第11期。

以生产的观念实现文化空间的保护。非物质文化遗产文化空间的再生产实质是文化的生产和延伸。徽州非物质文化遗产的文化空间保护不能固守于传统，最好的保护模式是在保护中进行文化的生产与再生产，让传统与现代实现统一。

第二节　文化事象：徽州非物质文化遗产资源的组成"细胞"

徽州非物质文化遗产是历代先民创造的极其丰富且珍贵的文化财富，是一个民族的民族精神、民族情感、个性特征以及凝聚力与亲和力的重要载体，是一种重要的精神文化资源。它所包含的口传作品、民族语言、民间表演艺术、风俗礼仪、节庆、美术、音乐及乐器和传统手工艺技能等，无不凝聚着人类文化记忆的点点滴滴。这些文化记忆由于年代的久远、时事的变迁以及自身生存发展的需要，与其最初的形态已经相去甚远，我们今天所见的非物质文化遗产在很大程度上已经趋于符号化了。换言之，非物质文化遗产作为人类文化的"活的记忆"，所呈现出的是各种文化符号的活态聚合。徽州非物质文化遗产所蕴含的丰富文化符号可以成为发展文化产业的文化资源，为文化产品的符号价值生产提供原材料。利用各类传统节日可以发展旅游业，各种民间戏曲可以进入演出市场，实行产业化运作，各种民间服饰中的民族元素可以进入纺织业和服装产业，提升我国纺织产品的竞争力，从而使非物质文化遗产的产业化运作成为可能。但并非所有的文化符号都可以转化为符号价值，只有那些具有独特性、具有文化视差作用的文化符号才能成为促进文化产业发展的文化资本。非物质文化遗产因其在人类历史中的不可复制性，成为促进文化产业发展的重要文化资源。① 在徽州非物质文化遗产的具体文化事象保护当中，需要因类而异，综合采用不同的保护手段，保证

---

① 秦枫：《非物质文化遗产数字化保存与发展研究——以徽州区域为例》，中国科学技术大学出版社2021年版。

徽州非物质文化遗产事象的完整性、真实性、多样性和再生性。

一、自我创造的生产性保护

非遗生产性保护是指在具有生产性质的实践过程中，以保持非物质文化遗产的真实性、整体性和传承性为核心，以有效传承非物质文化遗产技艺为前提，借助生产、流通、销售等手段，将非物质文化遗产及其资源转化为文化产品的保护方式。目前，这一保护方式主要在传统技艺、传统美术和传统医药药物炮制类非物质文化遗产领域实施。[①]

生产性保护是徽州非物质文化遗产特别是技艺类非物质文化遗产传承保护的必要手段，这是因为大部分非物质文化遗产在生产和生活过程中产生，将传统手工技艺类非物质文化遗产尽量选择在生产过程中加以保护和传承，从而促进其生产并创造利益。因此，生产性保护是符合非物质文化遗产自身发展特点和规律的。非物质文化遗产存在于人类的生产活动之中，是活态的、发展的，而不是静止的、固态的，它处在流动的历史长河中，不断发展自身并世代流传。它离不开人类的生活创造，否则就会停止发展，泯灭其身。此外，民众生活的日常需求也与非物质文化遗产息息相关，其需求的多样性和变动都会引起经济活动的改变，从而也能够导致非物质文化遗产的生产发生变化。所以，徽州非物质文化遗产的传承保护需要积极融入人民生产实践当中，通过生产性的发展去创新自身、传承自身，从而获得生存活力。

对非物质文化遗产坚持生产性保护，在政策的支持下，鼓励非遗传承人等文化遗产主体进行生产性开发，如成立个人工作室、家庭作坊、小微企业、企业集团等，在生产中传承，在传承中创新发展。例如，黄山徽州竹艺轩雕刻有限公司、绩溪胡开文墨业有限公司已成为"国家级非遗生产性保护示范基地"。对徽州非物质文化遗产进行生产性保护，不仅能够推进当地文

---

① 《文化部关于加强非物质文化遗产生产性保护的指导意见》，2012年2月14日，见 https://www.mct.gov.cn/whzx/bnsj/fwzwhycs/201202/t20120214_765156.htm。

化产业的发展，还能够促进产业结构的调整、经济效益的提升。

黄山徽艺小镇位于黄山经济开发区，总规划面积2.87平方公里，按"一核三园"功能进行规划布局，即非遗核心区、非遗产业园、非遗创意园、非遗研学园，是以保护传承非遗技艺为核心的中国非遗特色小镇。黄山非遗创意园区占地面积1569亩，非遗核心区是重点区域，占地面积674亩，力争打造成集非遗技艺创新、作品展示交易、艺术体验交流、旅游接待服务等为一体的新型园区，包括非遗文化中心、大师庄园、非遗传习基地、特色民宿、商业街区等。作为国家级非物质文化遗产特色城镇之一，徽艺小镇以保护传承非遗技艺、技能为核心，实现适度规模和产品生产，提供非遗技艺创新交易、展示、艺术体验交流、旅游服务等。其中，黄山非遗创意园非遗核心区建设生态和景观性最强的商业集群和休闲活动中心，包括非物质文化遗产中心、百师工坊、非遗传习基地、特色民宿、商业街区等，还有茶文化体验区、非遗梦工厂等。黄山市拥有国家级和省级非物质文化遗产传承人165名，涵盖漆器髹饰、歙砚、木雕、砖雕、徽墨等多个领域。建设非遗创意园区，能够将各个领域的非遗资源有效地整合、融合，最大化传承和传播徽州文化。传承人可以创造精美的非遗作品，展现非遗技巧，与游客互动，也可以通过平台来推动非遗产品规模化生产，将文化优势转化为旅游产业优势。黄山非物质文化遗产馆馆内一层"璀璨明珠"展厅面积约4561平方米，主要展示黄山市列入联合国教科文组织人类非物质文化遗产代表作名录——徽派传统民居营造技艺、程大位珠算法、黄山毛峰制作技艺、太平猴魁制作技艺、祁门红茶制作技艺等5个项目，以及非遗创意产品展区。馆内二楼"徽式生活桃源梦"展厅面积约2623平方米，分为故土乡音、巷陌情深、雅室书香、安居乐活、家园情浓五个单元，全方位呈现黄山市徽州文化生态的完整风貌。

截至2022年，黄山市全市共有国家级非遗代表性项目21项，省级代表性项目63项，市级代表性项目127项；国家级非遗代表性传承人33人，省级代表性传承人154人，市级代表性传承人479人；项目和传承人数量稳居全省地级市第一位。

二、自我恢复的生活性保护

文化遗产离不开生活，生活性保护是非物质文化遗产保护必不可少的方式，因非遗类别各异，运用的保护方式必有所不同，诸如传统技艺、民间美术、传统医药等类型的非遗项目需要坚持走生产性保护之路，但口头传统，包括作为文化载体的语言，民俗活动、礼仪、节庆，民间信俗、宗教信仰、民间竞技，有关自然界和宇宙的知识和实践等，就需在生活中传承与保护。[1]

徽州非物质文化遗产的保护与传承应秉持以人为本、整体性保护的原则，尊重区域性风俗习惯、规章制度、文化风格等；重视地方区域已有文化成果，围绕其特有的文化积淀构建文化资源保护传承机制，以尊崇的态度推动文化资源保护传承工作科学地展开。以徽州著名民俗活动、第四批国家级非物质文化遗产代表性项目——徽州祠祭为例。徽州祠祭是流传于徽州境内各宗族祭祀祖先的一项重要礼仪活动。祠祭分族祭和房祭，族祭由族长主持，族长由族中年长辈高、儿孙众多、德高望重的人担当，房祭由各房头房长担任主祭。一般的徽州宗族祠堂祭祖，有春祭、中元祭、秋祭、冬祭，先祖诞辰、先祖忌日等，最普遍和最隆重的祠祭是春秋二祭和冬祭。按照朱熹《家礼》的规定，要求参祭人员必须整衣肃冠，严格遵循祠规。整个祠祭活动过程有严格的程式，由礼生读祭文；其祭文写作也有固定的格式。徽州祠祭自明代以来，曾广泛流传于古徽州的祁门县、歙县、黟县、绩溪县等地。祁门县西部的马山、桃源、文堂、黄龙等传统古村落，至今还保留着相对完整的祠祭文化。其中马山村祭祖分春秋二祭和冬祭，程序严格，仪式隆重。冬祭为每年腊月二十四挂祖容像，三十夜到祠堂拜祖先。春祭为正月初二、

---

[1] 李荣启：《非物质文化遗产生活性保护的理念与方法》，《艺术百家》2016年第5期。

初四，祭后每人发一杯米酒。初七为人日，收祖容，耍舞狮。五月十三祭关云长，办关帝会。清明节要标坟拜祖，中元节做道士戏，祭祀孤魂野鬼。八月初一到西北面的西峰庙接西峰大圣，中秋节送回。桃源村陈氏宗族祭祀分小祭（家族祭）、中祭（支祠祭）、大祭（总祠祭）三种。宗祠祭祀第一程序是奉上十六种供品。祭祀人员分设主祭、启赞、通赞、哑赞、引赞、内务、执事、执鼓、鸣锣各一人，另奏乐队若干人。逢大祭需供上整羊整猪各一只为主供品，同时各户捧上一盏或一对造型各异的接财纳福添丁彩灯。徽州宗祠祭祀具有强大的宗族凝聚作用，也起到了丰富宗族群众文化生活的作用。祭祖曾被认为是封建迷信而在全国范围内被制止，已经鲜为人知，在徽州也有消失的可能，而祁门县马山等地保留着较完整的祠祭活动，对于研究徽州宗族的祭祀礼仪和徽州民俗文化具有重要意义。[①] 祭祖习俗、婆溪河灯、上九庙会等徽州民俗类非物质文化遗产则需要进行生活性保护，因其产生、成长和生存环境都是处于社会生活之中，所以对于它们的保护还应让其在生活中自然地成长，在非濒危状态下不宜对其采取强制性或过多的保护措施，而应在生活中以自我恢复的方式生存发展。

三、动静结合的博物馆式保护

《国际博物馆协会章程》这样定义博物馆："博物馆是一个为社会及其发展服务的、向公众开放的非营利性常设机构，为教育、研究、欣赏的目的征集、保护、研究、传播并展出人类及人类环境的物质及非物质遗产。"[②] 博物馆不仅是物质文化遗产的保护单位，更将非物质文化遗产也纳入其中。现代博物馆的类别随着科技水平的提高而增多，比如综合博物馆、科学和技术博物馆、历史博物馆、民俗博物馆、艺术博物馆、数字博物馆等。对文化遗产

---

① 安徽非物质文化遗产网，http://www.anhuify.net/fyproject/TheFourthGY/339.Html。

② 《国际博物馆协会章程》，http://www.njmuseum.com/html/News_content%40NewsID%40a7791931-77e7-437f-aa87-994a67b8e144.Html。

第二章 空间·文化·人：徽州非物质文化遗产资源传承与保护

采取博物馆式的保护，其首要功能就是保存。

丹尼斯·吉耶马尔对保存给出了如下定义：保存是指意图延续文化遗产寿命的行为。美国保护学会也给出了类似定义，"是指意图保持文化资产完整性，让破坏最小化的举措"[①]。对徽州非物质文化遗产采取博物馆式的保护，首要在于保存文化遗产的完整性，最大的特点和手段便是信息性保存。在今天的保护领域，有一个冉冉升起的新门类，它甚至无法用常用的概念来描述，这就是基于"记录"的生产，这些记录可使观者进行虚拟体验。例如，对档案馆中文件的数字化让人们能够在不接触文化遗产原件的情况下进行观赏，民俗仪式的影像化情境再现或 AR 虚拟真实的情境再现。这种形式的保存既借助摄影技术和新的数码技术，也使用一些传统措施如替换珍贵的原作或人工复制珍稀档案等。所有这些技术在避免任何破坏风险的同时，让观众仍能体验原作最重要的方面，此类技术可称为"信息性保存"，因为它们保存了对象的某方面信息（文字及形状、外观等）但并未保存对象本身。信息性保存技术对文化事象的保存具有正面的作用，文化事象的复制信息可以让参观者体验和了解到它的信息特征，又因原物并无必要呈现在现场，从而减少了文化事象暴露在潜在破坏因素中的风险。[②] 传统博物馆式保护除了涵盖非物质文化遗产的实物保存、展示外，也逐渐将数字化资源纳入其中。

目前，网络数字博物馆正在兴起。例如，中国非物质文化遗产网·中国非物质文化遗产数字博物馆（www.ihchina.cn）以《国务院关于加强文化遗产保护的通知》的精神和保护工作为基础。在部际联席会议的领导下，中华人民共和国文化旅游部网站和中国美术学院（中国非物质文化遗产保护中心）主办了公益性非物质文化遗产保护专业网站。其目的均是利用数字技术和网

[①] [西] 尔瓦多·穆尼奥斯·比尼亚斯：《当代保护理论》，张鹏、张怡欣、吴霄婧译，同济大学出版社 2012 年版，第 14—15 页。

[②] [西] 尔瓦多·穆尼奥斯·比尼亚斯：《当代保护理论》，张鹏、张怡欣、吴霄婧译，同济大学出版社 2012 年版，第 21—22 页。

络平台展示和传播中国和世界非物质文化遗产的专业知识，展示中国丰富的非物质文化遗产资源，提供非物质文化遗产保护的信息交流，巩固保护非物质文化遗产。实践和理论共同发展，有利于充分调动并利用学术、经济、舆论资源，提高公众参与度，促进中国非遗保护工作的健康发展。中国非物质文化遗产网·中国非物质文化遗产数字博物馆能够及时传达政府关于非物质文化遗产保护的政策和理念、学术机构和保护机构的研究成果和工作经验等，同时也为非物质文化遗产相关工作者和志愿者正确开展非物质文化遗产保护和研究提供有效的交流平台。① 关于徽州非物质文化遗产的互联网数字博物馆目前正在建设，如《安徽省非物质文化遗产》视频资源库的建设旨在运用现代信息技术手段展示安徽非物质文化遗产的风采，弘扬我国民间传统文化，传承安徽区域特色文化。② 它的建设对于促进安徽非物质文化遗产事业的研究、保护、传承、创作和发展具有积极意义。

四、特色保持的原地保护

徽州非物质文化遗产对其所处自然环境、社会环境、文化环境和经济环境都有极强的依赖性，在对具体文化事象的保护过程中需要进行适量的原地保护。原地保护，即在原生地域对其进行信息采集收录、保护。原地保护有利于徽州非物质文化遗产具体事项保持自身的独特性，如徽州民歌、徽州文书等。徽州文书档案即历史上的徽州官府和民众在日常生活、生产、社会活动过程中形成并遗存下来的未经加工的凭证、票据和文字等档案资料，是徽州社会发展、生活生产最真实的写照。徽州文书以其原始性、唯一性和珍贵性而备受当地政府、专家学者的推崇和关注。安徽省第十一次党代会指出："做强做实文化惠民工程，推进省级公共文化基础设施建设。实施优秀传

---

① 中国非物质文化遗产网·中国非物质文化遗产数字博物馆，http://www.ihchina.cn/。
② 《安徽省文化数字资源共享工程》，http://zyfb.ahlib.com:8089/cmlib/cmlib/cmresshow.do?method=searchResIndex&catacode=ahfy1。

统文化传承发展工程,加强文化遗产保护传承和利用。"① 此等极具徽州文化特色的非物质文化遗产种类需要在以后的保护过程中,保持原生面貌不流失、不消失。

五、面向未来的数字化保护

科学技术不断发展,数字技术日新月异,非物质文化遗产保护、传承与发展也要适应时代的发展,运用新的数字化手段提高非物质文化遗产的保护水平,强化遗产教育传承效果,加大遗产发展与应用的力度。早在2005年,国务院办公厅下发的《关于加强我国非物质文化遗产保护工作的意见》明确指出:要运用文字、图片、音像、数字化多媒体等各种方式,对非遗进行系统、真实和全面的记录,建档(档案库)、建库(数据库)。在科学分析、合理建构和有效运行与管理之下的非遗数据库,不仅可以系统、真实、全面地记录某个区域非物质文化遗产全貌,亦可提供便捷的查询、交流与利用非遗的数字内容资源等功能,对于非遗项目传承与保护,传播与研究,发展与利用等方面,发挥着基础资料参考与动态辅助决策的价值。

通过数字技术记录并保存非物质文化遗产,对当今社会的发展具有不可估量的历史和人文价值。例如,联合国的"世界记忆工程"提倡的档案文献实体保护、口头历史记录、影像历史记录等音视频保存以及数字化资源的长期保存。建立徽州非物质文化遗产数据库,是对该区域非遗项目进行系统性、完整性的保护,有助于保存历史文化基因,促进文化传播交流。非遗数字化资源相对于非遗实体本身来说,更加便于传播共享。不论从人对非物质文化遗产资源的需求,还是从社会对非遗的认知保护出发,通过网络信息技术实现资源共享是趋势。最大程度地实现非遗资源保护共享的手段,就是建立数据库。数据库可以将散存于世的、难以在物理空间集成的文化资料、实

---

① 人民网:《安徽省第十一次党代会报告全文》,http://ah.people.com.cn/n2/2021/1104/c358428-34989850.html。

物资料集中在统一的数据库中，便于非遗资源的数字形态整合以及资源利用价值最大化。2002年起文化部实施的"文化信息资源共享工程"就是充分利用数字技术，将传统典型的文化信息资源进行数字化采集、加工、处理与集成，构建文化信息数据库；建设以互联网为载体的中华优秀传统文化的网络中心与信息中心，通过覆盖全国省（自治区、直辖市）、大部分地、市、县以及乡镇、街道或社区的文化信息资源传输系统，实现优秀文化的数字信息在全国范围内的共建与共享。建立非遗数据库，对非遗数据进行加工发布，使得数字资源在平台上实现各级搜索与不同权限的浏览，实现非遗资源数字形态的最大共享。数据的保存与传播促进了项目所有者信息、知识产权信息的公开，未来将成为促进非遗资源合法利用与共享、促进传承人权益保护的有利工具。

在调研中笔者发现，非遗传承人都很珍视自己的文化项目，也都十分迫切地希望能够很好地保护与传承它们。但他们也都表示现在的社会环境和社会结构变迁，导致非遗传承和传播受到了一定的阻碍。记忆型的非遗和部分市场效益不好的技艺型非遗，其传承都存在一定的问题。传承人对此深表无奈，但对于数字化他们都比较接受，甚至有传承人自己已经进行了数字影像记录。他们对非遗数字化的态度很简单——就是为了文化事项的保存与传承。

公众的参与对非遗保护来说至关重要，非遗是否能够存在或发展，关键看是否有受众。当下非遗的生存状况堪忧，不仅有非遗自身的原因，更重要的是失去了受众。如果没有受众，无论非遗是以什么形态存在，都不会产生价值和发挥作用。公众对非遗数字化的态度主要基于三个方面的原因：一是文化保存与展示，公众认为数字化以后可以更好地保存文化基因，无论社会环境如何变迁，都能够在数字空间中探寻当时文化的形态，而且数字化可以更好地将非遗展示给世人；二是文化传承与传播，公众认为数字化以后即使非遗事项后继无人也可以在数字空间里传承，或者用数字化形式学习非遗，扩大文化认知与认同；三是从文化经济角度出发，有公众认为数字化以后的

第二章 空间·文化·人：徽州非物质文化遗产资源传承与保护

文化可以更好地传播本地的事项，进而吸引更多的群体去旅游，但也有公众认为数字化之后的文化景观可以在异地消费，就不会产生在地经济效益了。

从制度安排来看，政府是文化遗产保护与利用的名义主体，有责任和义务来保护文化的多样性，也有权力和能力将文化遗产保护好。在国际文化保护公约中，国家（政府）是责任主体，拥有文化话语权、资源分配权、行动指挥权和政策供给权等。从这个角度看，政府会不遗余力地保护文化遗产，以确认国家身份的主体意识和文化合法性。另一方面，政府也是趋利的主体，当经济与文化存在冲突时，可能会使得文化让位，以确保经济的发展。非遗主管部门对待数字化的态度比较积极，有的部门还建设了非遗数据库，但在非遗信息共享、使用、经费投入与保障等方面仍存在现实性问题。

未来的文化不属于文化领域，而是属于经济领域、属于市场、属于符号经济，文化遗产也有可能成为某种产业或商业符号。市场对非遗数字化是欢迎的，因为数字化成果更便捷地被市场所利用与支配。若将非遗转换为比特状态，则可以重复使用和混合，正如尼葛洛庞帝所说：比特会毫不费力地相互混合，可以同时或分别地被重复使用。① 市场层面对非遗数字化的态度十分积极与乐观，原有的非遗记忆或技艺，受到时间、空间、人的限制，不能够大规模的生产、传播，既不能提高产量，也不能提高质量，更不能满足市场的需求，虽然被访的市场主体大部分都承认非遗的原真性和社会性；但市场以效益和利益为衡量标准，所以他们认为非遗数字化能够很好地解决市场供求问题。黄山某公司利用电脑编程进行木雕，从创意稿到雕刻打磨均采用电脑编程操作机器完成，这就是对木雕技艺的数字化发展。不过也有市场主体不愿意采用数字化、工业化的手段生产。在调研中，有负责人表示，用数字化手段对工艺进行保存是无可非议的，但用数字化手段进行规模生产就不能接受了。该负责人本身就是一位非遗传承人，他坚持认为非遗手工艺其

---

① 比特状态即数字状态。尼古拉·尼葛洛庞帝：《数字化生存》，胡泳、范海燕译，海南出版社1997年版，第29页。

生产、制作的本质就是人工，这样才能体现他的人文价值和劳动价值。现代数字技术对非物质文化遗产进行包装与设计，并将其推向更广的空间。在现代"造物"的时代背景下，非遗的原生空间阈限和格局被打破，并以不同的商业身份出现在的不同经济场合。

第三节　传承主体：徽州非物质文化遗产资源的依附载体

所有的非物质文化遗产，无论是口头语言形态的、肢体表演形态的，还是手工技艺形态的、文化空间形态的，其雏形都是由某些杰出的社会成员创造出来的，然后经社会群体在漫长历史时段里的传播和传承，从而形成某个相对稳定的非物质文化遗产形态。[①] 传承主体作为活的文化，需要重视对非物质文化遗产的身体传承。其自身应身体力行去体现非遗的文化，强调个人实践和集体实践，重视自身作为传承人主体的作用与责任。非遗传承人是非物质文化遗产传承的主体，依法享有署名权、传承权、改编权、表演者权、获得帮助权等权利。同时作为非遗的传承主体，也需要履行相应的义务："开展非遗传承活动和教程，培养后继人才；妥善保存、保管相关的实物和资料；配合文化主管部门实施非物质文化遗产调查；参与非物质文化遗产公益性宣传活动等。"[②] 传承人作为非物质文化遗产重要的承载者和传递者，应该在文化遗产资源的延续和发展中发挥关键的作用。而对于非遗传承人主体，也应有相关有利政策和机制，来引导、鼓励他们承履行传承职责，投身传习活动，保障他们的生活和工作条件水平。徽州非物质文化遗产资源的传承，须对传承主体进行保护、引导、激励、保障，从而更好地推进非物质文化遗产保护和传承工作。

---

　　① 戚剑玲：《非物质文化遗产的身体传承——以京族为例》，《云南师范大学学报（哲学社会科学版）》2019 年第 4 期。

　　② 引自《中华人民共和国非物质文化遗产法》。

一、建立有效激励机制

在非遗传承人的群体认定和培训方面,积极鼓励徽州的非遗传承人开展非遗培训、传承人技艺和成果展示,积极鼓励传承人申报国家级、省级、市级等非物质文化遗产代表性项目代表性传承人。做好普查、认定和申报工作,相关单位需要建设科学的、合理的项目和传承人保护机制,如结合非遗传承人现状不断完善相关的法律法规,并借鉴其他发达国家的非遗传承人保护机制。在审核非遗项目申报方案时,务必实事求是,确保传承人的切身利益。申报成功后,应积极支持、鼓励并监督、考核非遗传承人的工作。

更重要的是,加大对非遗传承人的激励力度和扶持力度。对徽州非遗传承人的激励机制建设,可以参考其他省市的措施和手段。如四川省内江市设置的"非遗传承人补助"制度,在提升非遗传承人每人每年可获得补贴金额的基础上,按照《内江市非物质文化遗产项目代表性传承人考核办法(试行)》的规定,邀请部分非遗专家对市级非遗项目代表性传承人开展非遗宣传活动、授徒等方面的情况进行考核。经综合评定,将非遗传承人评选为A类、B类、C类传承人。传承人最高可获得3000元/年的补助,若连续两年考核不达标则撤销其传承人称号。设置淘汰制的激励举措,能够更好地激励和鞭策非遗传承人主动学习专业知识,努力开展传承、授徒、展示、交流等活动。

二、完善稳定保障制度

首先是政策法规的保障。各级政府在针对非物质文化遗产保护建立法规制度时,要完善知识产权法,增加对使用精神产品的补偿,维护原创者、传播者的利益,保护他们的权益。如对作品复制的严格规定和限制;采取必要措施,防止所收集的民间艺术品被有意或无意地不正当使用;对民间文化艺术作品进行公开展示、展览,给予艺术家一定的补偿等;对进行生产性保护的非遗企业,应尽快落实税收优惠政策;在传承场所规划用地、材料采购或供应方面提供应有的帮扶等。应建立传承人权益保护组织，保护管理传承人权利，或在有关行业协会中增加这方面的职能。有了法律法规的保障和相应的权益保护组织，能够有力地促进非物质文化遗产的传承与发展。

其次是资助扶持保障。要采取多种扶持办法和措施，进一步加强对各级代表性传承人的帮助和支持。如可通过多种渠道筹措资金，建立传承人保护基金会。有了较充裕的资金保证，能给传承人定期发放津贴，辅之以适当的物质奖励，使他们不再为生计发愁，手里还能有些传承培训经费，便能调动起他们的积极性，使他们把全部精力投入授徒传艺上。在扶持和资助传承人方面，各省都采取了许多积极措施。如江苏省出台了《江苏省非物质文化遗产传承成果奖励实施办法》，以"生活补贴、立项资助、以奖代补"等方式，对高龄和无固定经济来源的传承人发放生活补贴，对有传承项目的给予资助，对有突出传承成果的给予奖励。再如浙江省德清县2022年出台了《德清县促进非物质文化遗产保护与发展扶持奖励办法》，以"定向资助、税收减惠"的方式对当年新认定的国家、省、市、县级非物质文化遗产名录项目公布的保护单位分别给予每个单位5万元、3万元、1万元、5000元的一次性补助。对当年参加国家、省、市、县级非物质文化遗产名录的项目评估，合格通过的分别给予项目保护单位2万元、5000元、3000元、2000元的补助。设置较大力度的资金资助为非遗保护与传承助力，是政府对非物质文化遗产保护与传承的重视，徽州非物质文化遗产区域政府也可以借鉴实施。

国家对代表性项目及传承人的保障资助，在保证最低资助标准的基础上，还应注重以人为本，视非遗传承人的能力和表现有倾斜、有重点地进行资助。代表性项目和代表性传承人应分为三类：第一，实施生产性保护，主要面向经济效益良好的项目和继承人。他们有更好的"造血"功能，不需要分配资金，而更需要给予政策支持，如税收减免、贴息贷款、帮助扩大产品影响和销售等，这种帮助更符合其非物质文化遗产的发展需求。第二，项目本身维护得很好，但在传承发展中需要一些外部资金来扶持。第三，濒临灭绝、很难传承下去的、亟待扶持资助的非遗项目。可以拨出更多资金用于保护和继承，增加代表性传承人的资金并给予优先援助。① 不仅如此，对非遗项目代表性传承者的保护也应根据不同的情况区别对待。这样，非遗传承管理工作将更加科学合理。

三、鼓励创新传承手段

徽州非遗资源是我国传统文化的瑰宝，是中华民族古老的文化记忆和活态文化基因。当今社会，数字技术、互联网技术及其观念日新月异，非遗保护和传承方式亦需要不断创新，从而更好地保护、传承、传播与发展中华优秀传统文化。徽州非遗项目的传承方式要与时俱进，鼓励非遗传承人不断尝试创新新观念、新方式、新手段，如将5G远程教育运用到非遗的传承中，基于5G环境下的传播、体验创新模式。可以依托中国通信低延时、超大带宽、海量连接的5G优质网络，实现跨区域教学。

鼓励职业高等院校与非遗传承人合作，构建系统科学的非遗传承课程体系。首先，构建非遗传承通识课程，要着眼非物质文化遗产历史渊源及其蕴含的思想内涵、文化精髓，满足专业非技术性综合能力培养需求，开设覆盖面广、内容丰富的非遗通识课程，力求以课堂教学提升学生的文化认同度，厚植非遗文化底色。其次，建设非遗传承专业课程体系，应充分利用学校现有课程资源，适应新时代要求，将非遗技艺传承、非遗知识产权保护等教学内容嵌入专业相关课程的授课内容，组织编写非遗技能传承教材，推动专业技能和非遗技艺学习同步进行。此外，学校还应探索建设视频公开课、资源共享课、学习社区等在线开放课程和教学资源库，搭建非遗文化终身学习在线平台，满足青年学生的自主学习需求。

鼓励非遗传承人将非物质文化遗产融入商业开发模式，如制作精品文旅

---

① 李荣启：《对非遗传承人保护及传承机制建设的思考》，《中国文化研究》2016年第2期。

产品、入驻产业园区、加入电商平台、加入新媒体传播平台、创建个人工作室等。例如，为更好地宣传、推广徽州剪纸，非物质文化遗产徽州剪纸代表性传承人吴笑梅于2023年11月通过设计徽州剪纸主题时装作品，将10余种徽州元素融入服装设计中，以模特走秀的形式向大众展示徽州风情。这种将传统剪纸艺术与时尚设计相结合的创新方式，不仅展示了徽州剪纸的独特魅力，也为其在现代社会中的传承和发展提供了新的思路。以弘扬徽州剪纸文化为目的，以弘扬徽州文化、拯救民间艺术为核心理念，以将非遗徽州剪纸打造成国家级项目为努力目标，通过政府和各方人士的大力支持，努力塑造徽州剪纸的品牌影响力，积极探索徽州剪纸的产业发展之路。

鼓励徽州非物质文化遗产现代产品开发。鼓励非遗传承人、企业开发体现非遗本真性和现代审美要求的传统工艺品及运用了非遗元素的各种衍生品。例如，休宁县万安吴鲁衡罗经老店有限公司结合万安罗盘产品的传统特点，针对驴友、户外游客等群体需求，研发出了驴友定向罗盘，在骑行、登山等户外运动中可以指向、定时，极大地拓展了罗盘的市场需求。黄山徽州竹艺轩雕刻有限公司将传统材料与现代科技相结合，研发出竹木雕刻手机壳、手机支撑架、竹雕防盗器、防盗挂扣，以及悬浮艺术摆件等既具有艺术性又具备实用性和科技创新性的产品。传统与潮流碰撞，历史与时尚融合。2023年夏季的徽州古民居，数十位国际模特穿戴16个系列百余套服装轮番走秀，在徽派古民居中尽情展现传统与时尚的浪漫风情，百年古建筑由此焕发出新的生命力和吸引力，旨在利用"非遗+视觉""非遗+味觉""非遗+感觉"多维度集中展现徽州特色非遗项目。徽州非物质文化遗产只有不断与时代潮流相结合，才能迸发活力，拥有新的生命力。

第三章
数字化：徽州非物质文化遗产资源保护与发展新路径

本章主要阐述数字媒介对非物质文化遗产保护与发展的影响，正如波兹曼所言：技术的变革导致整体性变革。非物质文化遗产及其生存环境和物质载体是相对脆弱的，现代数字技术的席卷对非物质文化遗产带来了变革性的影响，既有好的一面，也有令人担忧的一面。本章旨在审视和阐述数字媒介对非物质文化遗产的影响，先设计文化抽象编码层面的框架原则，对具体的、多维度的文化事项进行降维、约化处理。完成文化抽象后，接着阐述数字编码，根据信息传播理论和信息空间理论，阐述非物质文化遗产数字化的语义层、技术层、效度层的问题。如何最大效度的完成非物质文化遗产的编码与解码，尽可能减少理解偏差与误解？这需要多主体协同矫正。如何存储、共享、管理及应用数字化之后的非遗数据？以此引出非物质文化遗产数字化的核心载体——数据库。关于徽州非物质文化遗产数据库构建意义和建构路径，借鉴"参与光谱""合作—参与"机制进行论述，并尝试设计和构建遗产数据库与数字地图，讨论数据库的管理与运营。本章所讨论的数据库仅从功能上进行构想并结合笔者的一些实践，并非具体技术层面讨论。非物质文化遗产数据库的构建，主要应实现两个方面的功能：一是保护、保存与管理非物质文化遗产，为非物质文化遗产的保护与管理提供决策依据；二是为了有效利用非物质文化遗产的数字内容，通过数据系统分析整合，挖掘非物质文化遗产中的有效资源，将文化服务、文化传承与产业利用融为一体，有利于科学研究、经济转型、文化振兴。

第一节　数字化对徽州非物质文化遗产资源的"接合"

徽州文化生态保护实验区是中国第二个文化生态保护实验区，也是第一个跨省市文化生态保护区，文化种类多样，物质、非物质文化形态共存，"人—地—文化"关系相对良好的文化区，与其他文化区相比具有典型性。研究此区域的非物质文化遗产，具有一定的样本意义。通过近年的实地调研、考察和分析，笔者认为该区域的非物质文化遗产样貌和发展形态，总体上能反映当下中国非物质文化遗产的生存状况。

通过对徽州非物质文化遗产的田野考察可以看出，非物质文化遗产存在生态与生存危机、传播与发展问题。研究者面临着如何有效转化当下非遗生存之危机，以及如何解决非遗传播与发展之问题。非物质文化遗产的生态在不同程度上被现代性所侵蚀，其赖以生存的物理空间日益被压缩。遗产的核心依附——随着主体"人"的离世而"艺息"，抑或传承人群日益稀少，无人愿意从事非遗事项的传承与传播。皮之不存，毛将焉附？绪论已经言明，数字化是当下社会的一种生存状态，也是一种媒介环境。从非物质文化遗产在当代社会中的存续状况来看，它已不得不与数字技术发生关系。目前，无论是国际组织、各国政府，还是社会组织、文化或科技企业，抑或公民个人，都已经或试图使用数字技术延续非物质文化遗产的生命周期，或打造非物质文化遗产新的生存与发展空间。文化遗产的数字转化，希冀在新的文化生态（数字环境）中永久性地保存和最大限度地存续文化。随着数字技术革命性地深入社会各个角落，数字化生存（包括以文化资源为内容的数字化生存）成为人们思考的重要命题。如何利用数字技术对非物质文化遗产进行保

第三章　数字化：徽州非物质文化遗产资源保护与发展新路径

护与转化，通过新的方法与手段对它们加以重新阐释，使之在数字环境中能够更好地生存，是我们努力的方向。非物质文化遗产数字化为文化、教育、产业的发展赋予了新的内容，使之与当下社会生活关联起来，实现了文化的永续发展。本节的主旨是从数字化视角来阐述非物质文化遗产的生存与发展——数字化对非物质文化遗产生存与发展能够起到"接合"的作用。[①]

"随着科技的发展，数字化和网络化成为一种生存状态，无论是物质遗产还是非遗，都会受到其影响，比如数字故宫、数字敦煌等，非遗会慢慢进入数字状态。"（D-6）

"数字化、网络化对企业的发展影响巨大，能够很便捷地利用数字内容资源来创造新的文化创意产品，而且传播速度、市场推广、营销都是利好的……文化遗产的数字化既是对遗产另一种形式的保护，也是一种发展路径。"（D-24）

数字化与非物质文化遗产的"接合"，可从"接合"自身的两层含义来阐释：第一层含义是指"接合"（articulation）本身的意义——说出来、表达。数字技术可以按照一定的逻辑结构将非物质文化遗产事项"说出来""清晰地表达出来"，即抽象编码问题。按照霍尔的理论——文化意义是由语言包括图文音像等对事项的表征实现的，即意义是被建构的。[②] 非物质文化遗产事项本身就是一种文化符号——由言语、动作、表情以及其他事物所组成，而数字技术采用数字逻辑来表达这样一种文化符号，并使之符合数字空间的运算逻辑。这是数字化与非物质文化遗产"接合"的第一层含义。"接

---

① "接合"（articulation）该词在英文中具有双重内涵，意指"说出来、表达"；另外一层含义是指两个部分互相连接，不过二者要通过一个特定的环节连接起来，接合就是在某种特定的条件下将两个不同的要素结成一个统一体。此处借用该词，或许是对术语的"移花接木"。

② 参见［英］斯图尔特·霍尔：《表征：文化表象与竞拍实践》，徐亮、陆兴华译，商务印书馆2003年版。

合"的第二层含义是指两个不同部分相互连接,这个连接需满足两个条件:一是这两个部分是要素相异的;二是两个部分的连接必须在一定的条件下进行。数字化与非物质文化遗产的"接合"是指遗产数字内容与其他领域的连接,而这个连接的环扣或桥接手段就是数字化。随着数字技术的发展,不少国家或公司将数字化技术应用到各类文化遗产事务之中,成为文化遗产资源保护、传承与产业开发的关键环节。[①] 数字化使得文化实现了媒介的转移,由物质媒介向数字媒介转移,消解了教育、文化、信息、创意设计、传播等领域边界。数字化最终将助力形成集文化遗产信息挖掘、保护、传承与利用为一体的新局面,之前看似仅具有文化价值的、徘徊在经济领域之外的文化遗产也将成为经济开发的重要资源。原生的遗产资源以物理状态存在,虽然具有现代价值,但在整合利用方面略显吃力;若将之转换为数字状态,则可以重复与混合使用。多媒体之父尼古拉斯·尼葛洛庞帝在《数字化生存》一书中说:"比特会毫不费力地相互混合,可以同时或分别被重复使用。"[②]

一、信息论

非物质文化遗产的数字化,本质上是一种信息形式。本章借用了香农与韦弗所提出的信息传播理论。香农认为,传播是一个过程,通过这个过程去影响另外一部分人。这个过程是有目的的,信息的编码和解码是一个社会过程,涉及"传—受"主体的"主观意义—信息",由一种有意图、公式化的编码程序产生,并达到相互理解。香农与韦弗在他们的合著中提出了传播的三层问题(图3-1)。

---

① 秦枫:《文化遗产资源符号建构与产业融合——以徽州区域为例》,《云南开放大学学报》2016年第2期。
② [美]尼古拉·尼葛洛庞帝:《数字化生存》,胡永、范海燕译,海南出版社1997年版,第29页。

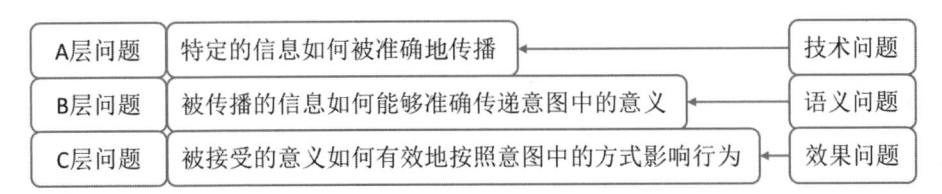

第三章 数字化：徽州非物质文化遗产资源保护与发展新路径

A层问题	特定的信息如何被准确地传播	←	技术问题
B层问题	被传播的信息如何能够准确传递意图中的意义	←	语义问题
C层问题	被接受的意义如何有效地按照意图中的方式影响行为	←	效果问题

图 3-1　信息传播的三个层级

如上图所示，A 层问题属于技术性问题。信息要想在数字媒介中进行传播，就必须保证信息传播者与接收者遵循统一的标准——编码标准。这也是非物质文化遗产数字化的基础与前提，即把非物质文化遗产转化为数字信息，且这种数字信息必须能被数字媒介所识别和读取。

B 层问题属于语义问题，是在 A 层问题解决前提下的第二层问题。对于非物质文化遗产数字化来说，B 层问题属于编码形式和质量选择问题。信息的表达形式是多元的，如图文音像等，且不同形式的编码质量也不同，有高保真的，也有低像素的，需要针对具体的非物质文化遗产进行选择，以实现可理解、可接受的意图。

C 层问题的解决是建立在 A 层问题和 B 层问题基础上的。将数字化的内容"返译"回现实世界，即"解码"。C 层问题对非物质文化遗产数字化至关重要，因为非物质文化遗产的生存与发展要尊重文化规律，不能整齐划一地"解码"，要尽可能地保证它的文化意涵，使其不能被歪曲与误解，否则将失去文化价值。

二、I-space 理论

若要对非物质文化遗产数字化及传播的三个层级问题基于信息理论做深入研究，就需要文化学者与数字信息专家通力合作。目前非物质文化遗产数字化面对的主要问题是两个领域尚未进行全面、深入且有效的合力协作，为保证合作的有效性，需要构建一种框架性的方案为之提供前提。英国学者马克斯·H. 布瓦索（Max H. Boisot）提出了一套信息空间理论，并建立了"信息空间"（I-space）模型①，为文化学者、非遗传承人、数字信息专家之间的合作提供了理论基础。

该理论认为，任何信息产品、价值及其意义均可从三个维度来解释，即编码、抽象与扩散，其中：编码是指将感觉数据进行分类的难易度；抽象是指通过识别数据与数据之间内在逻辑联系而产生概念的难易度；扩散是指编码信息向相关利益受众（如企业主、竞争者、消费者、一般公众或合作伙伴）传播的难易度。编码反映了数据信息在多大程度上能被赋予相应的形式，抽象则是化繁为简的一种形式——用少量信息表示杂多的事物，即"少就是多"。编码赋予信息以形式，抽象赋予信息以结构，两者共同发挥作用，使信息的扩散性与传播性不断增强，进而达到相应的目的。②编码、抽象与扩散共同构成一个三维信息空间，如图3-2所示：

编码维度用来表示信息在多大程度上可以被计算机识别，由于非物质文化遗产存在形式的复杂性、多样性和差异性，不同数字化主体所采用的编码形式也不同。

抽象维度是一个概括与描述的过程，即合理归类和综合描述，也是数字化的过程。抽象程度越高，越容易传播；被接受的程度越大，影响程度也越大。

扩散维度是指信息传播的速度、广度与深度，即被受众接触、认知和接受的程度。非物质文化遗产的

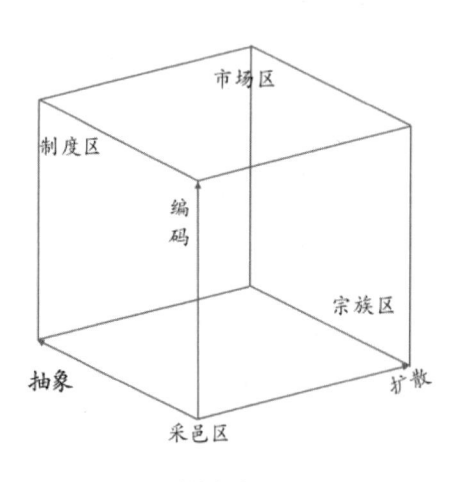

图3-2 "信息空间"框架模型

---

① ［英］马克斯·H.布瓦索：《信息空间：认识组织、制度和文化的一种框架》，王寅通译，上海译文出版社2000年版，第45页。

② 参见赵东：《历史文化资源数字化保护与开发研究》，陕西旅游出版社2014年版。

第三章 数字化：徽州非物质文化遗产资源保护与发展新路径

传播路径很多元，如在场传播、在线传播、同步传播、跨时空传播等。在数字化条件下，可以对非物质文化遗产的数字内容进行迅速扩散。

从图中可以看出，由三个维度所组成的信息空间包含四个区域，即采邑区、宗族区、制度区、市场区。① 采邑区位于三维坐标轴的原点附近。这个区域是非物质文化遗产的发源地，是非物质文化遗产最完整、最原始的信息集合，包括传承人、项目具体知识等，相对个体化，但也最具创意性，多数创造性的思想都是从这里诞生，然后再扩散到 I-space 其他区域的。

宗族区位于 I-space 的右下方，该区域内的信息可以实现小范围的共享与传播，是非遗所生存的社区、遗产地或文化生态区，既表示非遗传承人群或部分利益相关者所能共同识别的非遗信息知识，也表示在此区域范围内的人群共享非遗的信息，还表示非遗有着良好的受众基础，说明目前该非遗项目的生存与保护压力较小，但由于非遗包含缄默知识，部分非遗信息并不能被自由扩散，而是受到非遗相关约定俗成的规定制约或者相关法理的制约。当非物质文化遗产的原始环境发生改变时，要么长期滞留在宗族区甚至扩散到市场区，要么返退到采邑区或消失。

制度区位于 I-space 空间的左上方。制度层面的非遗信息不能像在市场中那样为所有主体所获取，这些信息被相关主管部门或特定群体所把控，需要得到信息授权方能获得。例如，文化部门中具体管理非遗的处室掌握着编码程度好、相对抽象的编码信息，若想获得相应的非遗信息知识则需官方的授权与许可。再如，当前我国的文化资源信息共享工程是一个分布式共享工程，但各级文化主管部门并未真正共享相关的文化信息资源。这种管控与授权并非非遗数字信息知识扩散的障碍，而是对非遗数字信息资源的保护。数字化信息是一种低成本、重复使用、易于变形的信息形态，如果得不到有效的管理，则会出现编码混乱与"非法"利用，进而导致非遗信息资源被损坏。

---

① ［英］马克斯·H. 布瓦索：《信息空间：认识组织、制度和文化的一种框架》，王寅通译，上海译文出版社 2000 年版，第 328、372 页。

市场区位于信息空间的右上方,"市场"代表着自由,亦即信息在这个区域可以自由"交易"。① 在这个区域内,非遗的编码信息可以进行知识更新与创造,形成新的可利用的信息知识,即非遗信息的产业化或商业化应用。

第二节　数字环境:徽州非物质文化遗产资源新场域

一、由物理空间到数字场域

"场"的概念源于物理学。物理学认为:物质有场与实物两种存在方式,场是其中之一。随着科学的发展,物质不再被看作静止的、不连续的统一体,而被看作连续的场态,场便成为物质的唯一存在方式。科学家爱因斯坦曾言:"在新的物理学中,不许有场与实物两种状态,故而场是唯一的存在方式。"② 可见,现实世界的本质特征就是"场"的特征。社会领域也存在各式各样的社会场③,但此"场"并非物质场,它是将信息作为核心内容的信息场,该场有多种表现形式,最基本的就是文化信息场(或称之为文化场),它是由自然场演化并派生的。在那些基本场与派生场之间,派生场与派生场之间再进行复杂的交合作用,又形成了更多元的次生场。如果社会场是从自然场的复杂作用中派生出来的,那么文化信息场则是从社会场的复杂作用中演化出来的。

法国学者皮埃尔·布迪厄(Pierre Bourdieu)提出的场域理论认为:场域是由社会公众按照一定的逻辑关系共同构建起来的,是社会成员参与各

---

① [英]马克斯·H.布瓦索:《信息空间:认识组织、制度和文化的一种框架》,王寅通译,上海译文出版社 2000 年版,第 380 页。
② [德]海森伯:《物理学和哲学现代科学中的革命》,范岱年译,商务印书馆 2011 年版,第 1 页。
③ 潘德冰:《社会场论导论》,华中师范大学出版社 1992 年版,第 1 页。

第三章　数字化：徽州非物质文化遗产资源保护与发展新路径

类社会活动的主要场所，是各种位置之间的客观关系的网络结构。① 现实社会中存在各种各样的场域，而且由于社会分化并被区隔为多样化的场域，由此布迪厄将社会分化的过程看作场域的区隔化过程。这种区隔本质上是某个场域摆脱其他场域约束的过程，并在此过程中表现出自身固有的特征。为了阐释场域的区隔化，布迪厄区别了某个给定的社会空间中的两种"生产场域"——"限定性生产场域"与"大规模的生产场域"。"限定性生产场域"是与场域本身的特殊化共同拓展的，而"大规模的生产场域"是社会场域的扩大，外在影响因素不断涌入，社会各种力量不断渗透，该场域边界逐渐变得模糊不清，特殊化程度不高。

本节的"场"主要是指非物质遗产赖以存在和发展的场所或空间，包括物理场所、社会空间以及文化空间。从物理学上来看，非物质文化遗产的"场"是一个实体的物理空间，非物质文化遗产在现实存在中必须依赖实体，物理场是非物质文化遗产的原生场域（基本场域）——也可称之为"限定性场域"。随着非物质文化遗产所生存的社会环境与社会结构的变迁，原生场域逐渐被压缩，非物质文化遗产面临生存危机，在社会因素（包括媒介）影响和制度安排的主导下，在基本场域中逐渐派生出次生场域，次生场域承接了非物质文化遗产的生存与发展。政府在保护和利用非物质文化遗产的前提下，在官方话语体系中开办了多种非遗传习班、传习所、传习基地，并将非遗的培训学习纳入了地方教育体系之中，从而实现了非物质文化遗产的"移场"，借用布迪厄的场域观点，可以将之称为"扩大化的场域"——由个体传承场域、社区传承场域转移到社会化的场域。然而，这种移场，终究还是"限定性场域"——非遗的生存、保护与传承还限定在一定的文化场域之中。随着数字技术的介入，非物质文化遗产面临着更大规模的移场。媒介环境学派代表性人物波兹曼认为，媒介对整个社会文化的塑造具有决定性和关键性

---

① ［法］皮埃尔·布迪厄：《关于电视》，辽宁教育出版社2000年版，第46页。

的作用,他指出:"一种重要的新媒介可能会改变话语结构。"① 在他看来,文化是以媒介为基础的"会话",文化遗产也以媒介为基础进行传播。数字传播过程,不仅专注于文化遗产器物层面的信息呈现,更是利用数字技术的手段和方法阐释文化符号和意涵。数字技术加快了非物质文化遗产的传播速度:以往的传播以原子为基础物理空间,它们的流通速度受到时空的物理因素限制;而当遗产被数字化为比特②之后,则可以放到数字媒介之中进行传播,其影响范围也就从过去的局部地域变成了全球网民③,并几乎没有时间差地抵达目的地。这样的过程完成了另外一种"移场"——由原生物理场、次生社会场转移至数字文化场。

>"现在主要是传承场地问题,有的是在学校里,有的是在传承人家里,有的是在传承人生活的村里,还有就是政府所批准的传承班、传习基地、传习所,这些场所大都不是非遗的原生场地,缺少了一种情境,比如民歌,以前都是民众不知不觉地从长辈或同辈那里学到的,而且都是有一定生活情境的,老人哄小孩的时候、婚丧嫁娶的时候等。现在学民歌,可能都是在特定的或指定的场所里了。"(D-4)

>"学界有学者提出数字传承人,这是一个新的现象,利用网络、影像接触和学习相关非遗项目,随着技术的发展,这是一种新的传承场。但对于"数字传承人"这个概念,我个人不太认同,这个学者所说的数字传承人,有点宽泛,有点等同于'数字受众'的概念。"(D-6)

---

① [美]尼尔·波兹曼:《娱乐至死·童年的消逝》,章艳、吴燕莛译,广西师范大学出版社2009年版,第25页。

② 计算机专业术语,信息量单位,由英文 bit 音译而来,二进制数的二位所包含的信息就是比特,即每个0或1就是1个位(bit),位是数据存储的最小单位。

③ 秦枫:《基于数字科技的文化创意产品创新发展研究》,《文化产业研究》2015年第2期。

第三章 数字化：徽州非物质文化遗产资源保护与发展新路径

二、新场域中的时空与主体

数字技术促成的"场域"转移，必然带来现实层面非物质文化遗产的各种错位。首先是空间错位，数字技术将非物质文化遗产的在地情境化转移到数字媒介中，在地性文化知识脱离了日常情境，成为"抛弃现实世界"的虚拟化。从物质真实到数字建构，文化事项转化为符号语言，成为新空间中的文化景观和虚拟物。将非物质文化遗产事项从互动的地方文化语境中"移出"，数字符号对遗产事项的空间性和地方性进行了"消解"，并在数字空间内进行重组，形成了新的文化意义空间。其次是时间错位，非物质文化遗产是在地化、及时性的表演、制作事项。经过数字化的编码与处理，它具备了时间性的偏向，在线和异步传播与展示成为可能，作为异文化的"他者"可以在任意时间内进行观赏与学习。在错位的时空内，非物质文化遗产会随着数字传播的空间范围进行"再地方化""再表述"，遗产的地方性和文化性在新的语境中被重新解释或认识。数字媒介为文化遗产提供了不同方式的传播与穿越，这些数字空间中的文化想象消融了非物质文化遗产的历史性、文化性与主体性，打破了遗产事项自身的固定性和限制性。最后，时空错位带来了文化心理认知的错位。不同时空的人在接触数字化遗产时，必然会产生对遗产的想象，这种想象扩散到对遗产主体的认知，这种"超真实性"的数字遗产成为"他者"认知、了解、想象遗产主体的符号，可能会产生真实的遗产及主体与数字遗产的认知错位。正如布迪厄所说，场域里活动的行动者是有知觉、有意识、有精神属性的人，每个场域都有属于自己的"性情倾向系统"即文化。每种文化只能在场域中存在，并且每种文化和产生它的场域是一一对应的关系。此场域的文化和彼场域的文化之间存在着"不吻合"现象，把此场域中形成的文化简单地"移植"到彼场域中去可能会造成不合拍的现象。在对非物质文化遗产进行数字传播与展示的过程中，不同文化主体在接触异文化时也会存在心理排斥与误解。

三、数字环境中的载体呈现

凡是文化,都面临着一个呈现的问题,即如何表现或再现、如何让人感知。过去传统文化的主要呈现方式是通过口头、印刷纸张、舞台表演、影像音像等传播给公众;但到了数字化时代,由于新媒介及各种网络应用的开发和发展,文化呈现方式也不断得到创新。数字化媒介环境中的文化遗产新呈现方式有两个特征。一是数字媒体的多方式呈现,这是就载体而言的。① 在数字媒介时代,非物质文化遗产除了口头、印刷品、舞台、电影、音乐等传统呈现方式外,还可以通过移动手机、网络、户外广告屏、数字杂志、数字广播、数字电视等进行传播,其中最为重要的数字媒体是互联网。通过这些数字媒介,传统文化以文字、图片、音频、视频及其组合[如虚拟现实(VR)、增强现实(AR)、混合现实(MR)]的形式出现,可将非物质文化遗产进行重新组织和编排,公众不必再按部就班地接收信息,而是可以根据自己的需要随心所欲地在文化信息之间跳转。这种信息组织方式更加符合人类大脑的特点,将更有助于非物质文化遗产信息的呈现。② 数字媒介具备了使非物质文化遗产再现完整的感官体验的能力。现在,普通的多媒体技术就已经能良好地将视觉和听觉结合在一起,虚拟现实技术中所用的三维传感设备也可以跟踪动作的变化,甚至连嗅觉和味觉的数字化也已经有了成功的案例,数字化的再现与展示促进了文化的沟通。二是创意呈现,这是就内容和形式而言的。这是一个创意传播的时代,只有符合受众心理、抓住受众眼球的东西才能广为传播。③ 数字媒介改变了遗产的文化意义和对遗产表现的诠释路径,增加了全新的展示内容,成了现代社会再生产的"新产品"。数

---

① 秦枫、徐军君:《突围与重塑:数字媒介环境与传统文化传播》,《内蒙古农业大学学报(社会科学版)》2015 年第 2 期。
② 秦枫:《基于数字科技的文化创意产品创新发展研究》,《文化产业研究》2015 年第 2 期。
③ 秦枫、徐军君:《突围与重塑:数字媒介环境与传统文化传播》,《内蒙古农业大学学报(社会科学版)》2015 年第 2 期。

第三章 数字化：徽州非物质文化遗产资源保护与发展新路径

字再现技术的进步通常能够带来前所未有的模仿能力，使"远距离存在"成为现实，在某种程度上取代了现实世界，呈现的内容根据输入不同而不断变化。[①] 虚拟现实运用数字形式建构文化并生产数字创意产品，在线上与线下之间出现了越来越多的共鸣和转换。

"现在流行 VR、AR，把什么都能进行虚拟化，足不出户，就能感受到一些景点。网上、手机上也有一些关于非遗的 VR 视频，通过新的技术可能更多地感受历史文化。这是好事，也能吸引年轻人关注传统文化。但还是要把握一个度。"（D-19）

"我们打算把剪纸通过二维码扫描呈现出 AR 效果，让人们在手机上就能体验剪纸艺术。我自己是做文化企业的，也是非遗传承人，我比较关注最新的技术，我自己的企业跟芜湖方特、合肥万达都在合作。我经常看到方特、万达园区里面的一些带有高科技的表演，也想尝试一下。比如方特里面的梁山伯与祝英台的化蝶就是通过虚拟现实表现出来的。"（D-22）

四、数字化的非遗传承受众

数字媒介的新传播特性足以为传统文化的传授和学习带来一场革命。过去的师徒面授、现场观摩等学习和传播方式已不适应时代[②]，而通过数字媒介技术，非物质文化遗产知识可以随时随地在数字媒介上传、下载，并通过互联网、移动终端扩散，所有感兴趣的人只要有一台接入设备，便可以任意

[①] ［英］贝拉·迪克斯：《被展示的文化：当代"可参观性"的生产》，冯悦译，北京大学出版社 2012 年版，第 180 页。

[②] 秦枫、徐军君：《突围与重塑：数字媒介环境与传统文化传播》，《内蒙古农业大学学报（社会科学版）》2015 年第 2 期。

浏览、学习感兴趣的内容。当然，这也要求在数字媒介环境中，原先掌握传统文化知识和技艺的人群积极主动地参与传统文化的解释和新传播，为数字媒介学习充实内容。以网络公开课为例，当前各大门户网站如新浪、网易、腾讯、搜狐等，都相继推出了网络公开课供大众学习，其中就有不少来自世界和国内的精品文化课程，涵盖文化传播、艺术、古典建筑等学科领域。基于数字媒介的传播特性，有学者甚至提出，在数字化媒介时代还应当"构建常态化学习与传播传统文化机制"①，"利用具备互动性、便捷性、可拓展性、可移植性的数字媒体为平台，引导社会公众常态化学习和传播优秀传统文化，是具有可操作性与可行性的"②。概言之，数字媒介拓展了非物质文化遗产的传承渠道和途径。

从另一个角度来看，数字媒介还扩大了非物质文化遗产的传承人群。根据学者阮艳萍的研究，在数字时代，数字媒介建构的平等化、自由化、多元化的信息平台，为文化遗产多元化传承提供了一个便捷、低廉、低门槛的技术前提。③ 文化遗产的传承出现了一类新型主体——数字传承人，它是掌握并运用数字信息技术对非物质文化遗产进行数字化加工、整理、再现、阐释、存贮、共享与传播的主体。全国政协委员冯骥才先生曾在两会期间发言："民间文化的传承人每分钟都在逝去，民间文化每一分钟都在消亡。"除了传承人生命的逝去，不少民间传承人的传承意愿也相对弱化，失去了传承的动力。萨林斯曾说过："文化在我们探索如何去理解、诠释它时随之消失，接着又将会以我们未曾想象过的方式再现出来。"④ 在当下的数字化情境

---

① 秦枫、徐军君：《突围与重塑：数字媒介环境与传统文化传播》，《内蒙古农业大学学报（社会科学版）》2015年第2期。
② 井雪莹、陈月华：《数字媒体时代常态化学习与优秀传统文化的传播》，《艺术教育》2012年第9期。
③ 阮艳萍：《数字传承人：一类遗产表述与生产的新型主体》，《西南民族大学学报》2011年第2期。
④ [美] 马歇尔·萨林斯：《甜蜜的悲哀》，王铭铭等译，生活·读书·新知三联书店2002年版，第141页。

中,传承人可以利用自身在数字信息技术方面的优势,促使非物质文化遗产在电视、电脑、手机等数字载体上传播、传承。① 在此过程中,非遗从专属性、唯一性、地域性的传统文化变成了可共享的、可再生的、脱域的现代文化,数字传承人可与在地民间传承人进行沟通交流、实现良性互动。

第三节 数字编码:徽州非物质文化遗产资源的转化

一、文化符号抽象原则

文化抽象是对非遗的复杂信息的概括、分类、简化,但要确保文化抽象的主体性,谁是抽象的主体,哪些内容可以进行数字化编码与抽象,这是必须考虑的。非遗整体是一个巨大的文化丛,种类繁多、类别多样,既要做到文化抽象,又要保证文化的多样性而非同一性;对具体某项非遗来说,要保留核心文化元素和细节,用数字语言简明表达非遗项目,又不能产生误解,而且不能打破非遗原有的叙事情节,要按照叙事逻辑对具体非遗事项进行编码。

(一)多样化:"各美其美"

现实世界由许多不同的特色文化构成,每种文化都占有明确的地理环境位置,属于某个可以被识别的人群,多样化的文化形态之间"各美其美,美美与共"。遗产与当代有着特殊的纽带,所有的遗产都是某个人、某个族群的遗产。非物质文化遗产有它的主体归属——地方、族群等,若放大来看则属于某个国家和民族,必然受到主流文化价值观的影响。数字化涉及编码,而如何去描述和定义某项非物质文化遗产,是用主流话语去阐释,还是用

---

① 阮艳萍:《数字传承人:一类遗产表述与生产的新型主体》,《西南民族大学学报》2011年第2期。

地方性、多样性的语言去表达，这需要考量文化的个性与身份。一般来说，非物质文化遗产是区域性和族群性的知识，按照非遗的发生环境，结合I-space信息理论，应属于采邑区和宗族区。但随着工业化和福特制①的推进，标准、统一成为现代化社会的价值评判体系。据《世界文化多样性宣言》②所述："文化是在不同的时代和不同的地方具有各种不同的表现形式。"所以，文化并非同一性、统一性的，而是多样性、地方性的。在现实社会中我们呼吁保护文化的多样性，在数字化过程中同样要建构一整套与非物质文化遗产原生环境相同的数字环境，亦要与现实非物质文化遗产对应，构建具有多样性、地方性的数字化非物质文化遗产；若在数字化过程中按照具有统一性的主流话语逻辑去编码，则会抹去不同非物质文化遗产的文化个性。即使是再邻近的非物质文化遗产之间，亦有其自身的核心特征，数字化过程要强化不同种属科目的非物质文化遗产的识别特征，要采用地方性、多样性的话语逻辑去编码。即使现实社会中某种非物质文化遗产消亡了，只要保存了它的数字文化形态，也能够保存不同文化的价值和各文化群体的价值，以保护各个族群文化的独立性。

（二）简明化："少即是多"

非物质文化遗产门类多样，即使具体到某一种非物质文化遗产事项，其本身所包含的信息也丰富繁杂。非遗的数字化是运用"0、1"两个简单的符号进行编码和表达的，故而必须对非物质文化遗产信息进行简约化处理。所谓简约化，即"少就是多"，用最简单、明了的0、1数字语言来呈现多元的文化信息，用简单替代复杂。从物理空间上看，非物质文化遗产资源分散存在。因此，首先要在系统思想指导下，按照遗产门类、级别、地域等分类原则，对其进行爬梳、归纳与整理。其次要根据非遗的现实情况，对非遗的原

---

① 福特制是一种通过大规模机械化生产来提高生产效率、降低生产成本的生产方式。

② 2001年11月2日联合国教科文组织大会第三十一届会议通过。

第三章　数字化：徽州非物质文化遗产资源保护与发展新路径

始素材进行选择、提炼、加工、集中、概括等处理，提取每一种非物质文化遗产项目的有效、典型性信息，把非物质文化遗产项目的共同本质特点抽象出来，从感性认识上升到理性认识。最后是遵循数字化编程规律，通过个性化和简约化对非物质文化遗产项目信息进行数字化编码，按照文化脉络将零散的文化知识信息集中于文化信息资源数据库中，以保障文化信息资源的完整性、生态性。非物质文化遗产资源所表达和传递的含义深刻、文化信息复杂，因而对待资源数字化要慎之又慎，防止为了数字化而遗失非物质文化遗产的核心信息，甚至扭曲非遗自身的文化价值或者失去其本身的文化意涵，达不到保护的目的。从信息论的角度来看，简约化并非简单化，也并非单纯的数据化，而是在遵循两种规律（文化事项自身发展规律和数字化编程规律）的前提下，提炼非遗的核心信息进行编码，确保所编码的意义能够有效解码"返译"。

（三）故事化："故事就是力量"

运用数字叙事方式去记录非遗产生的地理环境、社会背景、文化生成与演变等，记录下相对原生态的非遗事项。所谓数字化叙事（digital storytelling），是指借助文字、图片、动画、音频、视频等多媒体技术，用讲故事的方法来表达、阐释与传播某种遗产事项的文化意义，它是一种新型叙事方式。① 非遗文化抽象化的其中一个特征就是故事性。在抽象编码过程中用故事的核心要素去表达非遗；没有故事，非遗就失去了依托。如果在数字编码中仅仅记录了非遗的各类数据，则会导致非遗的支离破碎，而无法有效系统地传达某项非遗的文化意涵和历史记忆。这里提出用故事来进行数字化抽象编码，主要基于四个方面的考量。一是非物质文化遗产是历史的产物，是社会活动的产物，有其发生的根源和发展的过程。在形成过程中，无论是非物

---

① ［澳］哈特利：《数字时代的文化》，李士林、黄晓波译，浙江大学出版社2014年版，第122页。

质文化遗产事项本身还是相关的主体，都有说不完的故事，而且有些非遗本身就是民间故事、神话传说等。故事与非物质文化遗产有天然的契合性。二是故事性抽象编码使非遗在数字化环境中进行简单明了的表达与传播，有利于受众对非遗的认知、理解与接受。故事是一种自主学习、主动说服的过程，受众在阅读故事的同时也参与创造，自主地决定将故事看完，而非被动的接受故事。故事是一种心理印记，能塑造观念并触及潜意识，一旦与潜意识相连，产生的影响就可以长达一生。三是从故事的本质来看，故事是有效的沟通形式，是传递思想的有效工具，因为故事可以用精简的篇幅呈现复杂的意义。不管我们年龄有多大，还是像儿童一样喜欢听故事，儿童学习世界的方式就是从故事开始的。故事之所以重要，在于故事结构会形成认识世界的框架，那是人们理解自身与世界关系的源头。四是用故事进行数字化编码可以将非遗更好地进行保存与记忆。故事是人类对自己的一种记忆方式，它记载、传承和传播着社会的文化传统、价值理念与心智模式，引导着社会性格的塑造与形成。故事的力量就是文化的力量。各类非物质文化遗产项目都是由故事所组成的，没有故事作为内涵支撑，非遗将不再有活力与意义。随着时间流逝，不同的文化脉络会发生变化，但有些东西确实能横跨东西、贯穿古今，虽然有五花八门的形式、各式各样的诠释，但是最根本的精神始终存在，那些流传千年的神话故事、民间传说仍旧发挥着力量。除了以上四个方面，以故事逻辑对非遗进行数字化编码有利于传统文化知识的学习与传承，也有利于商业化改编和产业化运营。

（四）主体化："我"与"他"

关于主体化，需要阐明两点：第一点，谁是某项非遗的文化专属主体，即非遗属于谁；第二点，谁是非遗抽象编码的主体。两个主体之间有交叠重合，但更多的是要区分二者的主体地位。任何非遗事项都以地方性的人为存在载体，指涉两个要素：一是地域空间——非遗生存的地理环境；二是"人"

第三章　数字化：徽州非物质文化遗产资源保护与发展新路径

这一主体。两个要素均体现了专属性，非遗被归属于某一地方的某个人或某个群体——他们才是非遗的真正文化专属主体，即文化遗产具有归属性——他们对非遗具有基本的话语权，包括表达权和阐释权，确认这种文化是"我的"而且专属于"我"。"我"以外的"他者"均无法替代，体现了文化的专属性、唯一性和不可替代性。在这里强调非遗的专属主体性，是为了应对当下"我"被"他"代言的现象。现代制度安排和过度行政管理，导致遗产出现了"他者化"趋势，制度权力具备各种各样的表现方式和表达能力，形成了"遗产语境"（heritage context）中特殊的话语体系。① 具有现代性的意识形态、行政管理、法律法规、大众传媒等制度性权力，使得传统意义上的文化遗产已然从形式到内容均发生了流变，其原生性意义逐渐处在"失语"状态。

虽然在文化专属主体性阐述中对"他者"进行了批判，但对于非物质文化遗产的数字化，必须让"他者"参与到抽象编码的过程中来。不论是非物质文化遗产的现实性保护，还是数字化方式，其参与主体都离不开具有主观能动性的各类人群。数字化首先需要技术人员的参与，唯有技术才能将实物语言转换为数字语言，是数字化过程的核心环节。其次，文化遗产的生存和发展都根植于一定的文化背景、社会环境、自然生态，该区域的社会民众均是遗产数字化的参与主体，这一群体最为了解和熟悉文化遗产的历史渊源与文化信息，他们的参与将有效地进行遗产的文化信息阐释。遗产地大多数民众包括遗产传承人或拥有者对于信息网络、数字化技术知之甚少，数字化技术成为民众参与的最大障碍，必须依赖技术人员的参与。再次，文化学者也是数字化抽象编码的重要主体。他们参与数字化抽象编码工作，主要是对文化遗产信息进行梳理，形成系统化，并将民间语言转化为学理语言，将非物质文化遗产中的默会知识转化为明示知识，进行文化抽象和故事性编码，作

---

① 彭兆荣：《遗产反思与阐释》，云南教育出版社2008年版，第26页。

为数字技术人员进行计算机编码与转换的前置环节，同时对文化遗产数字化信息进行审核把关。最后，是与文化遗产相关的政府部门。文中考察的徽州地区，是一个跨省市的区域，政府参与有利于区际文化遗产政策协调、资金保障、信息共享，包括技术合作及非物质文化遗产知识产权界定等。可以说，非物质文化遗产数字化抽象编码是由不同作用的主体"众包"完成的任务（图3-3）。

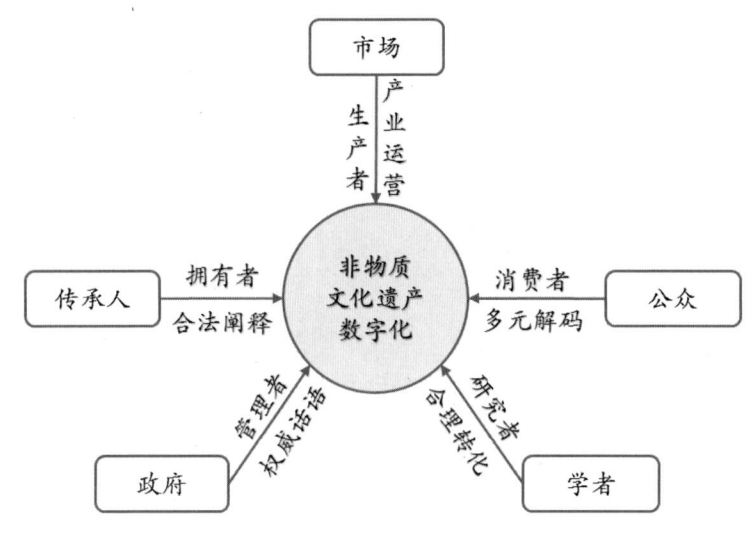

图3-3 文化抽象主体相关关系

徽州文化遗产数字化应当重视当地人的权益，尊重当地人的诉求，培养当地人的信息素养和行动力，并且肯定他们的智慧和知识体系。数字化过程需要依靠当地人的自觉投入和认同，学者、官员、技术人员所扮演的角色是推动者和协助者，唯有当地人才是真正的主体和行动者。这也是文化遗产保护的内在要求，特别是非物质文化遗产保护，必须依靠其赖以生存的传承人。同时文化遗产资源的产业应用，应遵循社会效益优先的原则，并以反哺当地文化和社会发展为重要前提。

第三章 数字化：徽州非物质文化遗产资源保护与发展新路径

二、非遗编码与数字技术

（一）编码技术：如何被传递？

第一节已经陈述了信息论的三个层级问题。A层问题主要解决数字编码技术问题，在数据层面对非物质文化遗产进行技术性处理，即在特定的数字技术平台上进行文化信息传播就必须保证传者与受者遵循共同的编码协议。首先是对非遗形式和内容进行转化，如何用最优化的技术语言来呈现非物质文化遗产的信息。正如上文所述要"简约化"，以实现时间维度和空间维度的最优化；要考虑数字信息存储问题和传输问题，不能因过于追求优化与简化，而牺牲非物质文化遗产信息的完整性，并且要保持非物质文化遗产现实生态特征与数字媒介环境的融合与协调。其次，数字技术对任何遗产信息的储存与传输均是加工处理的过程，即数据优化的过程，此过程可能会导致数据损失、信息失真。例如，用微信发送一张关于非遗的图片，在传输过程中默认先对图片压缩处理然后进行传输，对方所接收的图片数据是压缩处理后的，一般会失真。为了保留非物质文化遗产信息的完整性，在技术上既要做到高保真又要做到高效传输。

从I-space信息空间图（图3-4）可以看出，数字编码的强度决定了文化信息传播与扩散的广度与深度。不同强度的编码所对应的I-space信息空间中数字化技术的自由度与能力都是不同的。位于I-space信息空间上部的信息具有良好编码形式，即可以用统一的格式对之进行清晰的描述，这也是数字技术处理编码问题的基本要求，故而I-space信息空间上部是数字化编码的优势领域。

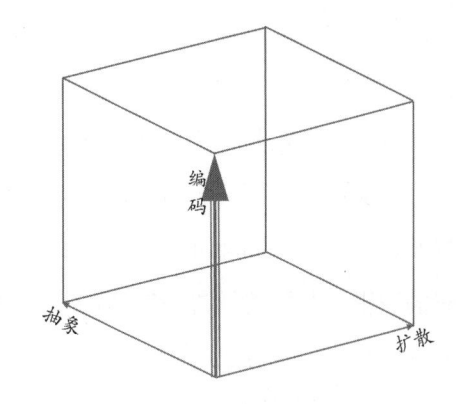

图3-4 编码技术（A层问题）在I-space空间解决路径

该优势领域正逐渐向下部延展,表现为数字化编码智能化正在逐步代替由人工进行处理的传统工作。一般来说,对于非物质文化遗产事项信息进行技术编码的,该遗产事项中的显性知识属于强编码部分,而位于 I-space 信息空间下部的信息形式复杂多样、表达模糊,属于弱编码部分,其编码形式更接近人类思维的自然模式,这个部分是人类处理问题的优势领域。①

(二)编码语义:如何被理解?

非物质文化遗产数字化的 B 层问题——语义问题。所谓语义,可以看作数据所对应的现实社会中的事物的含义,以及这些含义之间的关系,是数据在某个领域中的解释和逻辑表示,非遗数字化中的语义问题,就是如何用数字语言来识别和表达其文化意义。语义具有领域性,同一事物在不同领域中的语义是不同的,即语义异构——对同一事物在解释上存在差异,本文所说的语义主要是在数字技术领域。语义一般是指用户对于那些用来描述现实社会的计算机语言符号的解释,也就是用户用来联系计算机语言和现实社会的途径,即"被传播的信息如何能够准确传递意图中的意义"。其中,"信息"是经过数字化编码后的非遗数字内容,"意义"是编码所表示的非遗语义内容。对于非物质文化遗产数字化来说,B 层问题属于编码形式和质量选择问题。信息表达形式是多元的,如图文、音像等形式,且不同形式的编码质量也不同,有高保真的,有低像素的,而如何选择最合适的非物质文化遗产信息编码形式是语义问题的核心,需要针对具体的非物质文化遗产进行选择,以实现可理解、可接受的意图。从图 3-5 可以看出,正方点属于理想的状态,编码语义问题涉及编码和抽象两个方向的问题,既要能够符合数字编码的逻辑,又要能够进行较高的文化抽象,要兼顾二者的协同。根据学者彭冬梅的观点,达到正方点的状态,可以有多重路线——编码与抽象的顺序优

---

① 彭冬梅:《非物质文化遗产数字化保护与传播研究——以剪纸艺术为例》,山东人民出版社 2014 年版,第 95—103 页。

先级问题，先编码后抽象，或者先抽象后编码，或者二者同时进行或交叉进行。图 3-5 路径是一种理想模型，笔者认为在解决语义问题之前，应综合考虑被数字化的非遗事项的特征，然后进行编码和抽象。

笔者在访谈中发现，访谈对象提及频率最高的数字化多是简单初级的数字编码，如电子记录、数码拍照、录音录像等，这些是最常见的数字化，但并非数字编码的高级形态——对非物质文化遗产信息进行合理数字转化并使之适应数字信息环境。初级的数字编码形态，形式化编码工作做得不彻底，使得后续非遗信息的使用和研究存在很大的困难，经过简单初级编码的遗产信息对现代数字技术来说，利用率十分低下，如高质量的录音录像文档存占空间较大（反之，存占空间小则质量较低），不利于数字化传播。换言之，即时间资源和空间资源的耗费都较大，也就是说其编码方式的质量不高。更重要的是，这些初级编码会导致非遗内容的失真，损失很多语义信息。例如，一张图片仅是在某个时间点上对非物质文化遗产的静态采样，其记录的信息在后续的匹配组合中会出现诸多问题。若截取一个片断作为非物质文化遗产的代表来研究并传承、传播，可能会对非物质文化遗产的整体意义理解存在误差，甚至导致更大风险。

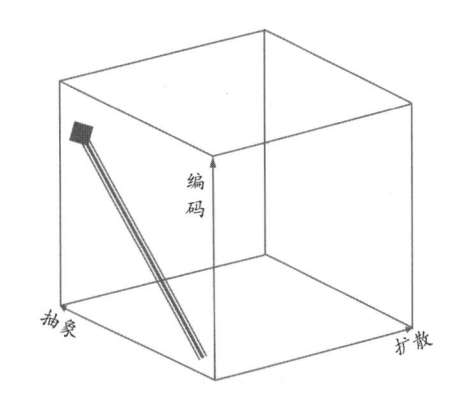

图 3-5　编码语义（B 层问题）在 I-space 空间解决路径

（三）编码效度：多少被接受？

非物质文化遗产编码的 C 层问题——效度问题（有效性）。所谓效度，是指所测量事物结果与事物本身之间的吻合程度。具体对非物质文化遗产而言，效度是指非遗数字化编码内容的"返译"程度——"解码"程度。效度问题建立在 A 层问题和 B 层问题基础上，只有完成了强编码和真语义，才能更好地解码和返译——"被接受的意义如何有效地按照意图中的方式影响行为"。这里包含两层意思：一是在多大程度上按照编码的意图理解所接受的信息意义；二是被接受的意义在多大程度上影响了受众的行为。

首先，单从数字技术层面分析，数字编码是结构性的语言，按照线性模式进行传递。从一般意义上来说，解码可把之前的编码数据还原至原始数据状态。但解码的过程并非编码过程的完全逆转。因为经过抽象与编码之后，原始信息会或多或少地被过滤掉一部分，被过滤的部分信息在解码时需要重新建构与组合，但却不可能呈现出与真实状态一样的效果。若按照霍尔的编码/解码理论观点，编码所设定的意义与另一端的解码意义存在"不一致"的情况，解码过程存在"相对自主性"（relative autonomy），因为"传播者与接受者之间有结构性差异"，进而会选择性误读或超读（read past）编码的意图。① 正如霍尔所述，编码者通过传播机制将代码构建出来的具有意义的话语传递给解码者，只有解码者接受并认同了编码者的意义，才能达到应有的传播效果。作为信息另一端的解码主体，对意义的解码会受到其自身的社会地位、文化结构、价值观念等因素的影响。

其次，"接受的意义多大程度上影响了行为"。这里的影响行为，在笔者看来就是非物质文化遗产的数字信息如何被理解、再现与创新创作——信息"外推型"映射。解码者和解码过程并非像编码者期待的一样，当同样的信息穿越文化的屏障时，"他者"的解读会与本土人的解读，与原来的编码者的意图表达大相径庭。语言文字在修辞句法上的意义可以被接受和理解，但文化层面所折射的意义可能会被遗失。我们阐释意义时要格外谨慎，要从历史的角度做出自己的判断。正如霍尔的编码解码理论强调的：公众可以用不同的方式来阅读与阐释所接收的信息，也可以重新赋予信息不同的文化意

---

① 武桂杰：《霍尔与文化研究》，中央编译出版社 2009 年版。

第三章 数字化：徽州非物质文化遗产资源保护与发展新路径

义。解码就是一个意义接受和再生产的过程。解码者可能完全接受编码过程的意义，或者部分地理解或接受；接收者也可以根据所接受的意义进行再生产再加工，进行新的解读与诠释，形成新的意义模式。这个解码过程在 I-space 空间中体现为非物质文化遗产信息从市场区向下移动至采邑区，即产生新的遗产价值。因此，解决 C 层问题包括三个环节：编码轴向下的解码、再现与创作；扩散轴反向移动；抽象轴向前具象化创造，使之具有个性化特征。抽象轴的高端是解决 C 层问题的起点，在编码轴的高端，表示它具有可行性与可操作性；而非物质文化遗产能否从市场区顺利地回游至采邑区，完成非遗保护的循环与自我激励，且在维护原生特色的前提下得到升华，则与工具化技术的质量密切相关。对工具化技术的质量要求有三个：一是高效性，以确保非物质文化遗产信息的顺利"返程"；二是工具化技术最小"失真度"，以保持非物质文化遗产在创新创作中的文化内涵，而不是曲解原意；三是工具化技术的创新性，以保持非物质文化遗产持续的生命力。图 3-6 所示的编码效度包括由 X 点到 X'点以及由 X'点回到 X 点，X 到 X'是编码、抽象及扩散程度，以及被社会理解、接受、学习的程度；X'到 X 是检验编码、抽象的效度，即数字语言是否能够按照非遗事项的文化逻辑正确、有效地返程。X 到 X'也是一种理想状态，在实际操作过程中有不同的扩散和返程路径。

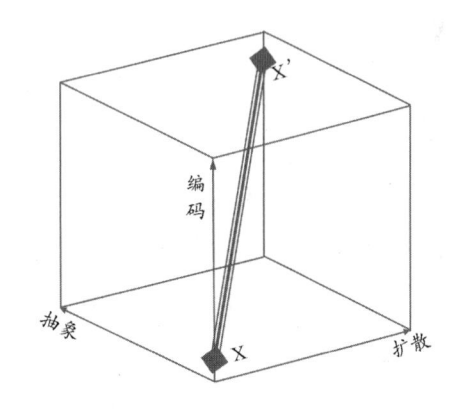

图 3-6　编码效度（C 层问题）在 I-space 空间解决路径

（四）协同编码：怎样去把关？

数字编码要由多主体协同进行（图 3-7），把不同的非物质文化遗产事项的核心要素和关键环节进行提炼。在编码的技术、语义和效度方面，做到

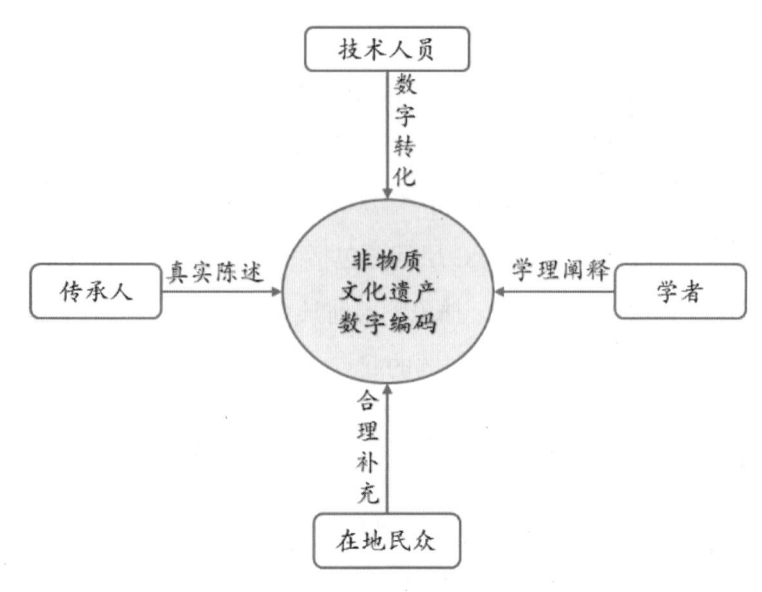

图 3-7　非遗数字编码协同关系

构建真实非物质文化遗产信息环境，降低信息解码障碍。

非物质文化遗产传承人能够真实阐释文化遗产信息，最有权利去传播非遗；但从另外一个层面看，他们对文化遗产的解释权和传播权常常被权力机构或学术机构所代言——对文化遗产的阐释言语经过过滤、选择或术语包装，往往失去了文化遗产信息的原真性和完整性。在数字媒介环境中，文化遗产拥有者（传承人）可以借助数字手段记录、传递和传播相对真实的遗产信息，至少可以将自己对文化遗产的理解传承下去。

文化研究学者是文化遗产的"他者"，但文化学者的议题具有一定的"靶向"性质，对文化遗产的传播起到了提供学术话语资源设置，将议题扩散到意识形态和文化认同的领域，推动传播议题的转化作用。学者对文化遗产的阐释基于史料考证，站在"他者"的位置上去审视和研究文化遗产，具有学术的权威性和专业性；但相对来说，可能会忽视文化遗产的地方性知识。

数字技术人员作为数字编码的关键主体，负责将遗产数据转换为遗产信息（知识），主要从技术层面对遗产进行抽象与编码，但对遗产自身的文化意义把握得不一定准确,需要在文化学者和传承人的共同阐释与文化抽象前提下进行数字转化。

无论是物质遗产还是非物质遗产,抑或线性遗产都是一种集体记忆。集体记忆是一个长期的、多面向的、持续不断的建构过程,既有从当下到过去的诠释,也有过去对当下的启示,它是由文化遗产所在地的民众共同构建的。当地民众通过横向人际传播和纵向家族内部传递,将遗产知识和信息保存和传承下来。虽然在地民众的遗产记忆在表达上具有个人化、碎片化的局限,但这些嵌入日常生活的个体记忆却具有建立个人与地方场所之间关系的关键作用。虽然这些表述和记忆不具有专业性和权威性,但是对遗产的认同和理解具有正当性和合理性。当地民众根据自己对文化遗产知识的理解和实践经验,利用自己的闲暇和知识盈余,运用民间叙事的视角,在一定程度上弥补了学者阐释之不足。

第四节 数字载体:徽州非物质文化遗产资源数据库

一、非遗数据库建构意义

科学技术不断发展,数字技术日新月异,非物质文化遗产保护、传承与发展也要适应时代的发展。它运用新的数字化手段提高非物质文化遗产的保护水平,强化遗产教育传承的效果,加大遗产发展与应用的力度。早在2005年,国务院办公厅发布的《关于加强我国非物质文化遗产保护工作的意见》就明确指出:要运用文字、图片、音像、数字化多媒体等各种方式,对非遗进行系统、真实和全面的记录,建档(档案库)、建库(数据库)。在科学分析、合理建构和有效运行与管理之下的非遗数据库,不仅可以系统、真实、全面地记录某个区域非物质文化遗产的全貌,亦可提供便捷的查询、交流与利用非遗的数字内容资源等功能,对于非遗项目传承与保护、传播与研究、发展与利用等方面,发挥着基础资料参考与动态辅助决策的价值。

(一) 集成与建档

非物质文化遗产的抽象编码对于整个数字化工程来说,是单一个体项目的零散性数字采集与记录,而数据库则是一种集成。非物质文化遗产种类繁多、复杂多样。近十年来,国家各级政府主管部门的非遗普查、名录申报等积累了大量的闲散资料——基本数据信息(表格、文本、图片、音频、视频等)。在徽州地区调研时,非遗保护科负责人告诉笔者,目前该科室拥有本市所有县级以上的非遗资料,但大部分都是零散的,未曾进行系统性整理,甚至有的资料还是以实物性文本存在,给非遗的统计决策、动态管理带来很大的困难。数据库可将这些非遗资源纳入数字化保护与管理机制中,有效提高管理效率。但目前非遗数字信息来源存在多主体化现象,如各级政府的文化主管部门,各种非遗管理与研究机构,高校和研究所,各级各类档案室、图书馆、博物馆,以及传承人等,存在非遗数字资源存在记录手段的不一致(有的录音、有的拍摄、有的数字建模)、存储空间的分散、信息储存逻辑模式不同(储存格式与标准不同)、数据编码标准的异构(非遗项目在传统表演艺术、传统造型艺术、传统生产生活知识技能及传统节庆仪式等不同形态上各有侧重,编码标准不一致)等问题。若要实现数字资料的集成与整合,就要实现不同数据结构之间的数字信息资料、硬件设备资源等的合并与共享,以分散、局部的信息数据为基础,通过非遗数字元数据标准等建立具有统一标准的数据集合。

从单项非遗项目层面来看,可以利用数据库对各个项目及其传承人进行建档立卡。虽然非遗的保护在于活态性和生活性,但许多非遗项目在当下缺少存续土壤,甚至濒危项目面临传承中断的状况,建立非遗项目数据库则能准确把握各个项目的存续状态——传承人数量、传承项目等级、传承区域范

第三章 数字化：徽州非物质文化遗产资源保护与发展新路径

围、相关音像等。徽州地区的非遗门类齐全、四级名录完备、项目及传承人资料复杂，如果仅是实体资料的整理与管理，无法有效满足现代管理的需要，而数字化立档保护所需时间短，数字记录易于完成，并随时可对项目数据进行监测分析管理，有利于非遗项目的保护与管理。

（二）保护与共享

非遗数据库建构的基本意义之一就是保护。世界各国都重视对人类文化记忆的保护，无形文化记忆对当今社会的发展具有不可估量的历史和人文价值。例如，联合国的"世界记忆工程"主要提倡档案文献实体保护、口头历史记录、影像历史记录等音视频保存形式，以及数字化资源的长期保存形式。建立徽州非物质文化遗产数据库，是对该区域非遗项目进行系统性、完整性的保护，有助于保存历史文化基因，促进文化传播交流。

非遗数字化资源相对于非遗实体本身来说，更便于传播共享。不论从人对非物质文化遗产资源的需求，还是社会对非遗的认知保护出发，通过网络信息技术实现资源共享都是趋势。最大程度地实现非遗资源保护共享的手段就是建立数据库。数据库可以将散存于世的、难以在物理空间集成的文化资料、实物资料通过数字网络技术集中在统一的数据库中，便于发挥出非遗资源的资源利用价值。2002年文化部实施的"文化信息资源共享工程"就是充分利用数字技术，将传统的、典型的文化信息资源，进行数字化采集、加工、处理与集成，构建文化信息数据库。2011年，文化部和财政部出台《关于进一步加强公共数字文化建设的指导意见》，强调要重点实施文化共享工程、数字图书馆推广工程和公共电子阅览室建设计划三大公共数字文化惠民工程，提升三大公共数字文化惠民工程的整体效能。在此基础上，广泛动员各方面力量，逐步拓展范围，带动数字美术馆、数字文化馆、数字博物馆、数字爱国主义教育基地等建设，大力整合汇聚非物质文化遗产、国有艺术院团、民间文艺社团等方面的数字化资源，不断丰富和加强公共数字文化建设。2022年，党的二十大报告强调"实施国家文化数字化战略，健全现代公共文化服务体系，创新实施文化惠民工程。"2023年，中共中央、国务院印发《数字中国建设整体布局规划》指出，"推进文化数字化发展，深入实施国家文化数字化战略，建设国家文化大数据体系，形成中华文化数据库。提升数字文化服务能力，打造若干综合性数字文化展示平台"。建立非遗数据库，对非遗数据进行加工发布，可使得数字资源在平台上实现各级搜索与不同权限的浏览，实现非遗资源数字形态的最大共享，而且数据的保存与传播也能促进项目所有者知识产权信息的公开，未来将成为促进非遗资源合法利用与共享、促进传承人权益保护的有力工具。

（三）管理与应用

非物质文化遗产数据库是以非遗数字资源为核心内容的集成仓库。按照非遗传承与保护逻辑，建构相对应的非遗数据库系统，在非遗数据编码采集、数字记录、更新维护及时的情况下，通过非遗数据库可以为非物质文化遗产保护工程提供强大的数据支持，客观把握非遗保护的各项工作进展情况，辅助保护工程科学管理决策。不管是非物质文化遗产保护的整体性规划推进，还是各类非遗项目的取舍，均建立在真实信息分析的基础上。非遗数据库可以提供不同区域范围、不同非遗类属等数据的集合分析、趋势分析，更好地辅助保护决策，还可以对重点非遗项目（濒危项目）进行监测，让非遗数据为非遗保护管理服务。在大数据背景下，通过大量相关数据的收集分析，预测会更强大，发现可能会遇到的问题，发出预警信号，对抢救与保护进行提醒，更利于保护决策的进行。数据库也会成为预警濒危、辅助传承和主导保护的主要助力。可见，在非遗数字化保护过程中，需要一个集成性的数据库来支撑，可将非遗数字信息资源进行合理的整合、管理与调用，从而提升非遗保护的工作效率与效果。非遗数据库设计与构想，是实现该项工作最重要、最基本的环节。

非遗数据库的建设不仅仅是为了保护，还要考虑到非遗数字化发展问题，即非遗的数字内容应用。通过数字技术可以将非物质文化遗产内容以标准化和数字化的形式进行编码存储，建立数字文化遗产资产库，并以其数据为基础，以市场需求为导向，灵活开发各类具有自主知识产权的视觉形象、文化元素等，通过版权授权、展览展示、联合开发、教育培训、文化传承等方式实现非遗的数字化发展，以延长非遗项目的生命周期。非遗的数字内容应用主要表现在文化传承、公益服务和产业融合三大方面。文化传承是非遗数字化的题中应有之义，在前文已述，数字化的目的正是为了保护与保存非遗事项的文化基因，肩负文化传承的使命，如通过数字化展示、数字博物馆、学校教育等途径进行文化传承。公益服务亦是非遗数字化的意义，数字化可促进非遗的传播，让非遗的数字内容惠及公众，如通过广播、影视、网络等开展文化公益活动。至于产业融合，是非遗参与社会发展的重要路径，也是非遗发展的关键。任何文化事项如果不能满足当下社会的需要，它的生命周期就将会被压缩，逐渐退出历史舞台。非遗数字内容旨在推动文化建设中传播手段的升级，逐步形成以非遗数字内容网上服务为基础的产业融合，并形成新的经济增长点。

二、非遗数据库建构

（一）非遗数据库建构机制："合作—参与"

非遗数据库的建构如同前文所述的非遗数字抽象编码一样，并非由某一个人或群体所完成的，必须依赖文化学者、技术人员、政府机构，在地民众（包括非遗传承人群）等主体合力协作。就目前全国各非遗数据库的建设情况来看，多是一种"由上而下"（from top down），并由外来力量决定当地资料库的建置过程，很少考虑当地人（the local）的使用需求，缺乏数据库建构者与使用者、官方与民间的双向互动。本文借用德内格里、托马斯等人提出的"参与光谱"（the participatory continuum）[1]架构来分析非遗数据库的建

---

[1] DeNegri, B., Thomas, E., Ilinigumugabo, A., Muvandi, I., & Lewis, G. *Empowering Communities*. Washington, D. C.: The Academy for Educational Development. 1999, p. 4.

构机制（表 3-1）。

表 3-1 非遗数据库建构参与机制

参与机制	地方参与	数据库建置
挑选 （co-option）	他者①选择部分地方代表②，但在地民众③没有实质的介入或权力。	他者与当地人士会面，决定重要议题与规划，当地人不一定看得到数据库成果。
顺从 （compliance）	在某种外在诱因下，工作项目被指定，他者决定议程与过程，在地民众执行研究事项。	他者决定重要议题，在地民众或许可以看到数据库成果。
咨询 （consultation）	地方人士的意见被征询，他者进行分析和决定如何采取行动。	地方人士分享重要议题的观点与意见，当地人或许可以看到数据库成果。
合作 （cooperation）	在地民众与他者一起决定事情的重要顺序，指挥权仍属于他者。	在地民众与他者一起发展内容，由他者制作，当地人并非主要使用对象。
共同学习 （co-learning）	在地民众与他者分享知识，创造新认识，在他者的推动下一起产生行动。	地方民众与他者一起发展数据库内容，共同进行制作，可分享资料给在地民众。
集体行动 （collective action）	在地民众设定自己的议程，并在无他者介入的情况下动员地方力量来完成目标。	在地民众决定重要议题，自行制作资料库内容，供社区使用，并促进改善。

在数据库建置的"参与光谱"中，共有 6 种参与机制（图 3-8），分别是挑选/共同选择（co-option）、顺从/合规性（compliance）、咨询（consultation）、合作（co-operation）、共同学习（co-learning）、集体行动（collective action）。在每一种参与机制中，在地民众在数据库建置过程中的角

---

① "他者"是指官方、非本地学者、技术人员等非在地力量。
② "地方代表"可能是非遗传承人，或是普通在地民众，抑或当地意见领袖如村族负责人。
③ "在地民众"是指非遗传承人、遗产民众、当地学者等。

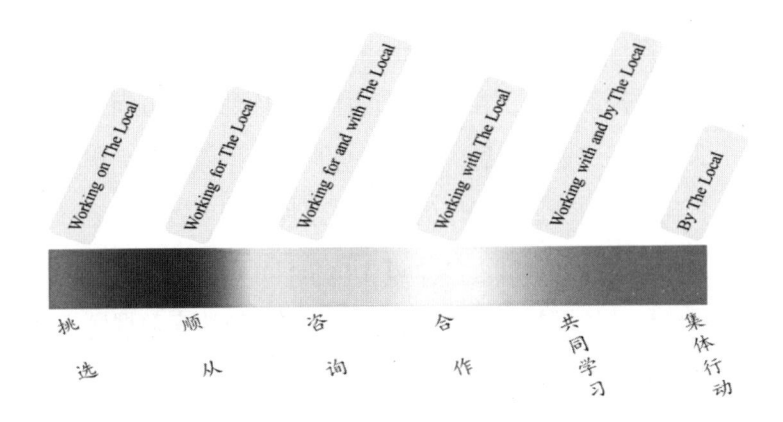

第三章　数字化：徽州非物质文化遗产资源保护与发展新路径

图3-8　数据库建置"参与光谱"

色和作用都是不同的。按照光谱原理分析，在地民众的"合作—参与"建置程度逐渐密切。

一、**挑选机制**。它是所有机制中相对单面向的参与，他者（官方、非本地学者、技术人员等）片面地选择部分地方代表，通过这些代表了解所需要的非遗信息，以推动数据库的规划与建设，通常来说在地民众没有实质性的介入或参与，对数据库没有任何决定权。数据库建置完毕后，在地民众不一定能看到或使用该数据库的相关成果。这种机制可以被称为"对地方所进行的工作"（working on the local）[1]。

二、**顺从机制**。在地民众被动参与到数据库建置过程中，在某种外因诱导下按照他者指定的工作要求，提供或搜集研究所需材料，由他者决定哪些资料、内容或议题是重要的，在地民众无决定权。数据库建置完毕后，在地民众可能看到或使用该数据库的相关成果。这种机制可以被称为"为当地而工作"（working for the local）[2]。

---

[1]　Arvind Singhal, *Facilitating Community Participation Through Communication*, New York: Report submitted to GPP, Programme Division, UNICEF, 2001, p.9.

[2]　Arvind Singhal, *Facilitating Community Participation Through Communication*, New York: Report submitted to GPP, Programme Division, UNICEF, 2001, p.9.

三、**咨询机制**。在这种机制中，他者会征询并参考地方人士的意见，分析并决定应该如何采取行动。在参与式传播资料库的建立方面，在地民众得以分享关于非遗数据库重要议题的观点与意见。数据库建置完毕后，当地民众或许可以看到和使用非遗数据库的成果。这种机制可以被称为"为当地以及与当地人一起工作"（working for and with the local）①。

四、**合作机制**。该机制是由在地民众与他者共同决定数据库相关事宜的建置过程，但在数据库建置过程中仍然由他者主导。在数据库建设中，在地民众与他者一起选择非遗内容，由他者进行制作，这种机制比较具有动态、双向的互动性质，二者之间可以建立起一个平等对话的机制，然而当地人仍非数据库的主导，所以建置的数据库内容，当地人并非主要的使用对象。这种机制可以被称为"与当地人一起工作"（working with the local）②。

五、**共同学习**。这种机制比合作机制更进一步，由在地民众与他者一同分享非遗知识，创造新的认识，并在他者的推动下协同行动。在数据库建置方面，在地民众与他者一起决定非遗项目内容，共同建置（但在教育与学习方面，计算机与资料库技术目前仍需要由他者教导当地民众）。数据库建置完毕后，可以分享给当地民众观看或使用，并创造在地知识价值。这种机制可以被称为"与当地人一起工作，以及当地人自己做"（working with and by the local）③。

六、**集体行动**。这种机制比较难以实现，需要在地民众的文化意识和主动行动，以及社会贡献观念的成熟。勿说当地民众，即使是当前的政府文化主管部门也未必能达到这种文化的自觉性和共享意识。这种机制指由地方民

---

① Arvind Singhal, *Facilitating Community Participation Through Communication*, New York: Report submitted to GPP, Programme Division, UNICEF, 2001, p.9.

② Arvind Singhal, *Facilitating Community Participation Through Communication*, New York: Report submitted to GPP, Programme Division, UNICEF, 2001, p.9.

③ Arvind Singhal, *Facilitating Community Participation Through Communication*, New York: Report submitted to GPP, Programme Division, UNICEF, 2001, p.9.

第三章 数字化：徽州非物质文化遗产资源保护与发展新路径

众自行设定非遗数据库相关议程和重要议题，并在无外来者介入的情况下，动员社群力量来完成非遗数据库建置目标，创造社群的价值，分享数据库成果，并促进改善。这种机制可以被称为"当地人自己做"（by the local）[①]。

（二）非遗数据库概念模型设计："实体—联系"

根据前文所述，非遗数据库是庞大非遗信息的集成，内容极其丰富，整合了不同形态和结构的数字资源。非遗数据库不是非遗数字资源的简单整合，在非遗资源采集与加工阶段，需要对非遗事项进行取舍与价值判定。正如上文所述，要考虑数字技术（媒介）对非遗的影响，以及如何进行文化抽象和编码。在技术层面，非遗数字资源的审核环节在数据库中十分重要，要在采集、加工、管理、发布等各个流程中设置专门的审核环节，建立非遗研究专家库、专家审核登录账号与平台等，确保非遗数据库内容价值层面的质量水平与整个数据库的专业化和科学化水平。它要满足非遗保护、传承与发展中不同层次用户的需求（存档、查询、管理、决策、传播、应用等），而且会随着实践的推进和研究的深入进行扩展和调整，因此还需具备兼容性、扩展性、共享性、海量性等特点。基于笔者的学科背景和本书的关注重点，本小节旨在讨论非遗数据库的设计理念和数据库的概念模型。非遗数据库设计是一项系统性、多学科、综合性工程。一般来说，非遗数据库的设计大致分为 5 个阶段：数据库规划、数据库需求分析、数据库设计（包括概念模型、逻辑结构和物理结构）、数据库实施以及数据库使用与维护（图 3-9）。

在规划与需求分析阶段，应重点关注非遗数据库用户的业务目的、建构目标以及非遗数字内容资源的使用情况，厘清所用数据的类别、范围、数量以及数字资源在业务活动交流中的情况，并明确用户对非遗数据库的使用要求以及各种约束性条件等，从而形成用户需求规约。此阶段需要综合考虑与非遗数据库相关利益群体的使用需求。数据库设计阶段包括 3 个程序，分别

---

① Arvind Singhal, *Facilitating Community Participation Through Communication*, New York: Report submitted to GPP, Programme Division, UNICEF, 2001, p.9.

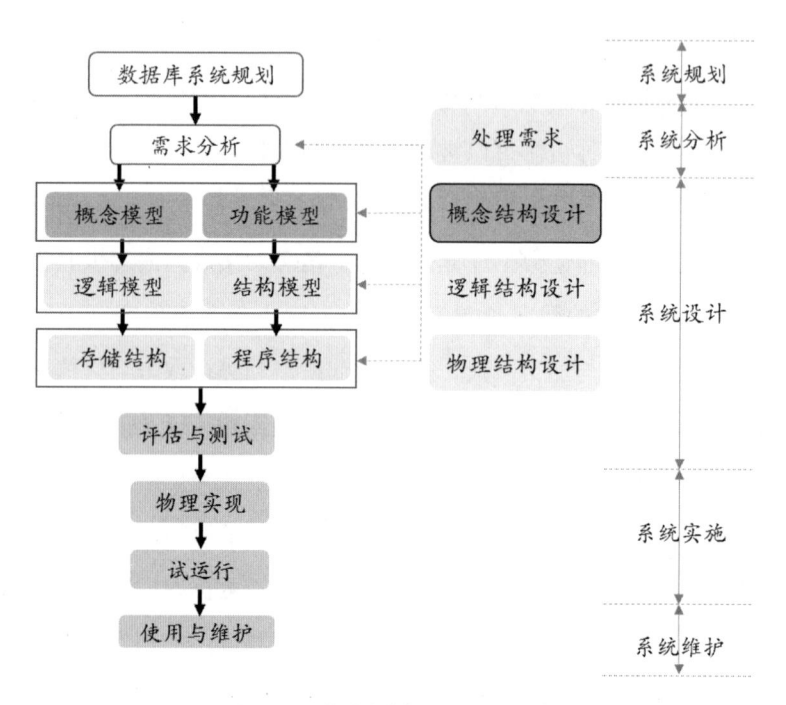

图 3-9 非遗数据库设计流程图

是概念模型设计、逻辑结构设计、物理结构设计。概念模型设计是依照非遗数据库关于现实世界的真实描述，对非遗项目实体进行分类、聚集和概括，建构与实体相对应的抽象概念数据模型（concept data model，CDM）。

逻辑结构设计是将现实世界（非遗项目实体）的概念数据模型设计（项目实体、项目实体的属性以及实体与实体之间的联系）转化为数据库的一种逻辑模式（具体非遗数据库支持的数据模型），即将概念结构转化为一般的关系、网状、层次模型，并使之适应数据库管理系统（database management system，DBMS）支持下的数据模型并对其进行优化。[1] 物理设计则是明确数据库的物理结构，在逻辑关系数据库中主要指存取方式、存贮结构（包括非遗数字化文件格式、索引结构以及信息数据的存放逻辑与位置等）和存取

---

[1] 吕英华主编：《Access 数据库技术及应用》，科学出版社 2012 年版，第 4—6 页。

第三章　数字化：徽州非物质文化遗产资源保护与发展新路径

路径。同时对物理结构进行评价与测试，评价数据库的设计的整体功能，测试数据库性能与运行效果。

系统实施与维护阶段。在上述程序完成的基础上，完成非遗数据信息的整合与集成，运行数据库对非遗数据的处理程序（如对非遗数据资料的上传、管理、下载与使用），根据运行效果和后期实际需要对非遗数据库不断进行修改与完善。

本小节主要对非遗数据库概念模型设计进行详细阐述，并绘制"实体—属性—联系"模型示意图（E-R 模型图）。概念模型可以较好地表达非遗数据库核心的各类项目属性之间的关系，概念模型设计是非遗数据库的数据存储结构和数据描述的基础，是逻辑结构设计和物理结构设计的前提。需要说明的是，所谓概念模型，就是将现实世界中的客观实体抽象成某种信息结构，而该信息结构不依赖于计算机的具体系统，它并非某个数据库管理系统所支持的信息模型，而是概念性模型，所建构的信息模型与数据库与计算机上的具体实现细节无关。

概念数据模型（CDM）反映非物质文化遗产的现实世界——非遗项目名称、项目级别、项目类别、代表性传承人、存在环境、发展情况等信息结构、信息之间的相互关系，以及各非遗项目的相关利益主体对非遗数字信息存储、检索、加工与利用要求等，是针对非遗数据库用户的模型设计。它的特点是能真实、充分地反映现实世界，为了将现实中的具体非遗项目抽象成某种数据库系统支持的信息模型，通常先将现实世界实体抽象为信息世界的语言逻辑，然后再将信息世界语言转换为机器世界可读的符码（图 3-10）。

由于概念模型是用于信息世界的建模，它是现实世界转换为信息世界的第一次抽象，是用户（政府的非遗主管部门、学术机构、传承人等群体）与数据库设计人员之间合作与交流的语言基础，故而概念模型一方面应该具备较强的语义表达能力，能直接、有效地表达应用中的语义信息；另一方面它

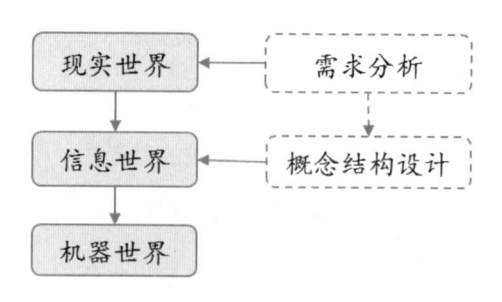

图 3-10　信息转换示意图

的表述应具有简明化、清晰化的特点，以便于用户理解。但同时概念模型设计是一个充满主观色彩的工作，按照编码/解码理论，不同的人对同一个非遗事项的理解和阐述，存在编码语义、编码技术和编码效度的问题，可能提炼出来的概念模型不一样。一般来说，构建概念模型的过程与程序技术人员的关系并不大，可以将此项活动交给具有资深经历的文化学者或专家、传承人，由技术人员进行辅助设计，这也体现了非物质文化遗产数字化的学科交叉性和协同性。

接下来对非遗数据库的概念模型设计主要实体—联系模型（entity relationship diagram，E-R[①]）进行分析，E-R 模型的基本要素包括实体、属性和联系。

1. 实体（entity）

实体是客观上可以相互区分的事物，可以是具体的人和事物，关键在于一个实体能与另一个实体相区别，相同属性的非遗项目实体一般具有相同的特征与性质。可利用实体名称与属性名称的集合来抽象、刻画和表达同类非遗项目实体。在 E-R 图中用矩形表示实体，矩形框内标示实体名称（如图 3-14）。非遗概念数据设计的实体，就是要确定所有建设的非遗数据库的所有实体，比如具体非遗事项——绿茶制作技艺、徽州民歌、目连戏等都是实体。

---

① E-R 模型由美籍华裔计算机科学家陈品山（Peter Chen）1976 年提出，这种数据模型用在数据信息系统设计的阶段，用来描述信息需求和/或要存储在数据库中的信息的类型。

第三章 数字化：徽州非物质文化遗产资源保护与发展新路径

非遗数据库的核心实体是非遗项目数字内容资源，以及非遗传承人、非遗数据审核者与管理者、学术研究机构、政府主管部门及非遗数据库用户等。

2. 属性（attribute）

属性是非遗项目实体所具备的某一项或某一组特征，一个非遗项目实体可由若干属性进行描述。属性是相对实体而言的，实体是属性的载体。在E-R图中用椭圆形表示属性，在椭圆形中描述实体的属性特征（图3-14），比如非遗项目的级别、门类、地域等；非遗传承人的姓名、性别、年龄、等级、文化程度、所属区域等；用户包括普通公众和权限用户（如学术机构、文化机构以及传承人）等；数据库管理者包括非遗数据质量检查、数据格式审核等技术管理员，也包括非遗数据内容审核、分级、归类等内容审查员等。

表3-2 非遗数据库概念模型："实体—属性"简表

实体	属性
非物质文化遗产项目	项目类属、项目形态、项目内容、存续时间、申报单位等
非物质文化遗产传承人	拥有项目名称、传承人身份信息、传承人等级等
非遗数字资源	项目类属、数据类型、数据用途、数据状态、数据格式等
存档库	项目类属、项目内容描述、数据格式、数据量等
发布库	项目类属、项目内容描述、数据格式、数据量等
政府主管机构	管理权限、访问权限、登记注册信息等
学术研究机构	管理权限、访问权限、登记注册信息等
数据库管理员	管理权限、审核权限、访问权限、登记注册信息等
……	……

E-R简明示意图可以较为清晰地描述非遗数据库"现实世界"的相关实体、属性及关系，便于了解非遗数字化保护的信息数据结构、数据之间的制约关系以及存储、管理、访问、加工数据的要求等。

3. 关系（relationship）

关系也称联系，在信息世界中表现为非遗实体与实体之间或非遗实体内部的关联。实体间的联系是指不同非遗实体之间的关系，实体内部的联系是指非遗实体属性之间的关系。联系在 E-R 图中用菱形表示，菱形框内注明联系名（图 3-11）。联系可分为 3 种类型：一对一联系（1:1），例如一位非遗传承人只拥有一个非遗项目；一对多联系（1:n），例如一个数据库管理员可以审核不同的非遗数字资源；多对多联系（m:n），例如不同的学者可以对不同的非遗项目进行研究。

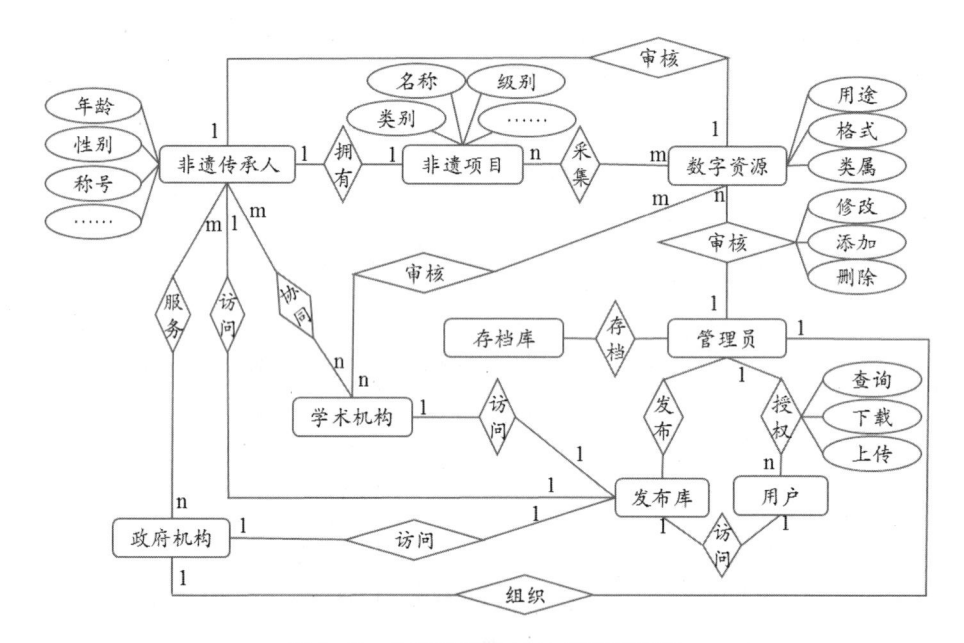

图 3-11 非遗数据库 E-R 简明示意图

非遗数据库的概念模型（E-R）通过三种方法对非遗实体进行抽象。

第一种方法：分类（classification）。定义某一类概念作为现实世界的非遗事项中一组对象的类型，抽象了对象值和型之间的"Is Member Of"的语义。[①]

[①] 吕英华主编：《Access 数据库技术及应用》，科学出版社 2012 年版，第 4—6 页。

例如，徽州省级以上传承人，或再具体一些——徽州传统技艺类省级以上传承人（图3-12）。

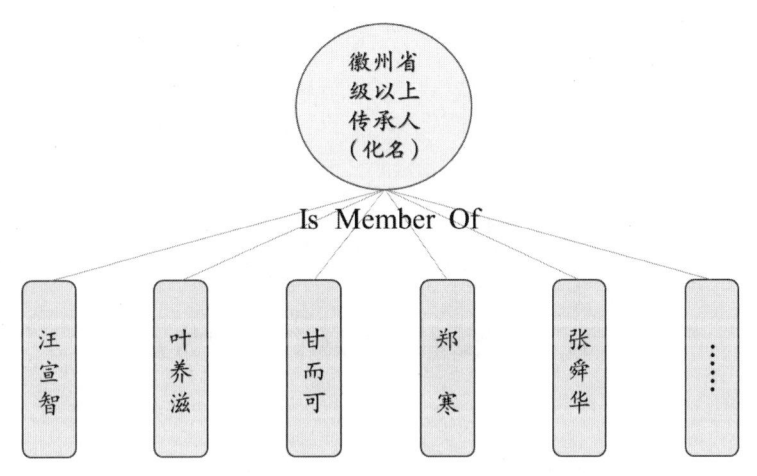

图3-12　非遗数据库的概念模型："分类"示意图

第二种方法：聚集（aggregation）。定义某一非遗项目实体类型的成分，抽象了非遗项目内部类型和属性之间"Is Part Of"的语义。① 例如，某一非遗事项所拥有的属性特征，以徽州绿茶制作技艺（黄山毛峰）为说明案例（图3-13）。

第三种方法：概括（generalization）。定义类型之间的一种子集联系，抽象了类型之间的"Is Subset Of"的语义。② 例如，徽州传统舞蹈类划分不同子类别，以部分省级项目为例（图3-14）。

依据对 E-R 模型的分析与抽象方法，本节采用 Diagram Designer 软件绘制了非遗数据库 E-R 图，在图中将非遗数据库所涉及的实体、属性及其关系进行标注，参照数据流程图，标注各个实体、属性及关系，并确定要素之间的联系及类型，构建了非遗数据库概念模型简明示意图。

---

① 吕英华主编：《Access 数据库技术及应用》，科学出版社2012年版，第4—6页。
② 吕英华主编：《Access 数据库技术及应用》，科学出版社2012年版，第4—6页。

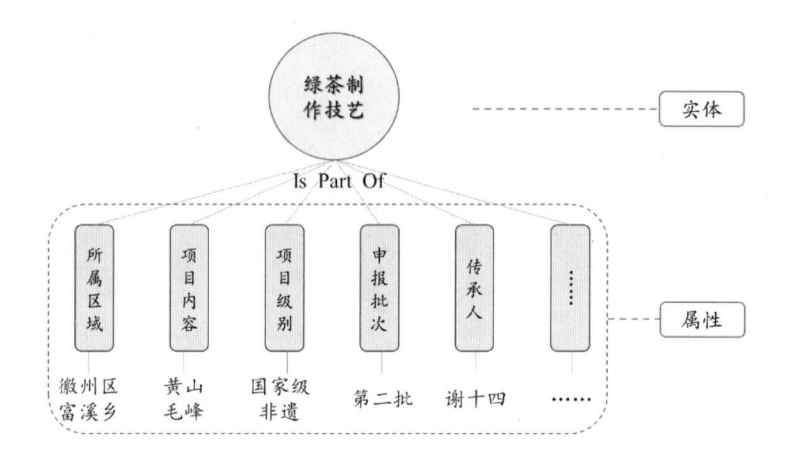

图 3-13 非遗数据库的概念模型："聚集"示意图

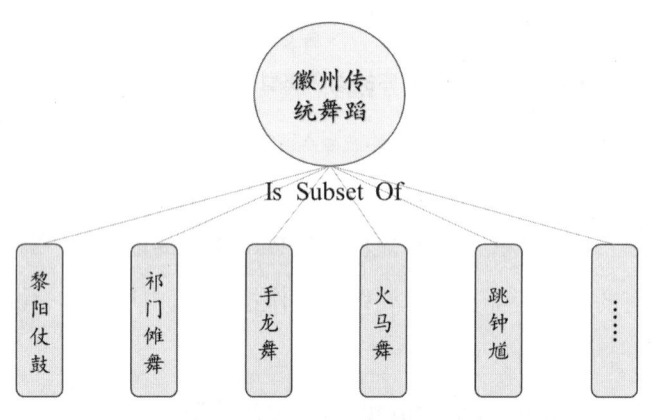

图 3-14 非遗数据库的概念模型："概括"示意图

(三) 非遗数据库组织架构

非遗数字资源内容是整个非遗数据库的基础，也是数据库建设的根本。创建数据库，首先要做的就是对非物质文化遗产资源的分类组织。非遗数据库可从不同属性对非遗数据进行组建，即按照非遗项目的属性（"实体—属性"）对非遗项目进行分类，目前常见的分类有基于地理位置、申报批次、项目级别、项目类别等几个大类框架，其中按照项目类别分类的标准不甚统一。下文将使用 Diagram Designer 软件分别绘制组织架构示意图。

第三章 数字化：徽州非物质文化遗产资源保护与发展新路径

1. 基于项目类别

关于非物质文化遗产的类别存在不同的划分指标，联合国教科文组织《公约》将非遗分为 5 大类，该分类较为宏观，对于数据库建设来说存在种种困难。我国《非物质文化遗产法》将非遗项目划分为 6 大类，该分类与《公约》的划分线条都较粗，不适宜用于非遗数据库建设。非物质文化遗产普查手册分类法将之划分为 16 类，虽然划分较为细致，但项目类别之间可能存在冲突，如民间杂技与游艺之间、传统医药与民间知识（医药卫生）之间可能存在冲突。数据库建设要求数据表具备原子性（基本表中的字段是不可再分解的），以消除不必要的冗余，减少属性冲突、命名冲突等。另外一种就是国家级非物质文化遗产名录分类，将非遗项目列为 10 大类，笔者倾向于按照遗产名录的分类来构建非遗数据库的组织架构，其优势是既有纵向的层级划分（国家、省、市、县区四级名录），又有横向的门类区别。根据调研结果，目前各省市已经或正在建设的非遗数据库一般都是按照"十分法"进行分类的。例如，将徽州区域内的非遗事项按照 10 个类别进行划分，限于篇幅每个类别之下仅举一例（图 3-15）。

图 3-15 徽州非遗项目类别组织架构图

2. 基于地理位置

非遗成长于一定的社会和地理环境中，基于地理位置建构非遗数据库的逻辑能够直接查询和管理该区域的遗产数量、遗产类别，更好地把握非遗的静态与动态状况。下一小节笔者阐述的非遗数字地图就是基于非遗的地理分布而设计的（图3-16）。

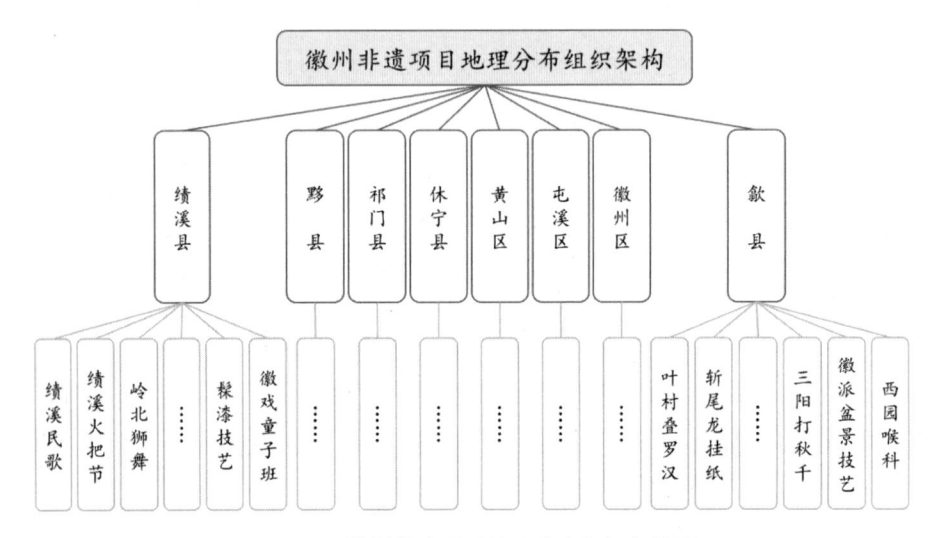

图 3-16 徽州非遗项目地理分布组织架构图

3. 基于申报批次

目前国家已组织申报了4批次的非遗代表性名录，安徽省亦申报4批次，徽州区域内部分县区已申报5批次。按照批次进行数据整理，可以进行纵向比较。关于申报批次，在数据库检索过程中，可与其他检索条件综合使用，如选择省级或国家级某一个批次进行限定性检索。如图3-17所示，根据徽州非遗项目的申报批次，每个批次下面举2—3例来说明。同时，该组织架构需具备扩展性和动态性，因为随着实践的深入，未来会增加第五批、第六批……此外，也会对已经入选的项目进行评估考核，部分非遗项目可能也会退出目录。

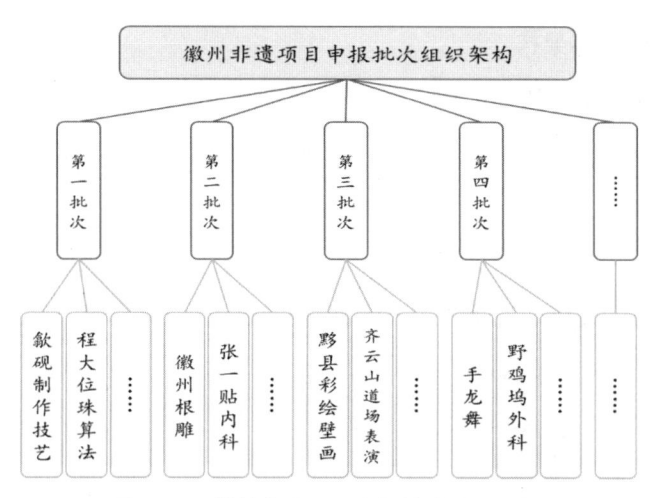

第三章 数字化：徽州非物质文化遗产资源保护与发展新路径

```
                    徽州非遗项目申报批次组织架构
        ┌──────┬──────────┬──────────┬──────────┬──────┐
      第一批次  第二批次    第三批次    第四批次    ……
        │         │          │          │
   ┌────┼────┐ ┌──┼──┐  ┌───┼───┐  ┌───┼───┐
  歙 程  …  徽 张  …  黟 齐  …   手 野  …
  砚 大      州 一     县 云       龙 鸡
  制 位      根 贴     彩 山       舞 坞
  作 珠      雕 内     绘 道       　 外
  技 算         科     壁 场           科
  艺 法                画 表
                         演
```

图 3-17 徽州非遗项目申报批次组织架构图

4. 基于项目级别

不同级别的非物质文化遗产具有不同的历史价值、科学价值和文化价值，其濒危程度也不尽相同。因此，在保护时可以依等级来进行，这样有利于保护的合理化与科学性。目前，按照国务院的非遗名录标准，分为国家、省、市、县区 4 级名录，加上联合国教科文组织评定的人类口头和非物质遗产代表作，可以将非遗项目级别划分为 5 级（图 3-18）。

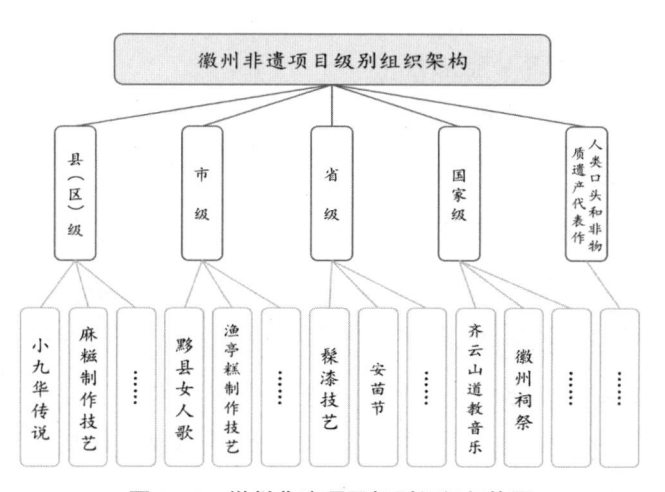

```
                    徽州非遗项目级别组织架构
        ┌──────┬──────────┬──────────┬──────────┬──────────┐
      县（区）级  市级      省级       国家级    人类口头和非
        │         │          │          │       物质遗产代表作
   ┌────┼────┐ ┌──┼──┐  ┌───┼───┐  ┌───┼───┐   │
  小 麻  …  黟 渔  …  髹 安      齐 徽  …
  九 粿      县 亭     漆 苗      云 州
  华 制      女 糕     技 节      山 祠
  传 作      人 制     艺         道 祭
  说 技      歌 作                教
     艺        技                  音
                艺                  乐
```

图 3-18 徽州非遗项目级别组织架构图

111

5. 数据库总体架构

将上述 4 种组织架构进行综合，形成了一个相对完整的非遗数据库组织架构。针对某一项非遗，可根据项目实体所拥有的属性进行组合性检索，从而提高管理效率。例如，查询徽州区域内"绩溪县""第二批""省级""传统技艺"项目，将 4 个限定词同时选定并进行搜索，即可快速清晰定位。当然，也可以直接搜索非遗项目名称，或进行模糊性全文检索（图 3-19）。

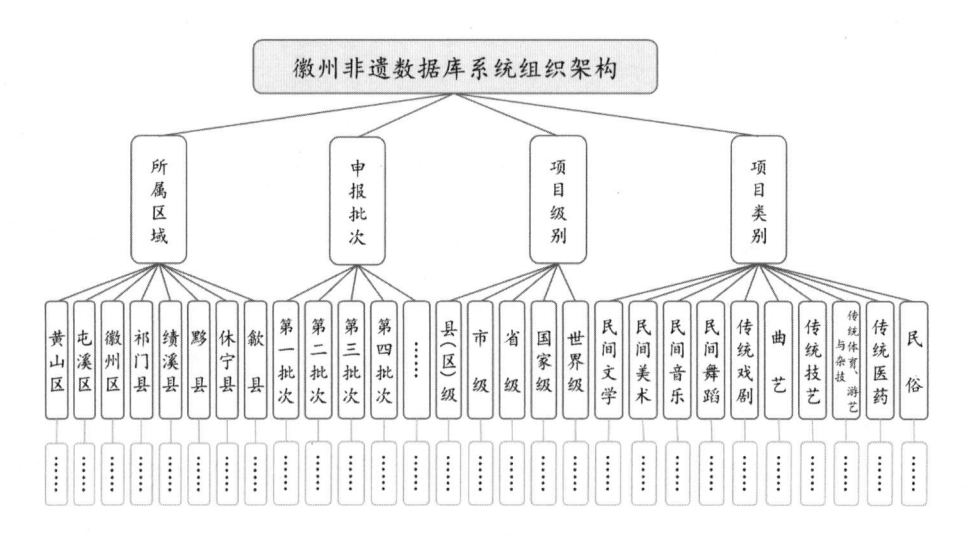

图 3-19　徽州非遗数据库系统组织架构图

（四）非遗数据库功能架构

上文是对非遗概念结构和组织架构进行的阐述，本小节主要对非遗数据库的功能进行设计。建设非遗数据库是提高徽州非物质文化遗产资源利用率的有效途径。文化遗产的数字信息是数据库的基础，也是数据库建设的根本。根据徽州文化生态保护实验区文化遗产资源总体情况，按照文化遗产类别、文化脉络、文化内涵，将零散的、难以在物理空间集成的文化资料、实物资料通过数字网络技术集中在统一的数据库中（包括数据整合平台、发布检索平台、互动展示平台、学习下载平台等）。根据原功能架构模拟示意，如图 3-20 所示：

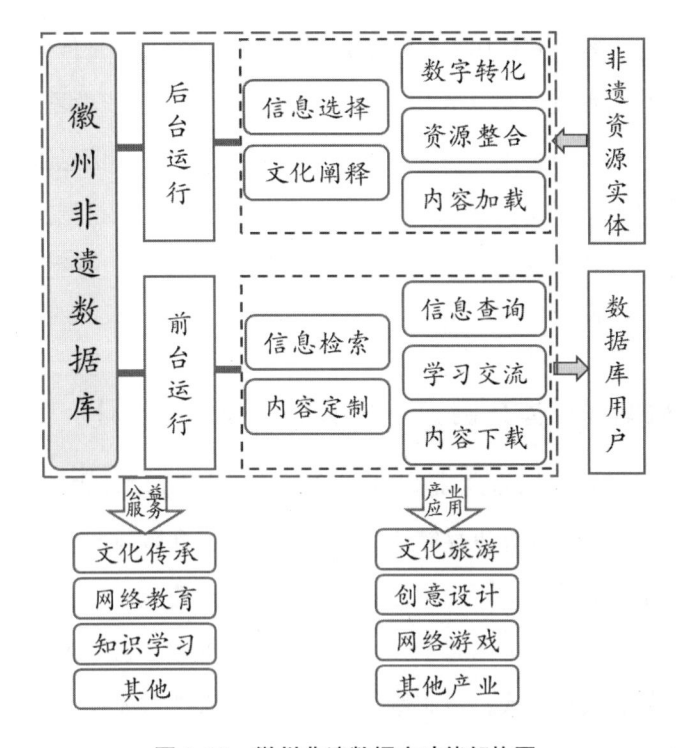

第三章　数字化：徽州非物质文化遗产资源保护与发展新路径

图 3-20　徽州非遗数据库功能架构图

首先由非遗数字化参与主体根据数字化技术标准在数据整合平台上进行协同，对徽州非物质文化遗产进行项目信息数据梳理、数字编码、整合编辑、数据加工、编目标引等工作。

其次由数据库管理者将数据加载到存档库和发布库，支持用户（普通用户、学术研究机构、政府机构、文化企业、图书馆、档案馆等）进行全文、关键词检索、音视频检索等，以满足用户基本用途。

再次建立互动展示平台，数字化不仅是展示，还应具备人机互动功能，用户可以与数据库进行互动（如徽文化知识互动游戏等）。同时，此平台应设计为开放式的，根据用户权限可自行添加或补充文化遗产数据；鼓励和推动普通用户和在地民众参与构建数据库内容，添加和补充数据则由后台协同审核。

最后构建内容下载使用平台。徽州非遗数据库的功能是传播和传承优秀文化，使文化价值发挥最大效用。这个平台功能包括在线学习、付费下载、内容定制等，主要为文化公益和产业应用提供文化内容和信息数据。

徽州非遗数据库建设，可实现遗产数字资源管理，能挖掘文化遗产资源中的有效资源，将文化保护、传承与产业利用融为一体，有利于科学研究、经济转型、文化振兴。

三、数据库具体案例——非遗数字地图的设计

数字地图（digital map）是以地理信息数据库为蓝本，以数字化形式将地理图示信息存储在计算机存储器之中，在数字媒介载体上显示的地图。非遗数字地图是以非遗数字资源为主要内容，基于非遗项目实体在现实世界的地理分布而设计的数字地图属于一种小型非遗数据库。它是非遗项目实体在现实世界的数字表现形式，与非遗项目实体存在着映射关系。

本小节所设计的徽州非遗数字地图基于非遗项目所属的地理位置，并综合项目类别、项目级别、项目批次等限定性条件，以提高检索效率和精准度。徽州非遗数字地图以行政区划为主要地理划分依据，第一层级为安徽省内的徽州区域，涵盖五县三区，第二层级为区域内的歙县、黟县、休宁县、祁门县、绩溪县、黄山区、屯溪区、徽州区，第三层级是每个县区的具体非遗项目。在层级中间添加限定性条件，按照非遗项目批次、项目级别和项目类别进行划分。组织架构见图3-21。

（一）非遗数字地图的呈现

非遗数字地图以真实的地理信息为基础，以当前徽州区域的行政区划为单位对地图进行县域边界切割，采用不同的颜色以示区别，使得数字地图界域清晰明确（图3-22）。地图上的县域板块之间可以进行超链接，县域板块内部根据非遗项目的地理位置添加相关内容，当选择某一个县域时，则该区

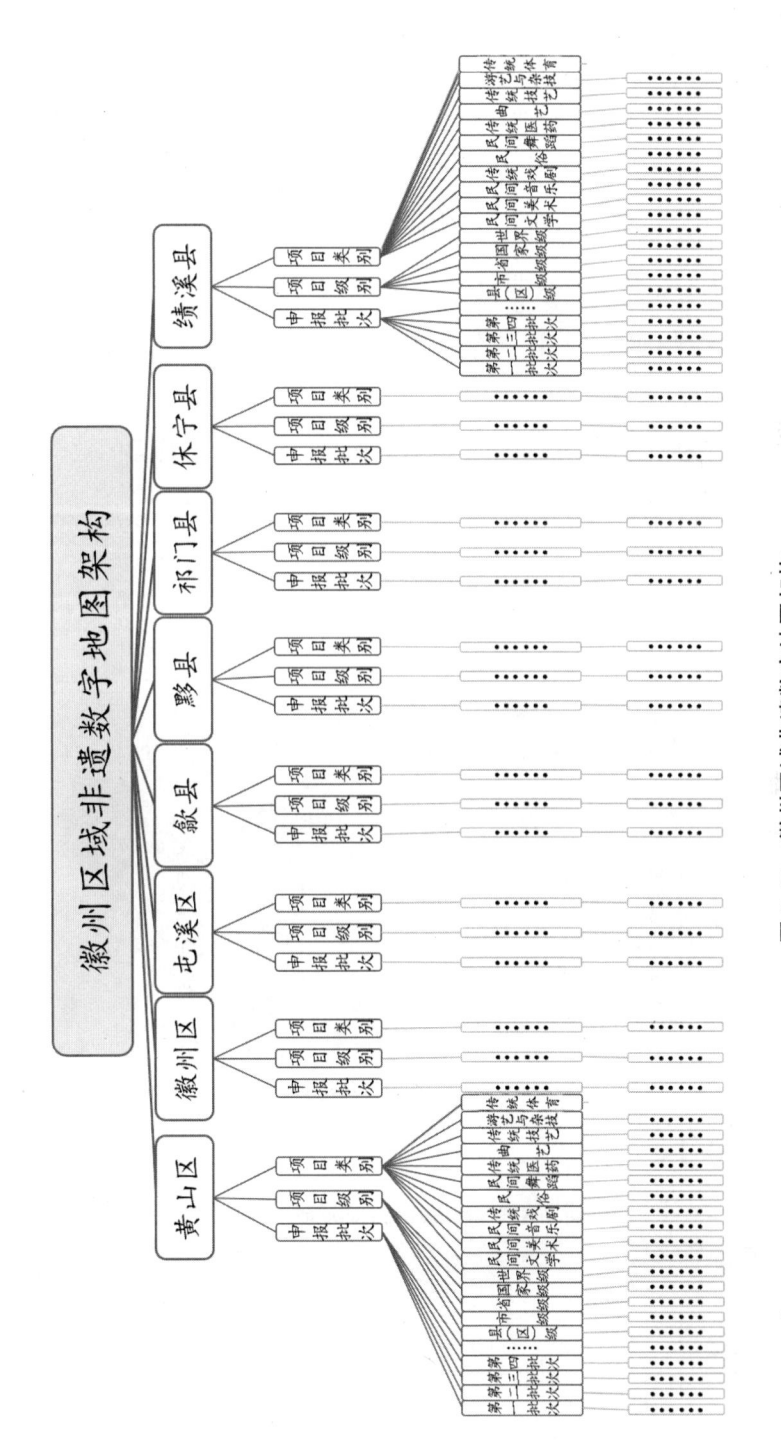

图 3-21 徽州区域非遗数字地图架构

域凸显,而其他区域为灰色(图 3-23)。当点击某一县域板块时,随即弹出该县范围内的所有非物质文化遗产项目菜单,用户可以根据需要进行组合性检索,选中任一项目查看详细内容。举祁门县为例,图中显示仅为部分项目(图 3-24)。然后,根据需要进一步点击该区域所显示的项目。数字地图呈现的非遗项目内容,依据各级非遗项目名录的内容来描述,内容采用文本、图形、图像、音频、视频、3D 虚拟等多种介质来表达,每一类遗产项目应具有相应的明确标识,类似于纸质地图中的标识,以增强非遗数字地图的识别度和认可度,为相关用户提供更多的有效信息,提高数字管理的效率。

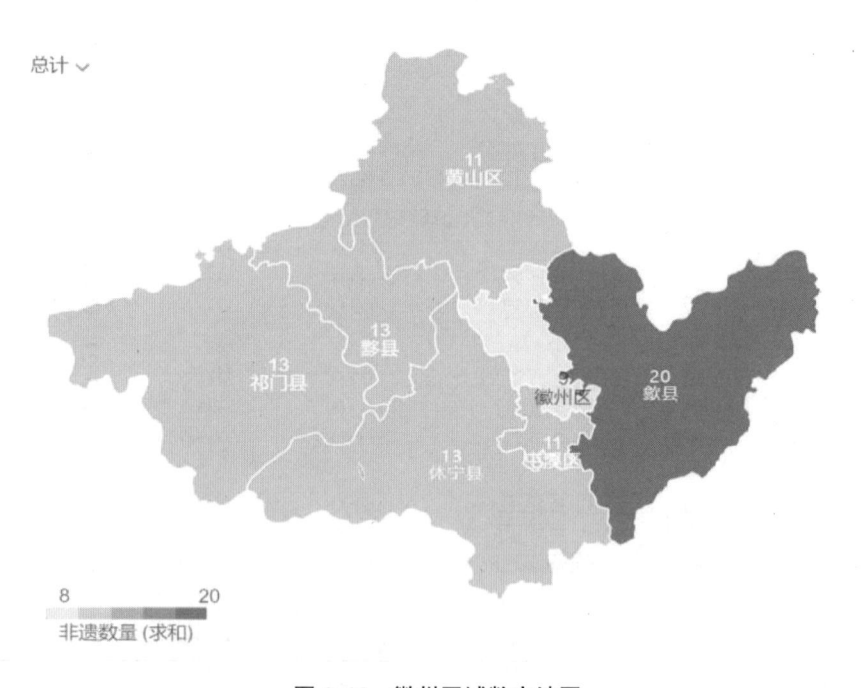

图 3-22 徽州区域数字地图

第三章 数字化：徽州非物质文化遗产资源保护与发展新路径

图 3-23 徽州祁门县数字地图

图 3-24 祁门县非遗项目（部分）分布图

(二)非遗数字地图的作用

数字地图是适应"互联网+""人工智能+"的重要表现,用户可以通过数字地图进行各类自助服务。非遗数字地图所承载的信息量足够大,能够以直观的方式向公众展示非遗所依存的地理信息及非遗资源分布,可供用户进行查询、检索、下载等。非遗数字地图是一种小型数据库,可以在不同的情境下应用。例如在图书馆、博物馆、文化馆以及学校教育进行展示性和互动性应用,主要用于非遗的学习、传承、查询等公益性服务。在非遗数字地图的基础上结合定位算法等对其进行扩展性提升,主要进行地图风格设计、地图切片、移动终端显示及非遗项目景点信息添加,呈现完整的徽州非遗项目相关地理信息定位系统。提升和完善非遗数字地图的功能,并进行创新项目加值,如旅游交通导航、文化旅游购物、地理信息定位等。

第四章
公益与市场：徽州非物质文化遗产传播的逻辑

徽州非遗资源的媒介化呈现是一个有目的性的、针对消费需求的，对传统文化资源的选择、呈现、转化和市场增值过程。

第一节　非遗传播困境与模式选择

哈罗德·英尼斯认为，人类传播的目的之一是对时空的征服。他所提出的时空偏向理论认为，传播媒介存在着时空偏向性。"偏向时间"的媒介易于长久保存却难于运输，这种媒介重视"时间的连贯性"。"偏向时间"的传播社会拥有丰富的口语传统，个人以语言充分表达人类各种丰富的情感。人类的传播活动是非物质文化遗产存在的基本形式，以面对面的语言交流为主，这说明非物质文化遗产的传播具有时间偏向性，"遗产"这一名词同样说明了非物质文化的主要传播偏向。非物质文化遗产也会利用金属、石头等易于保存的客观物质充当载体（如传统手工艺技能实践），但人本身是它最主要的传播媒介，"人"集非物质文化遗产符号创造、传播、解释于一身。非物质文化遗产传播同样存在空间扩张，但不是为了征服空间，更多地是基于人类最基本的物质生活需要，体现在具有相同社会属性的人的"交往"中。

王文章在《非物质文化遗产概论》一书中提出，非物质文化遗产具有传承性与流变性两个特点。传承，即非物质文化遗产的继承，是指文化从一代人传到另一代人的过程，如民间艺术文化的时代传递、语言文字的历代传递。等文化传承具有人为性、时间性、延续性和继承性等特点，是一种纵向传播，更是非遗传播的重要组成部分。流变性贯穿于非物质文化遗产传承与空间传播双向传播过程中，是独特性、综合性、动态性、地域性四个基本特点影响与制约其传播的具体体现。非物质文化遗产资源是具备历时性的活的文化，社会系统内的正常传播是其生存发展的本质属性，但是历时性的存在也意味着其在一定程度上的传播困境。

在联合国教科文组织的推动和倡导下，国际社会对非物质文化遗产的保护、传播与利用愈发重视。2005年，国务院办公厅颁布了《关于加强我国非物质文化遗产保护工作的意见》，明确要求"加强非物质文化遗产的研究、认定、保存和传播"。2011年，通过并实施了《中华人民共和国非物质文化遗产法》，将非遗保护、传承、传播、利用等内容上升至法律层面，提升了非遗保护与利用的法理依据。该法第四章专门规定了"非物质文化遗产的传承与传播"：

第二十八条"国家鼓励和支持开展非物质文化遗产代表性项目的传承、传播。"

第三十条"县级以上人民政府文化主管部门根据需要……支持其开展传承、传播活动的其他措施。"

第三十一条"非物质文化遗产代表性项目的代表性传承人应当……参与非物质文化遗产公益性宣传。"

第三十二条"县级以上人民政府……组织文化主管部门和其他有关部门宣传、展示非物质文化遗产代表性项目。"

第三十四条"……新闻媒体应当开展非物质文化遗产代表性项

第四章 公益与市场：徽州非物质文化遗产传播的逻辑

目的宣传，普及非物质文化遗产知识。"

第三十五条"图书馆、文化馆、博物馆、科技馆等公共文化机构和非物质文化遗产学术研究机构、保护机构以及利用财政性资金举办的文艺表演团体、演出场所经营单位等，应当……开展非物质文化遗产……宣传、展示。"

从上述法律条文中可以看到，目前对非遗的传播主要是政府主导、社会和市场参与等模式下的组织传播、大众传播、人际传播。在政府的指导下，由社会组织和传承人完成非遗的保存和传播，市场参与传播是通过产业融合、产品消费运作来实现的。无论哪种传播模式都以人为核心，共时性和历时性交织，不同传播模式对非遗的本真性以及完整性等方面会导致不同的效果。非遗在传播过程中扮演着独特的社会角色，在传播文化的同时，也呈现出多彩多样的文化特质，传递着特定的社会价值观念，同时促进了社会经济的发展，很多非遗的传播过程就是文化产品的消费过程。当前政府的非遗工作原则是"保护为主、抢救第一、合理利用、传承开发"，这反映了出最大限度保存文化多样性的目的，因此从传播的角度看，政府更关注的是非遗的纵向传承和传播，并且选择了公益性的传播模式。由市场参与的另外一条传播路径，则是从产业角度出发的传播模式。二者并不冲突，而是相互促进的过程。

在传统社会中，非遗传播基本以人为核心；当社会进入大众传播、数字传播时代，非遗传承与传播的文化场域遭到了冲击与破坏，新兴媒介消解了传统的传播模式，经济文化的发展和媒介技术的介入也消解了这一模式，非遗出现了传承危机和传播困境。

首先，非遗作为复杂的文化符号，是集体意识的体现，无论是传承人个体还是政府、社会组织都很难对非遗进行有效解释与准确传播。另外一方面，非遗是一种活态文化形态，在传承与传播过程中可能会发生形式或内容上的变异，不同的传承人对同一项目的理解也会出现差异，故而传承人的传播会出现个体化的倾向，可能导致非遗文化事象的固化和同一化，从而失去文化活力。

其次，非遗所面临的场域特色是现代化——工业化、信息化和城镇化。非遗是传统社会的产物，多源于农耕文明、以传统手工艺为依托的文化样式。非遗的表现形式和内容载体天然具有传统性。徽州非遗体现了传统文化、伦理道德，通常以传承人和手工艺品为载体呈现，非遗的"编码"符号体系和被受众所"解码"的符号意义都是在传统社会环境中形成的。现代化是一把"双刃剑"，在带来物质丰富的同时，也严重压缩了非遗的传承与传播空间。

最后，新兴媒介打破了传统非遗传播过程的人际关系链条——"人—人"——共时性参与传播、即时交流与反馈。随着媒介技术的发展，非遗传播演变为"人—'场'—人"的传播，在地互动与即时反馈被"间接与远程"所替代。传播模式的流变弱化了非遗传受双方的在场性与互动性，数字技术的介入使得非遗传播出现"拟态化"的情形。李普曼认为，媒介构成的"拟态环境"不是对客观现实"镜子式"的、全面的和真实的反映，而是与客观现实发生了一定的偏差和位移。根据该理论，非遗通过新兴媒介进行的传播，呈现出间接化倾向，在内容及审美上势必会产生偏差。

一、时间线性：历史挖掘与文化保留

将非物质文化遗产的传播作为一个"过程性"行为——传播即动态的过程，该过程并非指文化信息在时空中的直接扩散，而是在时空传播过程中维持其文化意义。因此，非遗传播是一种参与式、创造性以及共享性过程，其意义不只在于分享非遗基本信息，更在于共享非遗所表征的文化符号和文化意义。

（一）代际传播

非物质文化遗产作为一种社会集体记忆，其传播中的内在形态主要是传播内容所呈现出来的知识、意识、观念等具有文化内涵的价值。一般而言，在人类的传播活动中，非物质文化遗产传播的具体内容均可以统括为寄托在形式内容中的文化内涵，是一种无形的意义表达。这种意义表达是非物质文化遗产的内在形态，蕴含在先辈们从日常劳动生活中产生的对生死、自然、天地的某种态度之中，因人类的代际传播活动而成为一代代人满足精神需求的文化记忆。

（二）档案传播

在联合国教科文组织文化遗产保护体系的构建实践中，均强调了文化遗产档案式保护的重要性。联合国教科文组织力求依靠《保护世界文化和自然遗产公约》（Convention Concerning the Protection of the World Cultural and Natural Heritage，1972 年）之《世界文化遗产名录》、世界记忆工程（Memory of the World，1992 年）之《世界记忆名录》《保护非物质文化遗产公约》（Convention for the Safeguarding of Intangible Cultural Heritage，2003 年）之《人类口头与非物质文化遗产名录》，囊括人类所有杰出的文化遗产，防止社会记忆的遗失。

从文化视角看，徽州非物质文化遗产档案体现着该文化区域内各类非物质文化遗产项目的传承谱系。《中华人民共和国非物质文化遗产法》明确提出了应建立非物质文化遗产代表性项目名录，将体现中华民族优秀传统文化，具有历史、文学、艺术、科学价值的非物质文化遗产项目列入名录予以保护，并鼓励和支持开展非物质文化遗产代表性项目的传承、传播，而针对非物质文化遗产代表性项目所属地方政府和代表性传承人则提出了相应的传承与传播义务与责任要求。截至第六批名录，安徽省内共计收录非物质文化遗产名录省级五个批次共计 622 项（含个别市区共同申报的非遗事项）。相关内容在地方各级政府的数字化平台、图书馆、档案馆、博物馆、研究机构等主体上均有呈现。以安徽省文化厅主办的"安徽文化云"[①]为例，用户可

---

① 参见安徽文化云：http://ah.wenhuayun.cn/beipiaoInfo/czfrontindex.do?module=WHYC。

以在线浏览非遗信息，检索非遗项目及传承人的图文影音信息，直观地浏览辖区内非遗项目及传承人的相关信息。

徽州非遗档案是徽州文化符号和历史文脉的载体，具有很强的文化属性。在数字环境下，徽州非遗的档案式保护、数字文化资源建设和数字非遗传承与传播等各环节具有很强的内在联系。档案传播将非遗的历史脉络、现存状况归类整理并呈现，更新了非遗表现形式，是适应当下传播方式的最系统、权威、主流的非遗保护方式。非物质形态的文化遗产，多是人类历史有声的记忆、鲜活的承载，以其形象的表现向人们传述着历史。[①] 非遗传播让历史跨越时间，保留下不同时代、地域、国家、民族的社会生活及发展状况，并作为真实的人类遗存，对于历史考究和文化记忆的补充、纠正具有重要价值。非遗的传播在时间线性上保留了人类回看历史的权力，是对优秀的传统文化资源的挖掘和保留。

二、空间广度：文化交流与价值再生

(一) 跨地域传播

任何遗产都与"地方"联系在一起。严格地说，迄今为止，世界上还没有任何一类遗产可以不依靠地方而存在。即使是非物质文化遗产中的"信仰"亦不是凭空存在的，它与人群和地域同样具有依存关系。

斯图尔德在1955年提出了"文化生态"的概念，阐述了不同地域环境下孕育不同的文化样态，文化变迁就是文化的融合与适应，强调人类文化与所处环境之间的关系。空间（space）是地方（place）的物理基础，在地方居民的认知经验、关注爱护、赋予意义并产生共同记忆的基础上对一个社会空间概念拥有特定含义。[②] 徽州非物质文化遗产承担着一定历史事件积累过程中在徽州区域发生的人类活动及其产生的共同记忆，有效的非遗传播是

[①] 参见蔡靖泉：《文化遗产学》，华中师范大学出版社2014年版。
[②] 郭鉴：《吾地与吾民：地方文化产业研究》，浙江大学出版社2008年版。

第四章　公益与市场：徽州非物质文化遗产传播的逻辑

人类共同记忆的符号化传播，能使得彼时彼地的信息接收者获得文化共享者（文化记忆共享）的身份，得到对于地方的情感和记忆，从而产生对于特定物理空间的特定情感。

正如胡适所言，对徽州人来说，有所谓小徽州与大徽州。小徽州即徽州本土，大徽州则指徽州以外的华夏大地乃至海外的广大空间。徽州文化既发达于徽州本土，又活跃在华夏大地。徽州本土的狭小促成了徽人的向外扩张。最初当是一种不得已行为，而后则成了一种社会风尚。①传统的跨地域传播主要依靠人口流动，包括人口迁移、商业贸易、旅游访学等行为。一定区域内的居民作为区域文化的组成部分和传播个体，在"异地"成为区域文化的代言人和传播者。

空间上的文化传播又称文化扩散。美国学者将文化扩散分为两种类型，一种是迁移扩散，另外一种是扩展扩散。②迁移扩散是指人口迁徙将文化事象从迁出地带入了迁入地，在地理空间上表现为不连续状态。扩展扩散是指文化事象从发源地为原点逐渐向四周散布，在地理空间上表现为连续状态。前者契合前文所述的大小徽州理念下基于人口迁移、商业贸易、旅游访学等地理空间不连续行为的文化传播，而后者则更倾向于形成同一类文化在相近区域内产生部分差别。以徽州绿茶制作技艺为例，目前被列入该项国家级非物质文化遗产的地区包括黄山市徽州区、黄山区、裕安区三处，在相似的地理、文化区域内，绿茶制作技艺因地方茶叶品类、饮茶习惯等差异，存在黄山毛峰、太平猴魁、六安瓜片的差异，而在具体操作上和历史文化记忆中，其承载的地方传统则大同小异，既相互影响又相互促成。

（二）跨媒介传播

面对非物质文化遗产所处的由现代传媒、视觉文化和文化产业等主流文

---

① 栾成显：《徽州文化的形成与演变历程》，《安徽史学》2014年第2期。
② 周尚意、孔翔、朱竑：《文化地理学》，高等教育出版社2004年版，第192、177—178页。

化所构成的当代语境,我们需要采取措施对非物质文化遗产传统的自发式传承的方式进行促进、辅助与弥补。一方面,我们需要对非物质文化遗产传统的传承方式进行维持与扶持;另一方面,要以大众传媒、文化产业和现代教育促进非遗在当代的传承与传播。

在视觉文化的影响下,"当代社会和文化越来越倾向于视觉化,这就导致了一个所谓'以形象为基础'的现实的形成"[1]。这个由传媒及其中的信息内容构造的"拟态环境"其实是一种以视觉为基础的环境,即一种"可看"的环境,这也意味着那些无法被"看到"的文化内容难以进入主流文化系统中,难以进入人们的认知领域而逐渐被淡忘。[2] 针对不同的媒介形式形成的不同的媒介文化群体,跨文化传播更多的是一种虚拟层面文化语境的变化,以不同媒介的区分为主要依据。

徽州具有强烈的地理识别特征和丰富的文化底蕴。媒介的选择和呈现遵循着媒介的逻辑,包括吸引力、娱乐性、视觉化导向等,不同媒介呈现出不同的传播特征。

自2002年专题纪录片《华夏文明》起,上百部电视节目直接展现了徽州文化资源,节目数量呈现出阶段性发展与增加的特征,自媒体的介入使得创作门槛降低,大量信息平台的出现给信息交流提供了上传、分享的空间。徽州文化资源的电视形态转化不仅是专业创作的垄断性创作过程,还有大量的用户生产内容出现,而徽州独特的地域自然风貌和文化内涵提高了公众的认知度和忠诚度。2023年2月9日,以皖南徽州(歙县)故事为题材的古装悬疑电视剧《显微镜下的大明》在网络平台热播,再度引起了徽州文化遗产讨论高潮。目前与徽州相关的电影、电视剧作品以取景为主,典型作品有《菊豆》《卧虎藏龙》《武林外传》《徽娘宛心》《大清徽商》等,影片中对

---

[1] 周宪:《视觉文化的转向》,北京大学出版社2008年版。
[2] 陈少峰:《非物质文化遗产的动漫化传承与传播研究》,山东大学博士学位论文,2014年。

第四章 公益与市场：徽州非物质文化遗产传播的逻辑

徽州形象的呈现以传统建筑和历史人物背景为主要内容，将徽州的历史景观一一呈现于荧屏之上。囿于作品形式，徽州文化资源在这些作品中更多地被视为环境背景，以徽商、徽州女人为代表的历史人物设定和诚实守信、勤劳勇敢、团结爱国的徽人精神成为提供剧情环境和逻辑结构的历史资源。影视作品选择典型文化元素进行呈现从而交代剧情的自然和历史背景，并营造充分的历史细节与真实环境，具象化地表现了徽州文化地生态环境，有利于在故事情境中对于徽州文化资源进行更为全面的展示。徽州文化遗产既是真实历史的见证者，同时也是影视作品尊重历史、制作精良的重要保证：一方面拓宽了徽州文化遗产的传播渠道，扩大了其影响规模；另一方面也提高了影视作品的艺术水准和文化底蕴。

以电影《菊豆》为例，作品以徽州山区传统的染坊生意为载体，将人物命运与各种要素相对照：一方面，传统建筑的封闭独立给剧情的艺术创造提供了虚拟、独立和假定的空间；另一方面，徽州家族关系中的封建传统为人物关系的变化和情节发展提供了历史背景。道德的悖论可能是徽州封建思想背景下的历史悲剧，同时也是基于影视创作的艺术想象和选择加工。影视作品的假定性和艺术性使得其在创作过程中，必将对呈现内容有所选择和创造。以电视节目《极限挑战》为例，在其拍摄的徽州特辑中，大量使用了徽州地域符号，在现实生活中构建了一幅典型的明清徽州图景。

相较于电影电视作品，纪录片的创作过程更加具有针对性，对于徽州文化遗产的表现更加突出其地域特征和属性，并在表现手法上更多地尊重历史现实和现存真实，具有一定的档案意义。相比较门户网站上公文式和统计，纪录片更具有形象化特征，通过对文化遗产的视听解读，"热信息"被加工传递。与徽州文化资源相关的纪录片中涉及的文化资源类型丰富，主要用以表现徽州人物、徽州传统技艺、徽州建筑、徽州饮食等内容。纪录片以解说加静态表现方式为主，部分加入创作过程和流程解析。以《大黄山》为例，全景式地展示了黄山的自然美景及其所代表地徽州人文景观。其中,"筑梦徽州"介绍了自公元 4 世纪中原文明南下,前后三次迁徙潮让一个个名门大姓扎根在山里的世界;黄山脚下的古村落和民居,连同与之相伴相生的传统工艺,传递给世人一份以徽州为名的匠人精神和精美工艺合集,形成了独树一帜的徽州风格。

数字媒介环境中非物质文化遗产的传播,必然具有数字化传播特征。数字媒介的传播方式,最大的优势在于跨越时空,既可以异地在线传播,也可以异步传播。从传播流向来看,数字化媒介普及之前,口语传播、文字传播、印刷传播乃至电子传播大多为点对点或点对面的单向模式,受众处于被动接受状态;数字媒介普及后,受众由相对被动的消费者与接收者转变成更加主动的使用者、选择者和产消者(pro-sumer),能够积极利用数字媒介进行内容生产和传播实践。从传播过程来看,数字媒介传播不仅是从生产者到消费者的线性、单向过程,传播的扩散观、传递观进一步演化为传播的互动观。① 一方面,数字媒介创造了新的概念系统、新的社会互动与语言表达体系,打破了传播的时空规定性,开启了更为互动的传播范式;另一方面,传播内容与传播过程均是在特定的社会文化情境中发生的,公众有权选择如何生产、创造、理解和应用。② 全景扫描或 3D 摄像将民间文化记忆或传统手工艺制作全过程通过数字化编码,构建非遗数据库,并进行分类加工、整理,通过媒介融合,生成多元化文化产品形式,以实现动态传播。③ 遗产传播是一个增值过程,在数字媒介的作用下,遗产的传播价值和效用更大,文化如同知识,越是分享其价值和效用越大。在此,对非遗传播价值增值做一个程式化描述,即:

---

① 韦路、丁方舟:《论新媒体时代的传播转型研究》,浙江大学学报 2013 年第 5 期。
② 韦路、丁方舟:《论新媒体时代的传播转型研究》,浙江大学学报 2013 年第 5 期。
③ 常凌翀:《互联网时代西藏非物质文化遗产的数字化传播路径》,《中央民族大学学报》2014 年第 3 期。

第四章　公益与市场：徽州非物质文化遗产传播的逻辑

$$V=(CH+P)^{C} \quad (1)$$

遗产传播的价值在于遗产信息与知识在公众之间的分享与传递，包括横向传播扩散和纵向传承与传递。在程式中，V 表示 value，是指文化遗产经过共享、传递、传播，加上接受者自身的理解和加工，所产生的社会价值、审美价值、科学价值、经济价值等；CH 表示 culture heritage，是指某种文化遗产的所有信息点，如上文所述的文化遗产的传播内容；"+"表示 digital media，是指数字传播载体；P 表示 person，指掌握某种文化遗产知识或信息的所有人或组织，包括专家、政府、公益组织、传承人、利益相关者等；C 表示 communication，即遗产信息内容在不同主体之间的有效传播。遗产的数字媒介传播以网络为基础，即程式中的 C（传播与共享）；符合梅特卡夫原则①，即遗产传播主体愈多则遗产价值愈大。传播范围越广、受众越多，其效果和效应就越大，更加促使社会力量参与到遗产保护与发展中来，使得公众能够更加广泛、深刻地认识遗产，培养自觉的遗产保护意识，合理利用遗产；给予公众文化熏陶和文化体验，提高社会公众的遗产素养，从而使得遗产得到更好的保护和传承。②

在媒介的发展推动下，非物质文化遗产传播的意义空间发生了变化，从着重于文化共享过程与传承认同的初始意义，渐变为由媒介科技化介入之后的被表述、被干预的意义呈现。通过现代媒介传播的民俗艺术能够被媒介能动地反映与创造，而媒介技术的影像传播也造成了民俗艺术传播现场感的缺失与人际交流的淡化，媒介科技化与民俗艺术传播的互动关系将进一步促进关于民俗艺术传播意义空间的探寻、阐释与反思。③

---

① 周荣庭：《运营数字媒体》，科学出版社 2012 年版，第 65 页。
② 秦枫：《非物质文化遗产数字化保存与发展研究——以徽州区域为例》，中国科学技术大学出版社 2021 年版。
③ 李颖：《论民俗艺术传播的"意义空间"》，《民俗研究》2016 年第 2 期。

三、跨越时空：整体性传播实践

非遗传播是一个典型的文化传播过程，在这一过程中，时间和空间相互交融，不同的传播方式在特定的时空内共同存在并彼此影响，在秉持非遗人类学的价值内核原则前提下，将非遗进行改编，使其符合社会文化价值。非遗由此在特定的时空环境中，表现为非遗本体相对稳定的传承形态和跨时空传播中提取、融合、变异的衍生形态。杨红在其研究中将这种非物质文化遗产及其衍生的文化意义（包括人类无形文化创造）描述为类似于 DNA 的双螺旋结构，其中的两条主链分别对应非遗传承形态和衍生形态。两者在历史演进中不断通过"链接键"进行交替连接，以螺旋上升的方式围绕着共同的轴心盘旋衍生，形成双螺旋构型。[①] 两条主链缺一不可，且两者不断通过"链接键"进行交换、输送，这是螺旋结构得以稳定并保持运动的基本条件。这些"链接键"就是传播渠道，其中包括自发性的文化传播，也包括有意图、有组织性的传播行为。

这里针对非遗传播实践提出整体性传播策略。非物质文化遗产整体性保护原则既是国家法律的指导要求，也是基于不同类别的非遗发展现状——记忆型非遗项目与技艺型非遗项目二者属性不同——提出的策略，针对记忆型项目传播难以独立开展、传播资源有限等现实困难，将非遗项目按照文化脉络整合起来进行整体性传播，实现"1+1 > 2"的传播效果，这似乎是相对现实的选择。从传播理念、传播渠道、传播效果环节考量，非遗整体性传播分为三个模式：一是以政府为主导的文化项目宣传，该模式自上而下、单向度地传播，以政府为非遗项目的代言人，非遗项目在传播过程中可能会出现失真情况；二是以市场为主导的非遗项目自发性的商业传播，该模式以市场利益为出发点，选择具有市场属性和生产属性的非遗项目进入传播过程，相

---

① 杨红：《非物质文化遗产展示与传播前沿》，清华大学出版社 2017 年版。

对忽视了没有商业价值的非遗项目；三是协同式、整体性传播，在市场、政府、民间、学术等各主体协同下，以文化发展和传承为着眼点，兼顾各主体之间的利益诉求，推动非遗的传播进程。在整体性传播范式下，从政府的文化事业发展角度出发，能够聚集更多的专业经济、政策、学术因素给予非遗项目支持；而从项目参与者、传承人的角度出发，市场准入、传播平台等硬性条件的限制降低，个体发展困境得以解决，能够更专注于非遗项目本身，不仅有利于保证非遗的"原真性"，还有利于个体在良好的时代氛围下创造出新的内容。这是文化生态学视角下的必然，文化产生于人类生活，也在人类生活中发展演变，时代不能改变的是文化发展的本质属性。

第二节 认知—认同—传承：徽州非遗传播的公益逻辑

一、认知：非遗符号编码

非物质文化遗产可以理解为经由人体符号以及物质载体在人类个体或群体间世代相传的、遵循相对固定编码和解码方式的文化信息。[①] 非遗在传承过程中形成了自身独特且完整的符号系统，每一项非遗都是一个文化符号群落——具有独特的符号意义系统。非遗的形成是一定的文化内核附着在物质成分上的过程，经过普遍认同生成了约定俗成的符号意义。正是符号将非遗构建为一个完整的意义体系，通过符号意义的生成以及符号与符号的关系形成了完整的文化意义系统。

编码/解码理论是文化研究的经典理论。本节采借霍尔的编码/解码理论，将之应用到非物质文化遗产传播过程解读——从民间话语到制度话语、市场话语的转化，从现实社会文化向新型媒介或虚拟世界的转化，从生活语

---

① 何华湘：《非物质文化遗产的传播伦理问题初探》，《社科纵横》2013年第1期。

言、行为等向数字语言的转化。编码/解码理论由霍尔在 1973 年 9 月《电视话语的编码/解码》的文章里提出。① 当时，莱斯特大学大众传播研究中心组织了主题为"批判性阅读电视语言的训练"的欧洲学术研究座谈会，霍尔当时提交了长达 20 页的大会发言稿，在会上引起极大反响。此后该理论引起了媒体文化研究领域的学术关注，霍尔的理论声望由此确立。同年，该文章被收录到伯明翰当代文化研究中心的媒体研究项目里。1980 年该文章正式刊出——被收录到伯明翰学派的理论著作《文化、媒体、语言》中。随后，该文章被收编到各种文化研究著作中，而且被翻译成其他语言并被大量引用。当该篇文章以书籍形式出版时，题目已更名为《编码解码》。其间霍尔对文章做了增减，内容更加精炼，进一步完善了理论的阐述。19 世纪 40 年代，美国大众传播研究的主要模式为信源—信息—接收者（图 4-1）。

图 4-1　大众传播模式示意图

霍尔借用了这个模式，但从根本上改造了这个模式。在霍尔的话语实践中，当把三维现实时间进行二元表征时，无法意指所有的相关概念。按照霍尔的理解，信息传播存在不对称性。传者按照一定的逻辑关系将信息编码包装，经过一定的信道向受者传递，当这一包装好的信息被接受者打开的那一刻，信息便按照受者的逻辑产生了意义，这个逻辑是否与传者一致、意义理解是否达成了传者的目的，整个过程存在着不确定性。霍尔对编码/解码的阐述如图 4-2 所示。

与传统大众传播研究中"发送者—信息—接收者"的线性模式不同，霍尔提出编码/解码的新模式，使得意义阐释与解读更加多元化。在该过程

---

① 参见 Stuart Hall, "Encoding/Decoding", in *Cutural, Media, Langueye*, Stuart Hall, Dorothy Hobson, Anthdren Lawe, Paul Willis, London:Hutchinson, 1980。

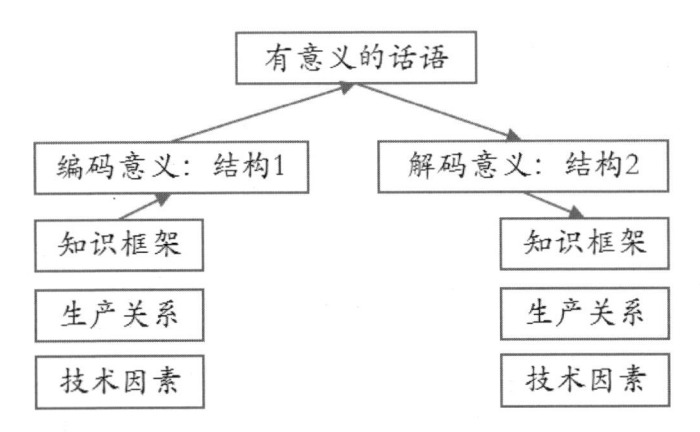

第四章 公益与市场：徽州非物质文化遗产传播的逻辑

```
                    有意义的话语
                    ↗          ↖
        编码意义：结构1        解码意义：结构2
          知识框架              知识框架
          生产关系              生产关系
          技术因素              技术因素
```

图 4-2 编码/解码示意图

中，霍尔将编码意义界定为结构1，把解码意义定义为结构2，两个结构因为受到传者和受者双方的知识框架、生产关系和技术因素的约束，其意义可能并不相同，即编码所设定的意义与解码所生成的意义"不一致"，二者没有直接的线性传递，也没有对称的符码解读。正如霍尔所言，观众对媒介信息的解码方式通常"不会构成'立即的一致性'（immediate identity）"[①]，即解码过程可能与编码过程不一致；解码过程存在"相对自主性"（relative autonomy），因为"传播者与接受者之间有结构性的差异"，进而会选择性误读或超读（read past）编码的意图。[②] 正如霍尔所述，编码者通过传播机制将代码构建出来的具有意义的话语传递给解码者，只有解码者接受并认同编码者的意义，才能收到应有的传播效果。作为信息另一端的解码主体，对意义的解码会受到其自身的社会地位、文化结构、价值观念等因素的影响。

霍尔的"编码/解码"理论颠覆了传统大众传播模式——受众是被动的，它强调受众可以按照自己的心智来阅读与阐释所接收的信息，也可以重新赋予信息不同的文化意义。整个"编码/解码"过程就是一个意义接收、加工

---

① 参见武桂杰：《霍尔与文化研究》，中央编译出版社2009年版。
② 参见武桂杰：《霍尔与文化研究》，中央编译出版社2009年版。

与再生产的过程①，意义的接收与理解是多元化的、相对开放自主的，而不是线性的和单一的，解码者可能完全接受编码过程的意义，或者部分地理解或接受；接收者也可以根据所接受的意义进行再生产再加工，进行新的解读与诠释，形成新的意义模式；抑或不接受或对抗原有的编码含义。

霍尔的编码/解码理论，成为大众媒介解码的经典模式，即三种意义的解读模式，如图4-3所示：

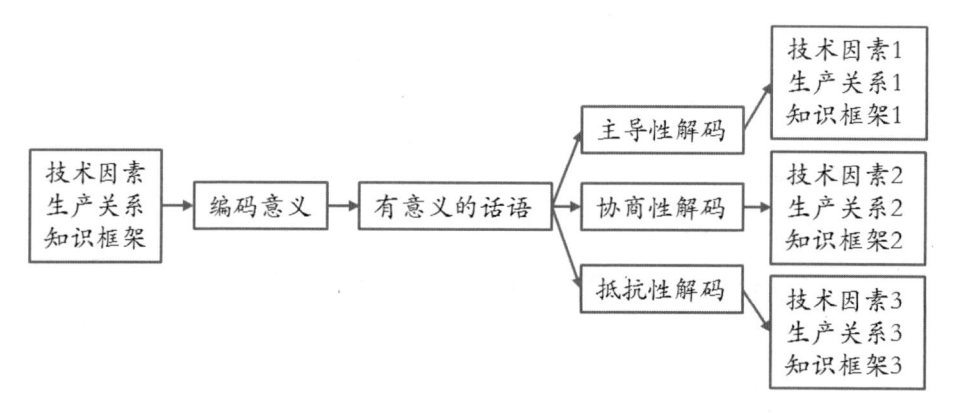

图4-3 媒介信息解码的经典模式

对于同一文本——"有意义的话语"的解码，一般来说编码者鼓励解码者按照事先编码逻辑进行解码，即"推介意义解读"或者"主导意义解读"②，但解码者并不会按照这个路径解读，因为他们受到生产关系、个体经验、知识框架和解码技术等因素的影响，会选择不同的解码模式。若解码者的背景结构与主导话语模式部分相同，可能会采取"协商性解码"；若解码者的背景结构与主导话语模式有直接冲突则采用"抵抗式解码"。霍尔的"编码/解码"理论显示了他的批判性意识。③

---

① 参见武桂杰：《霍尔与文化研究》，中央编译出版社2009年版。
② Stuart Hall, *Encoding/Decoding, Cultural, Media, Language*, Stuart Hall, Dorothy Hobson, Anthdrew Lowe, Paul Willis, London: Hutchinson, 1980, p. 256.
③ 参见武桂杰：《霍尔与文化研究》，中央编译出版社2009年版。

第四章 公益与市场：徽州非物质文化遗产传播的逻辑

对该理论的转借主要有两层意义：一是对理论的修正，本书在这里无意冒犯或挑战该理论的权威，所谓修正是指笔者认为对文化遗产的数字化首先要进行解码，而且是多元性解码，如果不能进行有效的多元解码，那么就无法进行有效的编码和意义的再解码。在这里，笔者尝试对此进行一个新的编/解码模式（图4-4）：

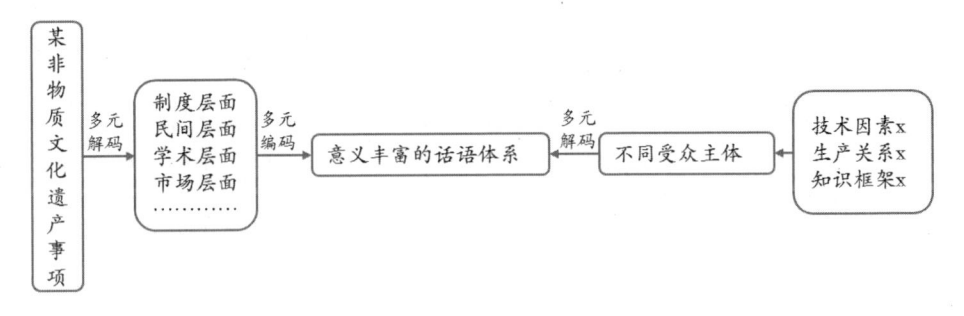

图 4-4 编码/解码修正模式示意图

文化遗产经历了传播创作后，一方面是站在当前时间节点对过去的守望，另一方面是对时间的延续。文化不是静止的物件，而是在不断的社会选择中被创造、被修正、被传承……非遗传播是文化信息编/解码的过程，通过传播来形成文化上的共鸣，而符码所对应的文化意义也是其成为非遗的原因。然而，不同传播主体衍生出的利益因素却使非遗在传播中出现了文化上的扭曲以及形式上的变异。

在这个模式图中，首先是对某项非物质文化遗产进行解码。因为不同的话语主体对非物质文化遗产的认知不一样，其阐释意义也不一样，每个主体对遗产的编码逻辑亦不同，因此会形成一个意义丰富的话语体系，不同的受众主体会对这个编码意义丛再次进行不同意义的解码。图中没有表达出来的是，每一种编/解码都存在"噪音"的干扰抑或对编解码有益的补充。

第二层意义是对该理论的丰富或延伸，所谓延伸是指将该理论进一步引入文化遗产的传播研究中，期待该理论能为遗产的传递、传播、传承提供良好的路径。前文已有谈到,在遗产数字化方面,将霍尔的"编码/解码"理论与计算机信息科学中的编码做一个"接合"。在笔者看来,霍尔的"编码/解码"理论同样适用于文化遗产的解读与传播。霍尔的理论是形而上的,可以在更宏观、更高层次上指导文化遗产的阐释;而遗产数字化的编码是技术层面的编写代码,将非物质文化遗产的各类信息进行0、1处理,使之符合计算机、网络等技术的读写机制。

非遗作为一种符号体系,其传播也就是符号的传播。符号是信息的载体,承载和指代了一定的意义。通过符号才能传递意义,符号是传播的基础单元。非遗的传播与发展,就是其符号体系的延伸与变迁。非遗本身就是一种文化形态,某个特定时空范围内的特定人群因共同生命体验而产生了共同认可的文化意义;非遗的核心就是文化意义,文化意义依托符号向受众进行传播和表达,取得受众的认知、认同,并在这一过程中实现非遗的传承。

二、认同:身份认同与群体归属

联合国教科文组织《保护非物质文化遗产公约》在对非遗概念进行界定时指出,"这种非物质文化遗产世代相传,在各种社区和群体适应周围环境以及与自然和历史的互动中,被不断地再创造,为这些社区和群体提供认同感和持续感"。

认同(identity)通常被译为"身份"或"同一性",以表达"我"或"我们"是谁——个体或群体的归属。认同从本质上来看,是对文化意义的认同,这种文化意义又可以被看作是"集体记忆"。认同是社会建构的产物,一个人要想在与他人的交往中构建个体的认同,就必须要和这些人共同生活在集体想象的"文化意义体系"中。如何将这种文化意义或者"集体记忆"进行循环或再生产,使之得以被传递和认同?非物质文化遗产作为一种集体记忆,它的建构是一个长期的、多面向的进程,既有当下对过去的诠释,也有过去对当下的启示,它是由文化遗产所在地的民众共同构建的。当地民众通过横

第四章 公益与市场：徽州非物质文化遗产传播的逻辑

向人际传播和纵向家族内部传递，将遗产知识和信息保存和传承下来。虽然在地民众的遗产记忆在表达上具有个人化、碎片化的局限，但这些嵌入日常生活的个体记忆却具有建立个人与地方场所之关系的关键作用。虽然这些表述和记忆不具有专业性和权威性，但是作为民众对遗产的认同和理解却具有正当性和合理性。当地民众根据自己对文化遗产的知识理解和实践经验，利用自己的闲暇和知识盈余，运用民间叙事视角，在一定程度上弥补学者阐释之不足。

在传统环境中，身体被视为文化记忆的载体和媒介，身体语言和头脑记忆把文化形态形成某种习惯并使回忆变得稳固，又通过强烈情感的力量使记忆得到加强。非物质文化遗产正是通过口传身授的方式进行传递与传承的。它作为一种文化记忆，是当代人产生认同的"文化意义体系"。"没有记忆可以裹上樟脑，免受蠹虫的侵害。"就目前的文化生态而言，非物质文化遗产的循环、传递以及再生产必须借助外力——介质载体，随着这些媒介的不断变化，记忆的形态也不可避免地随之发生变化——口传、书籍、电子、数字，每种媒介都会打开一个通向文化记忆的特有的通道。当下管理和传递非物质文化遗产的，不再只是族长、家长或遗产传承人，而是时代载体，如数字媒介等。[①] 在数字媒介传播下，如何保证非物质文化遗产知识和信息的真实性和完整性？协同过滤，即由一群"聪明的乌合之众"对遗产知识进行补充、审查和过滤。数字媒介平台上的每个人都具有自己的知识库，而公众之间的知识有交叉也有互补，恰恰互补的部分正是知识协同的前提。平台之上，每个人贡献一点知识，聚沙成塔，最终会对某一文化遗产现象做出全面而准确的阐释。[②] 这种公众参与让个体不仅仅是信息的接收者，还是非遗文

---

① 秦枫:《非物质文化遗产数字化保存与发展研究——以徽州区域为例》，中国科学技术大学出版社2021年版。

② 秦枫:《非物质文化遗产数字化保存与发展研究——以徽州区域为例》，中国科学技术大学出版社2021年版。

化的参与者,使得非遗传播活动既在现实空间也在虚拟空间中完成典型的仪式传播过程。在这种共同的信息空间中,参与者不仅是信息的传播者,同时是信息的接收者、评议者,多种身份的叠加是对个体社会化认知的一次信息轰炸,同时是对个人自我认知在单位时间内的集中刺激,使得信息的接受程度提高。

总而言之,非遗是被特定的社区、群体或个人世代传承的传统,隐藏在这背后的意义其实是某项非遗不在该社区、群体或个人之外传承。"所有的文化群体都会相对于其他群体来定义自身,他们或强调自身文化上的血缘关系或血统,或强调对其他群体的反对或敌意,以此建立认同感。"① 非遗使其共享者、传承者或传承群体确认某种共性与差异,并带给他们心理上的认可和归属感。"无论你的政治态度如何,无论你的年龄、性格如何,无论你有怎样不同于其他人的经历,无论你处在如何异样的生活环境中,非遗总会无形地把你同一定社会群体、一定民族牢牢地联系在一起,这是一个民族的每一个成员文化认同的依据,是整个民族所有子民的情感的'最大公约数'。"② 对非物质文化遗产的认同,微观上体现为传承者或传承群体对某项或某些非物质文化遗产的认同,非遗为传承人或传承群体提供一种归属感;从宏观上来讲,非物质文化遗产是中华优秀传统文化的重要组成部分,当将其作为一个大的文化整体看待时,非遗便成为整个中华民族的认同载体,为中华民族提供了文化上的归属感。③

三、传承:知识内隐与文化参与

公众借助数字时代的便利,在虚拟空间中对没有经验背景的"异乡"文化

---

① Loundes Arizpe, Intangible Gultural Heritage, Diversity and Coherence, Museum International,2004

② 刘魁立:《论全球化背景下的中国非物质文化遗产保护》,《河南社会科学》2007 年第 1 期。

③ 陈少峰:《非物质文化遗产的动漫化传承与传播研究》,山东大学博士学位论文,2014年。

第四章 公益与市场：徽州非物质文化遗产传播的逻辑

进行认同，这不仅体现在非遗传播中的时空变化上，还体现在传播内部非遗从传承态到衍生态的变化上，以及传播参与者在文化活动中的身份与行为上。

野中郁次郎认为，任何知识创新的过程都包括两类知识的相互作用和转化——一是显性知识，二是隐性知识，二者转化的过程就是新知识的创造过程。这个过程归结起来，就是个体之间隐性知识的共享和传递，可以生成显性知识；将不同的显性知识加工改造可以形成新的知识体系，这种知识体系又可以转变为个体的隐性知识。整个过程中，知识在内容上得到丰富，范围上得到扩展，意义上得到增值，形式上得到创新，形成了一种循环拓展的态势。野中郁次郎提出了 SECI 模型，该模型包括四个阶段：社会化（socialization）、外在化（externalization）、组合化（combination）、内隐化（internalization）。[①]

非遗传播的社会化阶段，是指个人难以规范化的"诀窍"、技艺等隐性非遗知识，共享给他人，转化成他人的隐性知识的过程，这一阶段以传统的口传心授、言传身教为主要方式，参与者以师徒、传承人、继承人内部的知识信息交流为主，是非遗个人经验转化成共享经验的过程。

非遗传播的外在化阶段，是指将高度个人化、不易传递的隐性非遗知识，用显性的概念和语言表达的过程，即通过个人的归纳总结或是集体的讨论整理，将原来相对主观的经验见解，凝练成适于用语言表达的、相对规范的系统化原理，进而将隐性非遗知识转化成显性非遗知识的过程。这一过程要求技能背后系统化原理的总结和外显，具有客观化的特点，就是利用文字、图像、声音等符号，把原本存在于非遗传承人脑中的隐性经验、诀窍或技艺表达出来，实现非遗知识的外显化，形成知识体系。这需要将原本抽象化、模糊化的知识，标准化、系统化地呈现出来，将隐性非遗知识转变成易传递、可重复的概念化常识。非遗传播至此完成了信息传播的符号编码，经

[①] 参见林东清：《知识管理理论与实务》，李东改编，电子工业出版社 2005 年版。

过制度、民间、市场、学界等多个层面，成为当下公众能够接受的媒介形态，为意义丰富的非遗话语体系奠定基础。

非遗传播的组合化阶段，是指显性非遗知识和隐性非遗知识的汇总、组合的过程。人们把现有的史实资料、论文期刊、书籍著作等加以梳理和整合，形成某一非遗门类的专业素材，成为可广泛传播、受专家学者和技艺传承人认可的"教科书式"素材。人们在接触信息时就如同玩拼图游戏，能够自行把各种从媒介获得的知识碎片拼凑、整合成新的知识整体，当前的信息技术支持和新媒体融合的环境，对增强非遗显性知识的"汇总组合"具有重要的推动作用。相对于存储在人脑中的隐性非遗知识，显性非遗知识借助信息技术支持和新媒体的传播，具备了多样化的存储和表现方式，可以存储在文件、数据库、网页、电子邮件、书籍、图表等介质中，还可以通过各种大众传播、人际传播渠道进行传播。但是，这种通过整理、增添、结合和分类，重新构造既有信息并生成新知识的方式，实质上只是把零散的非遗知识整理成系统的非遗知识，把某一传承人乃至某类非遗传承群体的知识变成大众可理解和采纳的知识，只是知识外显化的完成，就某一个体接受者来说，他们在整体非遗知识拼图中获得了原本知识碎片以外的新知识，然而对于某一非遗传承群体来讲，在知识储备上并没有真正的扩展。

非遗传播的内隐化阶段，是指个人在接触到文本化、规范化的显性非遗知识或系统原理后，经过消化吸收，结合生活常识、实践经历等具体情况，将所接受到的知识转化为个人隐性非遗知识的过程。例如，某人在观看了《大黄山》的文化纪录片之后，对徽州文化的自然环境、历史背景、发展脉络有了大致的认识，当有人提起徽州时，他就会立刻想起宣传片的内容，并能够初步表达个人见解。个人的隐性非遗知识的内化与个人的实践活动有着密切的关系，包括经验要素、认知要素、情感要素和信仰要素几方面。至此，非遗传播的基本路径已经完成，公众在完成对于非遗内涵的知识内隐的同时，实现了更高层面的身份认可。

第三节　符号—品牌—经济：徽州非遗传播的市场逻辑

一、文化符号：消费社会与文化经济

人类社会步入20世纪后，文化的地位愈发重要，文化已俨然与政治、经济并驾齐驱甚至大有超越二者的趋势。后现代社会到来后，这个时代最重要的变化就是"消费社会"出现。法国著名哲学家、后现代主义的理论宗师让·鲍德里亚（Jean Baudrillard）提出，消费社会的显著特点是，在商品的使用价值和交换价值之外，更加注重商品的"符号价值"。后现代社会的关键词是"仿真"，在仿真的逻辑支配下，追求非物质劳动的符号开发层面，即追求产品的文化附加值。①

当然，在后现代社会注重"仿真"逻辑的价值、"符号"的价值，这并不是在文化产业的发展中反对"生产"和"物质"的价值，反而在文化产业的发展中依赖工业的生产基础，这一方面可以理解为在物质本身的价值上追求潜在的符号价值，另一方面是在无形的符号价值中结合物质产品创造出更高的经济价值，总之，符号消费下的符号必须有一个"载体"来承担其所需要表达的文化价值，或再造或复制，不断延伸文化的价值链。

同样，后现代主义的到来促使文化不断深入发展，促进了符号学与人类学的不断碰撞与融合。在人类学家与符号学家的不断努力下，符号人类学应运而生，并在20世纪后期取得了快速的发展。人类社会现状昭示了"符号"之于社会文化发展的决定性地位。② 这些在文化领域的创新，为文化发展注入了新的活力，为社会经济带来了新的增长点。

纵观国外文化，其中充斥着"星球大战""哈利·波特"等大IP，这些成功的文化符号构建，不仅为人类的生活烙上了印记，为文化的传播提供了

---

① 叶舒宪：《文化与符号经济》，广东人民出版社2012年版，第174页。
② 叶舒宪：《文化与符号经济》，广东人民出版社2012年版，第10—11页。

平台，更获得了巨大高额的经济效益。因此，本节以徽州文化资源作为研究对象，从符号经济视域探究文化品牌的构建策略。

正如恩格斯所说，一门科学提出的每种新见解都包含这门科学的术语的革命。鲍德里亚在1972年出版的《符号政治经济学批判》一书中提出"符号的政治经济学"理论，开辟了符号经济的视野；美国经济学家彼德·德鲁克于1986年正式提出了"符号经济"的概念，他将经济系统分为两种，即实物经济和符号经济。

在当代消费社会符号经济视域下，倡导开拓文化产业并取得一定成绩，不论是隐喻的符号渗透还是高调打出符号旗帜，其实质都是以提高文化产品的附加值促进经济的高速发展，最后获得了成功。同时，以信息时代的角度来看待符号经济的发展，将会拓展出更大的潜在增值空间。符号经济集合了非物质化的信息、媒介、生态、都市、文化、环境、旅游、休闲、形象等经济典型信息系统要素与创新元素，尤其是数字化、数字文化组合后的数字制造业、信息产业核心技术的加入，全球化信息社会的形成，市场经济信息传播力、文化博弈力的组合，更使它在本土文化资源整合的文化资本扩张中成为国家战略产业与核心竞争力的主导力量，形成知识服务业的国家创新系统，深刻地改变了商业模式与商业资本。①

(一) 现状：徽州文化符号利用分析

1. 徽州文化符号利用的现状

关于徽州文化符号，可大致分为以下五类。

(1) 地标符号，即最具代表性、最体现当地特征的建筑、景区，使用频率最高的文化符号。在黄山风景区，有天都峰、莲花峰等这些山峰作为代表；而在天都峰中，又有"鲫鱼背""天桥""百步云梯""松鼠跳天都""天

---

① 皇甫晓涛：《符号经济与数字文化的国家创新系统》，《江西社会科学》2005年第11期。

上玉屏""童子拜观音""金鸡叫天门"等景点。

（2）节事符号，它是一种形象塑造的过程，包括节庆和盛事两个方面，是一个动态的过程符号。徽州的节事符号一般可以包括三类，即农事性节事符号、祭祀性节事符号以及庆贺性节事符号。

（3）标语符号，它是一种象征符号，其所指需要在建立之后被大众所接受，并且具有较高的传播性，包括标语、宣传口号等。如"一生痴绝处，无梦到徽州""黄山甲天下，松与石最奇""任他五岳归来客，一见天都也叫奇"。

（4）代言符号，也就是形象代言人。如徽州名人："新安理学"开创者朱熹、珠算大师程大位、"红顶商人"胡光墉（雪岩）、中国铁路创始人詹天佑、现代著名山水画家黄宾虹、现代著名学者胡适、徽派朴学领袖戴震。

（5）文化符号，指具有某种特殊文化意义的标识。广义上来说，上述四种符号均可理解为文化符号，包括地标符号、节事符号、标语符号、代言符号。狭义上来说，即承载徽州特定文化类型的符号。

徽州文化资源这五大文化符号所涉内容非常丰富，本书因篇幅所限只讨论最后一类。

2. 徽州文化符号利用的不足

众所周知，徽州文化资源大多集中于古徽州，即"一府六县"，但实际在发展文化产业的过程中却一直面临着地域的局限。大多数群众除却熟知"五岳归来不看山，黄山归来不看岳"的黄山风景区和中国美丽乡村的代表西递、宏村外，对中国三大显学之一的徽州文化并无过多涉猎。

由黄山市徽州区和中国青年报社所联合举办的"中国梦·浪漫红"大型旅游推介活动，是一次徽州乡村旅游符号化建构，以"中国梦·浪漫红"为主题，亮出了文化新符号。提出了包括"走进呈坎·一生无坎"——呈坎、"丰乐游歌·放飞心情"——丰乐湖、"观皇宫去北京·看民宅到潜口"——潜口民宅、探寻黄山毛峰之源——谢裕大茶博馆、"住徽派民居、吃农家土菜、品徽州文化"——徽州农舍等文化符号。①

无疑，上述符号化建构是专业的，可是并不能完全认为其非常成功。它在公众中的影响力并没有得到很好的发挥，人们对其关注度依旧不高。虽然举办了如此规模的旅游推介会，可是公众对徽州文化的认识并没有得到深入而充分的提升。为了在一定程度上改变这样的现状，需要对徽州文化资源进行符号化改编。应控制文化符号，用符号展现、编排生产徽州文化资源的行为和产品，将一切具有旅游价值的徽州文化"意义"具体化，同时要辅之一个完整有效的营销方案，对往来游客进行文化熏染，在无形中影响其对徽州文化的看法与印象，进而影响更多的消费群体，建构一个经济循环符号话语体系，并逐渐形成一种符号经济的生产与消费范式。

（二）策略：符号经济与徽州文化品牌发展

文化资源本身并不是一种符号经济，需要将具有文化特质的内容经过文化创意和文化编码转化成文化符号。因此，徽州文化资源符号化的进程首先需要提炼代表性的文化，再对文化特质进行创意性编码，最后对其进行符号化营销，方可使其转化为具有符号价值的文化资源。

1. 符号提炼：徽州文化资源的代表性符号

挖掘有利于产品及品牌形成和发展的符号要素，对徽州文化资源进行细分，提炼具有代表意义的文化符号，将多样化的徽州文化资源进行新的整合，实现部分之和大于整体的效果，促进徽州文化资源品牌发展之路的形成。

（1）徽州文化资源的分类

本节对徽州文化资源进行三大分类，如表4-1所示：

---

① 徽州区旅游委员会：《中国梦·浪漫红徽州旅游文化亮出新符号》，http://www.hsta.gov.cn/xinxi/html/13/130518145445.shtml。

第四章　公益与市场：徽州非物质文化遗产传播的逻辑

表 4-1　徽州文化资源分类

类别	徽州文化资源的内容	代表符号
历史文化资源	徽派建筑（古建三绝：古民居、古祠堂、古牌坊）、徽州三雕（石雕、木雕、砖雕）、徽州村落等	徽园
生态文化资源	黄山、齐云山、新安江、情人谷、太平湖等	徽景
地方特色文化资源	徽州民俗、徽州方言、徽菜、新安画派、新安医学等	徽风

笔者将徽州文化资源分为三大类进行符号化探讨，将之概括为历史文化资源、生态文化资源、地方特色文化资源。

第一类：历史文化资源。即可供现在和后人开发利用的人类历史遗存，广义来说它可分为物质的历史文化资源和精神的历史文化资源。

第二类：生态文化资源。即具有一定文化意义的生态自然风景资源。作为徽州文化资源中的生态文化资源，如黄山、齐云山、新安江、情人谷、太平湖等自然风景区。

第三类：地方特色文化资源。即由徽州人民在历史发展过程中创造和发展起来的具有徽州地方特色的文化。作为徽州文化资源中的地方特色文化资源，笔者将其细分为徽州民俗、徽州方言、徽菜、新安画派、新安医学等。

虽然将徽州文化资源从不同视角进行了分类，但并不是主张徽州文化资源独立发展，而是以徽州文化资源集合体作为徽州文化的发展中心，对不同资源进行不同的符号化发展，运用品牌的联想力将各个组块进行整合加工，利用符号的连带性特点实现整体徽州文化符号的构建，打造徽州文化图腾，从而产出更高的经济价值、文化价值等。

（2）徽州文化资源符号提炼

徽州文化品牌的宣传和传播，需要运用不同类型的符号，从不同的方面引导人们对徽州文化资源的感知，人们往往是透过这些符号才逐步形成对整个徽州文化本体形象的感知。本节主要探讨的是狭义的文化符号构建，提炼徽州文化资源的文化符号。

关于历史文化资源，以"徽州园林"（简称"徽园"）作为其代表符号，这不仅代表着园林的本身，更是代表着园林中的建筑、雕刻、布局技巧等。实际上，整个徽州就是一个大的园林，一个"中国画中的乡村"。因此，用"徽园"作为徽州历史文化资源的代表符号，最为贴切不过。

谈及生态文化资源，以"徽州景观"（简称"徽景"）作为其代表符号，顾名思义，"徽州景观"即徽州地域中的文化景观资源。在此，提取其狭义概念将其作为生态文化资源的代表，着眼于两个特点：一是具有文化意义，二是具有自然景观特点。用"徽景"这一符号作为代表，更加凸显出自然景观的文化特性。

对于地方特色文化资源，则以"徽州风貌"（简称"徽风"）作为其符号的代表，徽州风貌可以分为徽州的风土人情、徽州的地方特色、徽州的文化创造等。

2. 意义编码：徽州文化资源符号的深化

所谓意义编码，就是对文化资源进行深层次的信息处理，为所提取的符号赋予信息元素的过程。意义编码必须具有可识别性，合理的意义编码是关系文化资源符号成功打造的重要因素。成功的文化符号，或寓人哲理或振奋人心或影响久远，总之可以在人们心中烙下深刻的印记。对于品牌来说，并不是等待消费者前来消费，而是要运用自身的符号价值激励消费者进行消费。因此，徽州文化资源的品牌化需要对其进行深刻的意义编码。

（1）徽州文化符号标识的设计与色彩化

人们对徽州文化的感知是通过徽州旅游文化所传达出的各种信息形成的，不仅包括徽州本身所展现的景观和设施，还包括用以描述徽州的文字、图像、声音等各种信息，它们都赋予一个共同的所指——徽州文化资源的整体形象。

因此，徽州文化资源的符号化需要对其代表性符号进行深化，或创新或

第四章 公益与市场：徽州非物质文化遗产传播的逻辑

再造其代表性符号的形象标识。有鉴于此，笔者提出从"色彩"这一方面着手。试举一例，为徽州文化资源符号标识的设计提供些许思路。

"黑白·徽园"——历史文化资源。历史文化资源是徽州重要的文化资源，也是古人们留给我们最为直观的物质财富之一。选取"徽园"作为徽州历史文化资源的代表符号：一方面是因为徽州园林是徽州建筑的典型代表；另一方面，其园林中的雕刻作品正体现了徽州三雕的艺术特性。为了给人们带来视觉冲击，加强感观效应，为"徽园"这一符号进行色彩渲染，选取"黑白"一词作为其颜色基调。"黑白·徽园"一词来源于对徽州建筑的评价：粉墙黛瓦，雪白的墙壁，青黑的瓦。粉墙与黛瓦错落交叉着，涂抹在青山绿水间，有着强烈的色彩冲击。青绿的山水与黑白的村落，色调上形成极大反差，这几种略显单调的颜色，组合在一起构成了美学的轮廓。这便是江南古建筑最经典的特色。一方面，"黑白·徽园"作为一种审美符号，给人以对徽州建筑的直观印象；另一方面，"黑白"作为一种强烈对比色，有利于加强人们的感观记忆。

"青绿·徽景"——生态文化资源。"徽景"即具有文化意义的自然景观，在人们赋予了生态自然资源一种独特的文化含义之后，便形成了独具人间特色的生态文化资源。将徽州独具一格的山山水水——迎客之黄山、道家之齐云山、山水画廊新安江、瑶池仙境情人谷、江南翡翠太平湖等纳入徽州生态文化资源之中，以其直观的生态颜色特点，以"青绿·徽景"作为徽州历史文化资源的色彩代表符号。"青绿"是绿色植物描述词，徽州生态文化资源不仅有青山绿水的大好风光，更有极具代表性的黄山松。以青绿概括生态景观的最大特点，一方面给人直观的视觉感受，另一方面也隐喻了徽州文化中不屈不挠、勇于拼搏、生机勃勃的黄山松精神。

"驼红·徽风"——地方特色文化资源。"徽风"即徽商在徽州地区所形成的风貌与风俗，现称其为徽风皖韵，将其作为徽州民俗、徽州方言、徽菜、新安画派、新安医学等徽州区域特色文化资源的代表。"驼红"即驼红色，这一词来源于形容徽商的"徽骆驼"一词,是描述沙漠骆驼吃苦耐劳的颜色,是对徽州人的一种形象描述:历史上的徽州人正是以"徽骆驼"的吃苦耐劳精神及其贾道儒行的特点在明清时期构筑了一代徽商帝国。因此,提炼出了"驼红·徽风"这一颜色符号代表徽州地方文化资源。"徽风"使人联想到徽州的地方文化,其独特的文化吸引着国内外学者、文人墨客前来欣赏研究。"驼红·徽风"一方面是对徽州人品质的形容,另一方面是对徽州独特地方文化资源的再现。

运用"黑白""青绿""驼红"这三种颜色、"徽园""徽景""徽风"这三个词语作为徽州文化资源分类的符号色和徽州文化的分类形容,虽然在每类资源中强调资源的特殊符号性,但并不影响徽州文化资源的整体符号打造,反而是为徽州文化资源的整体开发提供了契机。

(2) 徽州文化符号的意义编码与品牌构建

"黑白·徽园"——历史文化资源的神话赋予。在消费时代下,人们不仅追求精致的物质享受,更钟情于精神性的感受。对于历史文化资源,如徽州三雕,人们不只希望可以细细观赏三雕的技艺,更是希望能在精湛的雕刻背后发现那一缕或称赞或凄美或可歌可泣的徽州故事。这就需要徽州文化学者们对历史文化资源进行一种创意式的开发,为"黑白·徽园"历史文化资源进行一种神话赋予,为历史增添一丝故事性魅力,加强徽州文化符号意义的编码,给予徽州历史文化资源另一种附加价值,延长文化产业链,从而拉动经济增长、文化价值提高。

"青绿·徽景"——生态文化资源的品牌识别。在这三类徽州文化资源中,生态文化资源是目前开发较好的一类。其具有不可复制性,是一种非常特殊的资源。如黄山,这座头戴世界自然遗产、世界文化遗产、世界地质公园三项世界性桂冠的"人类生态第一山",不仅因为其鳞次栉比的奇峰怪石,还因为人们为其赋予的多样性情受人喜爱。提及迎客松,众人皆知其不仅代表着黄山,代表着徽州,更代表着徽州对世界人民的欢迎态度。这就是一种

第四章 公益与市场：徽州非物质文化遗产传播的逻辑

成功的品牌文化符号的构建。对比黄山，徽州其他生态文化资源的品牌符号打造就显得任重而道远了。加强生态文化资源的符号再造，提高资源的品牌识别度，将为徽州文化资源的开发提供更宝贵的发展契机。

"驼红·徽风"——地方特色文化资源的融入发展。地方文化资源的适宜发展是徽州文化品牌成功打造的推动器，这是一个地方最具代表性的文化资源。地方性民族文化如何走出发源地、走向世界，一直是非物质文化遗产学家研究的重点。徽州民俗、徽州方言、徽菜、新安画派、新安医学等大多数情况下虽以精神文化的形式存在，但是它们终将依靠某一物质载体向人们展现。

在此，需要对地方特色文化资源进行一种再融入式的发展：一方面需要对其进行扬弃，丢弃封建腐朽思想，弘扬孝义等儒家思想，取其精华，去其糟粕；另一方面需要为其融入时代血液，创新地方文化的展现形式。建立、发展、巩固特色徽州文化品牌，使人们在潜意识中牢牢记住其文化含义，实现由符号向整个社会意识的转变，最终将促进地方文化资源的弘扬与传播。

3. 数字技术：增强徽州文化品牌符号构建的影响力

作为一个整体的徽州文化资源，不论是作为一个区域不可再生的文化名片——历史文化资源，还是具有极大自然力的生态文化资源，抑或地方特色文化资源等，随着时代的发展，它们都面临着一定的发展风险与契机。如徽州历史文化资源的代表——徽州三雕（这里特指现存于世的历史遗存徽州三雕作品），随着时间的推移，因保护措施有限，面临着损坏甚至消失的极大风险。又或者作为地方文化资源的代表——徽州民俗，随着外来文化的冲击，将面临着地方文化被同化的风险。

运用数字化高新技术手段和信息技术对徽州文化资源进行整合，将其转化为图像、文字、影像、语音等内容，形成一个历史文化典型信息的数据模型与演示符号表达体系，不仅可以对保护实物起到一定作用，也能激发人们更大的兴趣，从而促进徽州文化品牌的建构。运用数字技术，增强高新技术在徽州文化品牌符号构建中的影响力，一方面可以最大化地促进资源的保护，另一方面可以借助数字技术开发历史文化旅游、个性化旅游创意与策划、按游客需求生产个性化旅游产品等来促进新一轮徽州文化资源的开发。

4. 个性体验：拓展徽州文化消费路径、提升品牌联想力

消费社会注重个人感受，从一定程度上说这是一个体验时代。对徽州文化资源的开发不可忽视一点：创造和设计徽州文化体验，以独特的文化符号内涵和足够新奇的文化体验吸引旅游者，并形成一种品牌式的文化发展模式和文化消费路径。这种强调个性化感受、把个性体验作为商品来出售的经济类型便是体验经济，它是消费结构向高层次转变的标识。而品牌联想是指一切可以让顾客联想到的某个品牌的因素，它能够影响消费者的购买心理和购买动机，是品牌内涵塑造和个性强化的结果。作为历史文化资源代表的徽州村落，其最有名的便是西递、宏村两大古村落，人们慕名前往村中并不只是希望能一睹徽州古村落美丽的山水风景，更是想通过特定的方式来体验徽州古村落的生活，领悟一定的文化涵养。徽州文化的个性消费体验，其实质就是消费者对徽州文化资源符号意义的解码和传递。

在现代背景下，徽州文化资源的符号化要求以徽州文化资源为载体和平台，不断扩展消费者对徽州文化的个性化、差异化消费体验，引导其尽可能地将徽州文化资源深厚的文化内涵和外在产业品牌符号联系起来，进而建立品牌联想力，形成一种文化认同的多重体验。从而一方面满足消费者对徽州文化的特殊需求，一方面拉动当地文化产业的发展，带来一定的经济价值，推动区域经济的可持续发展。

5. 多元联动：寻求符号载体、推进产业融合、形成规模效应

首先，后现代社会认同生产的价值，一方面在物质本身的价值中追求潜在的符号价值，另一方面是在无形的符号价值中结合物质产品创造出更高的经济价值。总之，符号经济下的符号必须有一个载体来承担其所需要表达的文化价值，或再造或复制，不断延伸文化的价值链。例如，在探寻徽州文化

第四章 公益与市场：徽州非物质文化遗产传播的逻辑

品牌的发展之路中，不仅需要提取徽州文化资源的代表性符号，运用色彩加强符号的冲击力，更需要为每类色彩符号寻找适合的载体进行呈现。以"黑白·徽园"——历史文化资源为例，对其进行旅游纪念品的再造，为这类文化资源定制特殊的纪念品，不仅需要在颜色上强调黑白色，更需要以徽园作为纪念品原型。以此为产业思路，为每类文化资源量身定制特色产品，以旅游业带动其他产业的发展，不仅可以带来更大的经济效益，更可以增强人们对徽州文化的解码，逐步形成对整个徽州文化本体形象的感知。

其次，人们对徽州文化资源的消费仅局限在几个非常有名的旅游景区。一般情况下，消费者多集中于历史文化资源和生态文化资源这两大方面。一方面是因为这两大资源具有较大的可观赏性，同时具有不可再生性；另一方面是因为地方文化资源相对于前二者而言，与消费者的联系度不够高，品牌符号化构建程度不够深入。因此，为了徽州文化资源的全局发展，对三种文化资源进行产业融合，形成徽州文化资源发展的规模化效应显得尤为重要。可以将这三大资源看作一种商品，将其进行捆绑式销售。不断促进三大资源的融合发展，消费者将领悟到不同载体所呈现的不同的徽州符号意义，为消费者营造一种"来到徽州不体验全这三种文化资源，则无法真正体会到徽州文化的精髓"的直观感受。以旅游文化资源为中心，以创意的角度开发徽州文化资源符号，结合不同文化内容，发挥符号的连带性，增强符号与产业的融合，将看似独立却又相互联系的各类符号关联起来，组成一个完整的徽州文化符号，实现对徽州文化资源多元联动式的规模化开发，最终促进徽州文化符号品牌的成功构建。

诚然，并不是所有的文化资源都适合以符号经济的视域来看待，但值得一提的是："一切的文化，除了物质的形式之外，都是以符号的形式而存在的。"[①] 在符号经济时代，在世界文化不断朝着多元性、开放性、融合性方向

[①] 俞建章、叶舒宪：《符号：语言与艺术》，上海人民出版社1988年版，第1—29页。

发展的浪潮下，人们如何有效地提炼本土文化的符号性，创新本土文化符号的意义，并挖掘这些潜在的无形资产，带动经济的发展，复兴并弘扬本土文化显得愈来愈重要。

同时值得注意的是，考虑文化符号的场域性，在整个徽州文化资源符号化之路中都是至关重要的。徽州文化资源已是一种世界化的资源，在对其符号化的过程中，应该注意多元文化在碰撞与融合中所产生的可能性，注意不同文化的消费者在接触徽州文化资源符号时可能面临的排斥与误解。

最后，徽州文化符号品牌的构建还需要辅之以合适的传播方式和传播工具进行推广，发挥符号在文化资源发展中的作用。也需要考虑品牌符号的时效性和时代感，进行不同程度的品牌符号的更新，剔除其不合时代的元素，以保持徽州文化资源符号的时效性和新鲜感，保证品牌符号的生命活力。

二、品牌传播：徽州"议题"与文化符号

大众传播具有为公众设置"议事日程"的作用，影响着公众对周围世界的认知。新闻媒介所挑选并报道的话题较大程度上形塑和引导着公众的议程——或者说是公众讨论、思考和关心的事情。根据议程设置理论，媒体将某些特定类型的新闻社会素材至于突出地位，随着"信息价值"的被认定，某个特定议程构建过程中隐含的价值观意义得到公认。议程设置理论反映了媒体在议题选择方面的优先权，并说明了媒体议题和公众议题之间的关系，媒体的优先议题可以转化为公众的关注重点和舆论焦点。非遗传播既属于大众传播的一类，又因其内容特性具有独一无二的特征。由于不同类别的非物质文化遗产的来源和所需展示的内容不同，其在非遗传播过程中所属的议题也不同。

根据非遗传播的不同方式和影响，以及官方非遗的类别划分，可将非遗"议题"分为以下三类。

第一类是不以表演性为主要展示方式的传统知识和文化形态，以民间文

第四章 公益与市场：徽州非物质文化遗产传播的逻辑

学为主要代表项目。这一类非遗项目包含传统文学形式和文学作品，是最具抽象性的非遗项目，同时也是凝结着最丰富、深沉文学内涵的非遗项目。其在传播过程中要求信息的传受者均具备较强的历史、文学功底，从而顺利地完成信息的编解码过程。在大众传播过程中，这一类非遗虽然客观存在，但鉴于编解码的困难程度，其在一般性的非遗传播中所占据议程重要性较低，主要在特定群体内进行传播，共享文化内容。

第二类是具有可操作性、可表演性的文化形态，包括前章所述传统音乐，传统舞蹈，传统戏剧，曲艺，传统体育、游艺与竞技，民俗。其可操作性和可表演性能够最大程度的直接满足人民群众的文化需要，既与文化需求相契合，促进新的产业化转型发展，也在传播过程中搭载着经济的快车，成为与文化经济联系最为密切的部分，是非遗议程设置中最直接、信息量最大、重要程度最高的内容。

第三类是具有生产生活物质使用价值的非遗内容，包括传统技艺、传统医药、传统美术。一方面，其技艺本身和所用材质是地方特色的体现、地方历史的见证；另一方面，以实物为依托，具有实际的功能效用。非遗传播不仅包括实物本身的使用场景和扩散范围，还包括其宣传、影响领域，以"实物"的功能效用为依托，直接参与社会生活和生产活动，在创造使用价值的基础上承载历史记忆和文化内涵。相较于普通功能性用品，这类物品的宣传更强调项目文化背景和非遗身份，是最日常化、衔接性最强的一类"议程"。

非遗传播中的这三类典型"议程"分别对应于不同的传播媒介、传播特征、传播内容，各种媒介并行不悖，相互独立有彼此影响，单个"议程"的顺利传播是整体传播效果得以实现的基础，而整体的"徽州形象"传播效果则是每个"议题"的共有属性和同一目标。议程设置一方面管理着媒介信息的内容，另一方面管理着大众传播内容的重要程度，这对品牌的知名度有重要意义。通过议程设置，非遗传播行为传递出"非遗"文化在大众生活中的信息数量和重要程度，从而建立起文化品牌和区域形象。

非物质文化遗产具有明显的地域性,非遗传播对受众的影响在地域观念下又可以分为域内受众和域外受众:非遗传播对域内受众的影响能够基于完整的社会生活环境,和自我身份的原生性认同;对于域外受众,更多的是品牌植入式影响和认同。对于域外受众的区域品牌植入,一方面来自非遗对地方的标识作用,展示地方的历史文化底蕴和文化生态环境;另一方面,是区域文化品牌的生产力价值。它们在非遗传播活动中被赋予在每个具象化符号上,体现在每一个"徽州议题"上,在传播过程中用以表明、丰富文化地域概念,从而让文化有所指代、有所追溯,当文化有了具体的指代对象,才能在公众生活、工作中得以体现,参与真实生活,并以一种具体和有效的方式进行传承。

以真人秀节目为例,《非凡匠心》徽州特辑,以徽州木刻技艺为切入,呈现出歙县古城的民俗生活氛围、徽州木雕技艺传承人及创作活动。与木刻技艺相关的自然空间、人文环境、木刻技艺及传承人等具体形象,都被纳入"徽州"话语环境,由此建构出的徽州地域概念得到明确指向。同时,徽州精神文化内涵,包括徽州文化中的"小桥流水、灰瓦白墙"的生活空间,沿袭千年"复归于朴"的审美风尚以及区域内居民的精神状态,特别是传承人群体"匠人精神"的刻画,是节目对徽州空间、徽州人物、徽州精神的集中体现。真人秀节目通过文化区域景观的再现,成为观众媒介事件的想象来源,凡节目中出现的购物、文化遗产与游戏场景,都是节目受众跨空间、跨界遥望的依据。①

当然,在传播过程中,被赋予文化意义的特定空间不仅建构出了特定的文化语境,也为人们的行为提供了特殊的意义,构成文化体貌特征以及与其他社会发生互动的完整形态。所以,对"地方"的理解不能只注意地方民众的生活形态,还必须将其与历史、社会政治组织结构中的生活形貌结合起

---

① 黄雯:《地域文化视觉艺术表达的范例——从电影〈菊豆〉看徽文化的展现》,《当代电影》2012年第12期。

来。在当今社会,地方与地缘性认同都是全球化解释的根据。

文化传播与国家形象的关系紧密相连,非遗传播作为文化传播的主要组成部分,是树立良好国家形象的必要手段之一。"国家形象是国家的内部要素与外显形态的总和,是社会公众通过一定中介形成的对一个国家的总体印象、认知、认同与评价,是社会公众对国家的主观认识,反映了社会公众对一个国家的认同、喜好和支持的程度。"①《中共中央关于全面深化改革若干重大问题的决定》提出:"提高文化开放水平。……扩大对外文化交流,加强国际传播能力和对外话语体系建设,推动中华文化走向世界。"②中华优秀传统文化作为中国文化的重要组成部分,是国家形象极好的识别标志,因而也具有极其重要的对外传播意义。例如长城、功夫、孔子、中国菜、昆曲、汉语等传统中国元素,人们一想到它们,就会想起中国。徽州文化是中国典型地域文化之一,在中国文化历史上占据举足轻重的地位,明确的徽州形象与概念内涵有利于民族精神、国家形象的寄托和承载。

目前学术界对于区域品牌的相关术语表达尚未统一,国内外学者在各自研究领域内做过相关的界定。Kumar 的研究认为区域品牌是高度聚焦的个人或地方品牌,使消费者更容易识别其业务和产品,其本质是心理认知和价值观认同。③Shimp 认为区域品牌是一个由名称、标识和声誉等构成的、向其消费者提供的、所有区域产品的组合。④洪文生主张区域品牌是指在某一地域上形成并具有一定生产规模和市场竞争能力的以原产地域为名的品牌。⑤

---

① 刘少华、唐洁琼:《中国国家形象:问题与思考》,《湖南师范大学社会科学学报》2010年第4期。

② 《中共中央关于全面深化改革若干重大问题的决定》,人民出版社2013年版。

③ Kumar A A ,Senapathi R . An impact of regional brands on cultivation of entrepreneurship [J]. ZENITH International Journal of Business Economics & Management Research, 2012, 2 (7): 103-112.

④ Samiee S ,Shimp A T ,Sharma S . Brand Origin Recognition Accuracy: Its Antecedents and Consumers' Cognitive Limitations [J]. Journal of International Business Studies, 2005, 36 (4): 379-397.

⑤ 洪文生:《产业集群区域品牌建设构想——以"安溪铁观音"为例》,《华东经济管理》2005年第9期,第32—35页。

就形式上而言，区域品牌应当包括"区域名"和"产品内容"；内容上则泛指以地域命名的公共品牌，包括国家品牌、地区品牌、城市品牌和目的地品牌等。

前文提及，非遗传播为地方概念标的功能，为非遗符号的地域身份提供了原生性基础，所以以非遗为基础的区域文化品牌又可以理解为产生于某一特定地域内，并在大众传播环境下具有一定受众基础和市场潜力的非遗项目集群，借助地方政治经济活动，为域内外生产、经营该类文化内容的主体所共同拥有和使用的，形成的具有较高区域形象和影响力的整体品牌。其中包含两个要素，一是"区域"，二是"品牌"。"区域"是指文化的区域属性，在这里指非遗产生和发展的区域环境，即其所标的"地方"，反映区域内的自然和人文环境；"品牌"指其品牌效应，此处指代非遗传播受众对区域文化形象的认知和效果。

1. 区域属性

区域文化品牌的"区域"属性包含两部分内容。首先是与区域文化资源的内在一致性。在传播语境下，区域文化品牌与区域文化资源产生于同一地域，反映同一区域形象，是构建"家园共同体"想象的重要组成部分。其对于区域形象、"地方性"的表达，具有强烈的符号意义和地域身份价值。其次是对于区域文化发展状况的高度依赖。区域内部的各个组成部分和不同区域之间由于文化差异和传播力量差异，不同步是难以避免的。与这种情况相对应的是，区域文化力量（包括文化资源和传播力量）相对较强的地区对于该地的区域文化推广和区域文化品牌打造效果更加明显，且稳定性、变动性交织过程中的适应性更强。如徽州绿茶制作技艺被列入非物质文化遗产名录的三个项目，其获得的社会关注和资源更加丰富，品牌效果较强，但是除安徽省黄山市徽州区、黄山区，六安市裕安区三地外，其他传统饮茶、制茶区域内的茶文化资源难以拥有品牌效应和价值。区域属性既是区域文化品牌形成的物质基础，也是其精神文化基础的来源。

2. 品牌效应

从微观角度来看，Porter 提出将区域声誉视为"准公共产品"，对于区域内或集群的产业主体竞争优势起促进作用。[①] 在国内学者研究中，区域品牌对区域整体发展的积极效果得到肯定，重要的地理标志能够提升区域的知名度和美誉度的观点也得到了印证。概括起来，可以将区域品牌效应分为：识别效应、搭载效应[②]、聚集效应、辖射带动效应[③]。

基于非物质文化遗产的区域文化品牌，因为文化资源的特殊性和文化相关产业形态的不确定性，其品牌效应可以从以下几个层面进行分析：

区域识别：以地域为品牌依托，使外界了解其文化项目及精神内涵，便于生产者和消费者识别并做出反应。区域文化品牌会使受众逐渐了解、接受、认同该地域的文化特征、文化事象和文化生态，从而扩大区域知名度，在众多传统文化中准确定位并被识别。

资源集聚：区域文化品牌作为公共资源，是区域内文化生产者、使用者、创造者等主体拥有的公共品牌。在非遗传播过程中，单个项目创建品牌困难大、时间长且成功率低，而区域文化品牌是众多文化共享主体通力合作的结果，凝聚现有资源，刺激闲散资源，形成传播合力，因此比单个文化项目更易被熟知、影响力更大，是区域共享的无形资产。

辖射带动效应：文化品牌相较于纯商业品牌，其文化内涵和精神力量与传统文化更为接近，文化基因优良，更容易为大众所接受，受众基础广泛，为区域内政治、经济活动的开展提供了良好的品牌管理资源。同时，反向刺激区域内不协调因素，推进区域文化事业发展、文化经济软硬环境、服务质量等问题的改善。

[①] 参见［美］迈克尔·波特：《竞争战略》，陈丽芳译，中信出版社 2014 年版。

[②] 陈方方、丛凤侠：《地域品牌与区域经济发展研究》，《山东社会科学》2005 年第 3 期。

[③] 邓恢华、杨建梅：《基于企业品牌与集群品牌关系的我国汽车产业集群发展探讨》，《科技管理研究》2005 年第 12 期。

当前存在的问题是,大众对于传统文化的固化认知会阻碍文化品牌的改造与再生。非遗传播活动是影响大众对区域文化品牌认知的重要因素。传播内容是否能够在把握非遗文化本质的基础上积极、有效地进行创新,为传统文化披上时代的新衣,成为品牌能否顺利融入政治经济活动的重要前提。

三、文化经济:媒介传播与非遗资源

（一）转化:文化资源通过传播转化为文化资本

非物质文化遗产深深蕴藏着其所属民族的文化基因、精神特质,这些在长期的生产劳动、生活实践中积淀而成的民族精神,是世代相传下来的民族的思想精髓、文化理念,是包括民族价值观念、心理结构、气质情感等在内的群体意识、群体精神,是民族的灵魂、民族文化的本质和核心。因此,非遗的文化价值包括非遗在人们的文化（或精神）方面（与经济、政治相对）具有的意义和价值。文化价值是非物质文化遗产的灵魂。这里的文化价值涵盖范围极其广泛,包括艺术审美价值、历史传承价值、科学认识价值等。非遗的经济价值,即将非物质文化遗产中有条件的文化资源转化为文化资本,从而产生经济效益。一些徽州非遗,其产品在产生之初就进入了市场,并且遵循市场发展规律,如徽墨、宣纸、宣笔等;有的则在自然发展过程中直接或间接地进入市场,受市场的制约相对较小,如传统节日类、记忆类非遗演出等在演艺、旅游行业中的助力。因此,非遗具有经济价值这一点是不容置疑的。

文化资本的提法最早出现在经济领域,主要指企业文化,强调企业的发展理念、管理模式等对企业发展的推动作用。随后,社会学家科尔曼(James Coleman)将"文化资本"概念应用到社会学领域,又称为社会资本,强调文化资本主要是集中在企业家个人身上的不可计量的人力资本。[①] 布迪厄又

---

① 科尔曼:《社会理论的基础》,邓方译,社会科学文献出版社1999年版。

第四章　公益与市场：徽州非物质文化遗产传播的逻辑

把文化资本作为一个独立的社会学概念，强调文化资本是交易系统能够赋予权力和地位的积累文化知识的一种社会关系①，即文化资本作为一种转换的手段被应用到社会之中，通过文化资本，社会成员获得他们期待的地位和权力。非遗是一个具有多重属性的社会存在，不仅是人类创造成果的长期文化积累，且本身就具有向经济价值转化的张力。在这个意义上，非遗与布迪厄所描述的文化资本有较强的一致性，从本质上说非物质文化遗产就具有文化资本属性。不同类型的非遗由于自身形式、内容等特点，其发展张力不同。对于非遗，文化资本是一个强有力的跳板，通过这个跳板，非遗将自身的文化内涵与物质以各种形式融合在一起，从文化领域进入经济领域。文化资本为新时代背景下非遗内涵的传播与非遗经济价值的实现提供了可能性。② 在市场环境中，文化资本符号与其文化价值的创造与再生，并非文化进入经济、政治环境的一种适应，而是文化自身的一种形态呈现与发展。③ 文化的经济价值与政治价值在日常活动过程中统一于文化符号一体之中，但是在具体的社会生活实践过程中，在不同的应用环境下，文化会呈现出不同的属性主导价值。文化资本指文化在参与社会经济活动过程中，以自身独特资源属性和资本价值水平参与价值交换。而由资源到资本、由文化逻辑到资本逻辑的转变，需要经由媒介逻辑。④

通过媒介，文化资源被转化为大众消费资本符号，这是文化资本符号和资本价值创造与再生的过程。因此，对于传统文化资源的选择、转化、呈现及扩散的过程，有关徽州非遗资源的媒介化呈现是一个有目的性的、针对消

---

① 布迪厄：《国家精英：名牌大学与群体精神》，杨亚平译，商务印书馆2004年版。
② 朱晓华、韩顺法：《非物质文化遗产的文化资本属性及发展新范式》，《河南教育学院学报（哲学社会科学版）》2018年第6期。
③ 李义杰：《符号创造价值：媒介空间与文化资源的资本转换》，浙江大学出版社2016年版。
④ 李义杰：《符号创造价值：媒介空间与文化资源的资本转换》，浙江大学出版社2016年版。

费需求的。只有被截取为视觉、声音等多方面固定形象和精神、内涵等能够依附一定的经济产品满足了消费者的需求，在"贸易"活动中完成价值的表现，实现经济活动的重要一跃，才是有效的传播。与具有恒定形态的物质文化遗产不同，非物质文化遗产在传承过程中随着时间推移和地域转换，为适应不同的文化环境和社会需求而处在不断地变化中，这是其在发展过程中所固有的属性，也为其资本转化提供了可能性。在经济活动过程中，具体的经济行为一经产生便是固定的，但是对于不同的消费者、消费环境，其所呈现的最低信息量阈值一定是非遗资源的"最大公约数"，即满足人的物体恒常性（object constancy）的最少信息量。由此，在资本符号建构的过程中，为保持这种恒常性的工作，既要注重文化资源本身的符号挖掘，也要依照公众认知视角进行文化的分类。这里可以分为空间符号、人物符号和意识符号三类：

空间符号。一方面，非遗的产生发展离不开地方自然、人文环境的影响，非遗是地方空间景观的重要载体；另一方面，非遗是文化的重要组成部分，其本身就是构成地方空间的重要内容。徽州空间是非遗符号形成的重要载体，也是其重要的"参照框架"。在媒介呈现过程中，对徽州本土自然、人文空间的表现是非遗媒介生态搭建的基础，为非遗资本符号的呈现与被识别提供条件。特殊的自然、人文空间、特定的历史时期、特定的历史事件之后形成的非物质文化遗产是全民族的、不可替代的、不可再生的独特文化资源。时间的不可复制，使得空间符号成为非遗资源特殊性的重要参考框架。这通常包含非物质文化遗产的外显性文化资源，包括民族服饰、特色建筑及生活方式等民俗文化及生活事项。而民俗文化深层次的内隐性部分，一般通过载体或文化氛围表现出来。

人物符号。非物质文化遗产是凝结人类劳动与智慧的文明形式之一，是人类活动的重要痕迹。对非遗的阐释过程中，人是必不可少的重要因素。徽州非遗文化中的人物形象包括各种民间文学、传统曲目中的人物形象以及各类非遗项目的传承人形象,是参与、创造、记录、表现徽州的人物符号。人物符号包括姓名、性别、职业、事迹等内容,鉴于历史可考信息模糊和物质文化遗产辅证资料缺乏,人物符号虽然通常凝结着丰富的精神内容和文化内涵,但其具象化表达的固定内容较少,且易于复制,这部分也是最容易为工业化经济活动复制的部分,能够被多种媒介形式复制和创造。

仪式符号。仪式是非遗项目的社群成员共同遵循某项准则并完成一系列行为,营造出民族生活中最集中的文化事象集合,包括仪式发生过程中所需要的实物和仪式过程。实物符号和仪式过程代表着一种生活方式和对社群规则的遵守,并接受社群文化的规训。仲富兰在讨论非遗传播与创意产业关系时,提出了开发非遗价值的四个要素:情境再现、符号复原、活化故事和提炼。再现实际上反映的是一种场所精神,是主体和客体的交融和统一,不仅有物质外壳,还要与人的情感体验相联系,特别是通过对历史符号的考证和创意进行复原,提供了非遗发生发展的空间符号。在此基础上的非遗传播必须有故事的参与,有故事就有流传,故事中的辐射面只有与现代人的生活相连接,才能够很好的传播并被接受。以祁门县徽州祠祭为例,徽州宗祠凝聚的家族关系和秩序,代表了村落宗族的财力和权势。祠祭是在祠堂内发生的徽州最重大的祭祖活动,参与者以同宗族人为主,祭文包括祭祀时间、对象和祝词,承载着徽州社会的生活关系、礼仪、行为准则甚至精神信仰。

仲富兰肯定了非遗的个性和普遍性。非遗传播需要对艺术符号、精神内核进行提炼,使其成为适合参与大众传播、为异乡他者所接受的形态,这是各种非遗符号得以有效传播的重要手段。① 空间符号和人物符号分别提供了非遗和徽州文化中的环境和参与者,两者在仪式过程中得以凝聚和活化,使得徽州形象突破二维静止内容,而呈现出鲜活的立体时空状态。三种符号在不同的媒介载体上呈现出不同的主导性质,相互影响和协调,多方位呈现出

---

① 参见仲富兰:《民俗传播学》,上海文化出版社 2007 年版。

非遗的精神内涵和符号特征。非遗传播为文化经济活动提供了丰富的文化资源和资本符号，为经济活动的顺利进行提供了前提。

（二）助力：非遗传播助力文化经济

非遗传播促进了文化资源向文化资本的转换，使之顺应经济逻辑，产生的资本符号和资本价值参与到正常的文化经济活动中。非遗资本符号将自己投射于一系列经济活动，并在构筑经济活动的同时将自己铭刻于活动中，一改散乱、不被重视、不容易被看到、不能引起视角效果的单一符号境遇。符号被经济活动所利用，迎合消费者的情感和精神需要，在消费实践中实现增值和再生功能。非遗传播在这一过程中不仅是文化资本符号的缔造者，还是文化资本价值的开发者。

1. 扩大经济活动规模

非物质文化遗产所代表的文化个性与历史积淀，是人类创新思想的重要来源，非物质文化遗产正在成为当代社会与经济发展的重要支撑。一方面，非物质文化遗产代表的文化价值依托本身就是一种知识消费，带动的知识经济发展不仅使经济样态多样化，也为经济活动提供了新的动力；另一方面，非物质文化遗产的物质化载体在现代消费社会中可以作为商品而生产和消费，手工艺品生产与民俗文化的展示，都使非遗资源成为地方经济的特色或支柱产业。同时，在数字时代下，非遗传播速度和范围均得到了质的提高和扩大。相较于经济活动范围，非遗传播的时空限制更小，及时性、非在地性特征使其受众（文化经济潜在消费者）培育范围扩大，经济活动规模得到扩充。

2. 增强文化经济消费者黏性

文化资源的本质影响消费者的认知，文化对人的涵化作用是一个持续、重复而不间断的过程，大众传媒对公众的教育、引导作用将文化基本深埋于公众的价值观、人生观和世界观中，公众认知态度的改变会直接作用于其行为，包括消费行为的个性化倾向。这种影响与大众媒介对公众的认知影响过程亦步亦趋，呈现出持续性、倾向性和稳定性，从而在文化经济实践中，呈现出相较于其他资本主导经济更强的消费者黏性，因为价值观既是一个社会建构的持续性过程的结果，同时也能提供具有稳定性影响的行为驱动力。

3. 提高文化经济附加值

美国著名学者哈罗德·拉斯韦尔认为，传播具有"文化享受、丰富精神世界、社会遗产传承"三个功能，非遗传播更具体地将文化享受和精神世界的满足呈现在具体的文化资本符号上。文化资本的独特性，满足着消费者对美学价值、身份消费、时代精神消费的需求，同时具有不可替代性和稀缺性，这也印证了市场逻辑对于资本可以增值的基本要求。对优秀传统文化的消费是消费者文化身份的一种象征，以消费行为进行划分乃至消费行为背后文化意义的认同，均是消费行为所提供的身份构建。凡勃伦在《有闲阶级论：关于制度的经济研究》中所指称的"炫耀性消费"，即购买商品的目的不仅仅是获得直接的物质满足与享受，而更是获得心理上的一种满足。齐美尔在提出"时尚消费"概念时，认为中产阶级出于提升自己社会地位的要求会积极投身于时尚消费。米尔斯也提出"地位消费"，白领阶层出于对地位的恐慌导致了其对社会流行时尚的强烈愿望。非物质文化遗产的原创性决定了其独特性和唯一性，以及在具体形态和文化意义上的不可再生性、不可替代性和稀缺性，这恰使其作为文化资本的经济增值功能得到印证，成为最能体现文化差异性的文化资源。[①] 它的传播过程为其身份指征意义提供了广泛的受众群体和价值铺垫。

4. 提高文化经济发展质量

非遗是优秀传统文化的积累，其对经济活动的介入不仅是对经济生产内容的补充，还是对经济活动行为的指导和影响。首先，文化经济活动生产者

[①] 李昕：《符号消费——文化资本与非物质文化遗产》，《西南民族大学学报（人文社科版）》2008年第8期。

需要主动学习非遗文化,并主动参加文化创作,客观上是经济生产者主动接受非遗传播"教育"、参加社会学习的过程。其次,受众在主动或被动中接受非遗传播的影响,提高审美趣味和消费品味,是对市场生产和经济的反作用。最后,非遗传播营造出的良好社会文化氛围,为经济运行提供了一个主流意识形态指导,对生发和谐经济贸易环境、避免市场主导行为的弊端有一定的积极作用。

(三)参与:文化传播直接参与经济活动

文化传播本身是文化经济的重要组成部分,它以非遗项目为资源,以非遗传播为主要表现形式,以盈利为目的,将文化符号通过改编、创作而参与现有文化经济样态,并作为主要经济体之一创造经济效益。参考徽州非遗传播活动中的三项"议题"设置,非遗传播在直接参与经济活动过程中,可以分为实体经济和非实体经济两类。

1. 非实体经济

非实体经济主要指第一类、第二类"议题"相关项目,不是以物质使用价值为主要经济价值的部分,经济样态包括以非遗项目及其所处环境为主要表现对象或文化来源的商业演出、影视动漫作品、数字文化科技、文化旅游中的非实体部分等。

这部分经济活动的非遗传播属性相对直接,因为其本身就是文化的重要组成部分。在此类经济活动中,非遗传播的受众和消费者身份在同一时空范畴下重合,非遗传播过程即文化消费过程,与购买行为相匹配的即是非遗传播活动本身。因此,非实物经济与文化传播的关系更为密切,经济活动对消费需求的满足与非遗传播对文化需求的满足相重合,受众即消费者对"产品"的体验感和获得感更为充分,是高品质文化经济消费的重要内容。但是,这种脱离了实际使用价值的文化消费活动对"文化产品"本身的质量要求较高,文化产品能否引起共鸣、满足文化需求是此类文化经济能否正常、顺利发展的关键因素。以徽剧为例,1959年成立的安徽省徽剧剧团,保留了大量的优秀传统剧目,其中不少剧目多次获得白玉兰奖、文化部优秀剧目奖、文化部新剧目奖、曹禺戏剧优秀剧目奖等。发展优质的文化产品不仅是对传统非遗资源的有效保护,更是高品质非遗传播效果的保证。

2. 实体经济

以第三类"议题"相关项目为主的经济活动,以实体经济为参考,文化价值与实际使用价值共同组成其经济价值的整体内容,经济样态包括以非遗项目及其所处环境为主要表现对象或文化来源的文创设计、IP衍生产品、工艺作品等内容。

这部分经济活动以实物为依托,以实际使用价值为保证,文化价值是其重要但不唯一的经济价值组成部分。其经济发展规律与实体经济的发展规律更为接近,具有实物传播和文化传播等多元渠道。一方面,非遗的文化底蕴是其产品形式、内容的重要组成部分,产品本身就是非遗的重要载体,其实物交易过程是非遗物质载体空间上的流转,也是文化内涵传播的重要渠道;另一方面,产品的"非遗身份"是其在经济活动过程中的重要增值部分,为提高产品市场认知度、增加产品附加价值,经济利益刺激下的传统商业传播活动开始向非遗传播转向,以培育潜在消费者,刺激成熟消费者,从而实现经济效益最大化。消费者和文化受众的身份在异质的时空范畴内得以相对独立地存在,文化需求的一般性满足在实际消费前便能够获得,而深度的文化体验和满足则在消费完成后辅以物质消费的功能性满足。

以徽墨制作技艺为例,制墨是我国一项历史悠久的传统工艺,是我国书画艺术的重要组成部分。徽墨是我国制墨工艺中的一朵奇葩,在我国制墨史上占有重要地位,是一种主要供传统书法绘画使用的特殊颜料。目前,黄山市屯溪区的胡开文墨厂依然在正常运作中,但这并非唯一的一家"胡开文"。以物质载体为主要特征的文化经济,相较于非实体经济,其产品的可复制性更高,正品识别度相对较低,要求消费者具有较强的文化鉴别能力和专业知识从而够获得良好的文化体验。产品的易复制性使得所谓的"文化产品"良莠不齐，虽然在整体的文化经济环境中能够获得一般性的文化体验，但是优质的、深度的文化体验和满足往往难以得到保证。

（四）互动：文化经济与非遗传播互动

1. 经济基础支持

相比较于文化活动，商业活动利用经济杠杆能够调动更强大的社会力量和更大范围的社会资源，为商品传播、实现价值提供更好的条件。充分的经济支持能够保证非遗项目获得更先进的保护和传播技术、更多的社会关注。经济利益的倾向性发展，适应新的社会经济发展方式：一方面延长了非遗转换生存发展方式的时间，为非遗保护争取了空隙；另一方面充分拓展了文化发展空间，允许非遗资源开发其在经济、社会领域的价值，在新的社会生活中掌握一定的经济话语权和社会地位。将非遗于其他社会资源相联系，搭建起非遗新的社会关系网络，以保证非遗的传播活动范围和速度。

2. 文化资源再生

非遗资源经由媒介强化了文化资本属性，拓展了资本符号价值和符号使用意义，其中的文化内涵不再首先以意识形态、符号、表征形式出现，而是在具体的经济活动过程中凝结于经济商品之中。符合新的传播环境、传播媒介，新的文化形态，是非遗传播双螺旋不断向上的动态过程的延续。文化资本在实现符号价值和经济价值的同时，也是文化的积累，是文化资源的可再生性不断作用的过程。

3. 文化认同建构

"在向'消费社会'迈进的过程中，一种重要的变化就是，传统的认同方式正在逐渐衰落，更多的认同方式在兴起，以消费为标志的消费者共同体也逐渐成为社会舞台中的一支重要力量。"[①] 也就是说，在以消费为特征的当

---

① 伍庆：《消费社会与消费认同》，社会科学文献出版社 2009 年 9 月版，引言第 2 页。

代社会中，消费成为影响人们认知的重要因素。在文化资源作为文化资本参与经济活动的过程中，消费者不仅获得了商品功能上的要求，更获得了以文化资源为基础的符号价值和符号使用意义。这种符号价值在客观功能领域之外的需求满足是不可替代的，是具有意识形态影响能力的、开放性社会的构建过程。消费者对商品符号价值和内涵意义的偶然性获取与重复性认知行为，既是获取的过程，也是不断认同的过程，也是从弱联系的消费群体过渡到强联系的文化社群成员的转换过程。

4. 文化生态建构

文化经济的发展促进了以文化资源保护、创意开发、文化传承为目的的一系列社会讨论，社会的关注也激发了从事相关工作的劳动者（包括传承人、创意开发工作者、企业等）的活力与热情。文化经济的经济效益既为从业者带来了就业机会和利益刺激，也为消费者转化为从业者提供了可能，吸引社群外、传统联系薄弱群体进入非遗文化社群，构建出以非遗本体为主轴、传播工具和利益相补偿的新型社群关系。这种社群关系一方面拓展了非遗传播和资本化的规模，促进了非遗与时俱进的发展；另一方面也提供了一种新兴文化与传统文化相互碰撞交融的场域，需要经过实践和历史的检验。以真人秀节目为例，在徽州拍摄的真人秀节目依托徽州地区特有的自然、人文景观，在公众传媒领域建构出一整套完整的徽州景象。非遗活动是地方历史生活最鲜活的记录，也是最能够通过人物活动进行表现的文化要素。这种具有互动性和强烈沉浸式体验感的活动不仅是真人秀节目丰富的创作素材，还为观众提供了参与社会活动、获得社会身份的参考。

以冯骥才为代表的学者注重现代遗产"物化"的手段和"环境稳定"，并提出非遗产业化确实能促进非遗更好传播，但是并不意味着"文化遗产可以直接产业化"。剪纸、皮影都产业化了，但也失去内涵了。[①] 以宋俊华为

---

① 冯骥才：《文化产业不等于"文化＋钱"》，《西部大开发》2012年第3期。

代表的学者和非遗传承人认为,与时俱进的产业发展是必然选择,施救式保护过于依赖政府,不利于非遗的发展。①需要厘清的是,将非遗作为文化产业资源去开发和进行产业化,是开发利用非遗中的两个课题。非遗是以文化要素的形式进入文化产业,而不是用机器去生产、制作非遗产品。以苏绣为例,苏绣为文化产业提供了文化资源,文化产业可以是对苏绣技艺的展示开发,也可以是内容的创新开发,或是苏绣产品的用途开发,对开发后的影视、物品等再进行产业化开发对非遗本身的负面影响是相对小的,还可以通过文化产业这一媒介进行有效的传播。②

然而,文化资本参与经济活动的过程中,文化资源本体的生存环境发生了巨大变化。农业社会下的社群活动相对简单,文化生态对于参与活动的个体影响较大,在相似的生态环境中,社群规制能够有效地管理文化发展路径、预测文化发展方向,非遗话语权有效地掌握在部分精英群体手中。这一群体的政治身份较为一致,因而非遗发展能够与社群、社会的主流发展保持一致。但是在新时代市场化环境下,市场主导下的社会活动存在大量不可控因素,文化经济对非遗本体和非遗生态环境的冲击不容小觑。非物质文化遗产是一种活态文化,不断被赋予新的内容和时代内涵,并由社会大众通过"群体记忆"和"群体传承"的方式共同担负,带有群体性的烙印。也正是因为这种群体性特征,所以它反映的往往是一个地区、民族甚至整个国家的生活方式和历史文化,也成为广大劳动人民在实践生活中广泛应用的一种集体权利。③非遗项目在实际参与社会生活的过程中,与个体特别是传承人之间联系密切,具有强烈的主体依附特征。在经济活动中,模糊的权利所属关系不仅影响非遗项目的顺利资本化,还会打击项目参与者的积极性,甚至导

---

① 宋俊华:《文化生产与非物质文化遗产生产性保护》,《文化遗产》2012年第1期。
② 吴颖:《简论文化产业与非物质文化遗产结合发展》,《大众文艺》2012年第6期。
③ 鲁春晓:《新形势下中国非物质文化遗产保护与传承关键性问题研究》,中国社会科学出版社2017年版。

致不规范、无组织、随意性的商业活动出现,良莠不齐的非遗品牌和经济活动影响消费者的选择,挤压优秀传统文化的经济活动空间,阻碍非遗正常的传播。

第五章
逻辑与路径：基于徽州非物质文化遗产资源的产业融合发展

本章首先阐述了非遗资源融入产业的两个逻辑——稀缺性与通约性。文化在积累过程中便打上了地域社会、自然的烙印，形成了多元化、差异化的地方文化资源（非物质文化遗产资源），因此与其他共存文化相比，其文化内容本身就具有一种稀缺性。同时，在文化产业内容生产的过程中，利用地方文化资源进行再生产，亦需打造稀缺性的文化内容，从而在产业竞争中形成特色与优势。但从文化发生的根源上来看，本土文化与其他文化具有某种通约性——人性、审美、艺术等，故而区域非遗资源在参与产业运营中，又要让文化产品具备某种流通性，以降低文化折扣率，提高群众接受度。稀缺性是区域非遗资源参与文化创意产业的价值增长点和核心竞争力，通约性则是文化产品生产、流通与消费的"通行证"。另外，非遗资源产业融合是一个系统性工程，徽州非遗资源的产业发展有助于提升徽州非遗的保护与传承，也有助于徽州非遗产业和文化产业的发展壮大，同时能够推动徽州经济社会文化的全面发展，为安徽省甚至全国其他区域提供样板。近年来，徽州非遗的保护传承、传播、产业融合在省市政策的引导、社会力量的支持下取得了一定成绩，但产业融合度仍显不足。首先，本章运用战略分析方法（SWOT），根据研究对象内生禀赋和外在约束与利好条

第五章　逻辑与路径：基于徽州非物质文化遗产资源的产业融合发展

件，找出其优势、劣势及核心竞争力之所在。非遗资源产业融合借助市场运行机制，以非遗为生产要素，通过产业化运营，使其转为文化商品或文化服务。但并非所有的非遗都可以进行产业化运营，只有具备产业要素的非遗，才能利用其文化符号参与到产业化中去。基于ISM模型分析徽州非遗资源产业融合影响因素，并提出徽州非遗资源产业融合及保护传承的建议，最后对非遗资源的开发利用、产业融合提出一般性产业模型并对模型进行细描与阐述。

第一节　稀缺与通约：徽州非物质文化遗产资源的产业逻辑

非物质文化遗产不仅是区域优秀传统文化，更是地区、甚至国家的无形财产。非遗以其独特的文化风貌，展示区域文明和文化水平；同时也具有多维价值取向——经济价值、文化艺术价值、科技价值等，以及多重属性——地方性、完整性、本真性。本节主要讨论非遗的地方性，因为地方性是非遗资源区别于其他文化的主要标志，也是非遗资源融入产业发展的关键性概念。

文化（culture）是一个宽泛而意义丰富的概念，很难对文化进行定义。但对文化有一个共通的理解——人类物质与精神财富的总和。"总和"是多元文化的表现形式，《世界文化多样性宣言》阐述："文化在不同时代和不同地方具有各种不同的表现形式。"文化并非同一性、统一性的，而是多样性、地方性的，而"多样性"最终落脚在"地方性"上，因为文化自生成之时便有社会与自然的独特烙印，形成了多元的地方文化（非物质文化遗产资源）。故而对文化的考察或研究，必须观照其扎根的环境，以"地方"（place）的视角进行拓展与深探。"地方文化"是特定区域人群共同创造和共享的精神与物质传统。特定人群与特定地方易形成有机的互动关系，并养成特有的"地方感"（place sense），并体现在地方生活传统、文化记忆、历史传说诸多层面。地方文化是维系文化生态的重要力量，是地方社会良性运行的精神保障，更是参与经济发展的重要生产要素。当今，文化已然成为国家（地区）或民族发展的重要衡量因素，成为政治、社会、经济等发展和建设的重要力量。文化作为意识形态、社会文明不易量化，不能直接产生经济效益，但可以生产要素的形式纳入经济运行，遵循经济发展逻辑，在资本运作下，作为生产要素参与当地的产业运营之中，而且成为产业增值的重要手段和内容。对地方文化的产业利用和价值挖掘，既为地方经济、社会发展注入新活力，提供更多具有地方性的文化消费品，主观上满足现代人对异文化的猎奇；也为地方文化保留传统底色，客观上促成了文化"复振"。本节以地方文化作为研究对象，从地方文化参与产业现状着手分析，侧重从稀缺性和通约性两个方面，探讨地方文化如何参与产业运营。

一、地方非遗资源参与产业发展的逻辑思考

在宏观视野下，文化伴随着社会发展不断变革和积累，浸润在社会交流、政治统治、经济发展各个领域。若将考察视野微缩，改革开放以来文化交流日益频繁，文化发展不断调适，从"形而上"转到"形而下"，自"庙堂"走向"江湖"，由"国家话语"体系过渡到"市场话语"体系。特别是党的十八大以来，在中央政策引导之下，文化与经济、文化与市场、文化与产业水乳交融，地方文化资源更是作为产业对象进入产业运行轨道之中。

文化参与产业发展进入国家发展议程，既是当下全球经济发展的题中应有之义，又是中国传统文化复兴发展的客观要求。当下地方文化积极参与地方发展，在拉动地方经济增长、提升地方知名度方面，起到了不容小觑的作用。地方文化在产业发展方面起到了积极作用，产业发展也在一定程度上强化了地方文化的认同感、凸显了地方文化个性。

在全球化背景下，地方文化参与产业发展是一种必然，正如美国学者莎伦·佐金所言："文化在资本生产与地方认同感的结合下，具备积极的经济

第五章　逻辑与路径：基于徽州非物质文化遗产资源的产业融合发展

作用，使得文化活动和文化产业成为城市复兴的重要策略。"①地方文化如何参与产业发展，二者如何有机融合，已成为学界、业界、政界思考的重要命题。应将地方文化作为核心生产要素参与到产业发展之中，在产业运营过程中凸显"地方性"，以"本土意象""文化特色"作为资本市场竞争的筹码，使产业具有强烈的地方依存性（local dependency）与地域源生性等。

提升附加值、增强核心竞争力的前提是文化具有差异性和独特性，地方文化的价值正是基于"地方感"、文化个性、文化意义所生成的，即笔者要论证的一个关键点——稀缺性。商品，特别是文化商品的生产、交换、流通与消费都是与文化意义联系在一起的，应强调商品的文化内涵，没有特定意义的文化商品就失去了文化个性，没有地方文化特色的文化景观与文化产品就不会形成自身的竞争优势。当下传统文化有待复振，多数地方传统文化的产业价值尚未被合理发掘与有效利用。

"越是民族的，越是世界的"这句话，在此可以改述为"越是地方的，越是全球的"。地方性的文化要想成为全球共享的意义，是有条件的。首先要保持文化的地方性，并将地方文化产品和服务异质化，与其他地方形成竞争差异。其次是要让这种差异和异质的文化（文化产业、文化产品或服务）被其他地方所认知、认同并相互理解，即本节所要阐述的另一个关键点——通约性。地方文化之所以具有地方性，是因为它们之间存在差异，但这种"差异"不应成为文化交流、传播、共享的障碍，而应采用最大的通约性文化符号，拓展地方文化生存和发展的文化空间以及地方文化产业的市场空间。

地方文化参与产业运营——地方文化产业，其逻辑起点为稀缺性和通约性，这也契合文化产业发展规律。地方文化是地方经济建设的重要内容，是发展的核心竞争力之一，地方文化的稀缺性使其具有经济价值，也是地方文化产业发展的要素和资本，是产业发展的逻辑起点之一。只有有了文化

---

① 参见 Sharon Zukin, *The Cultures of Cities*, NewYork:Black Well,1996。

"地方感"和"地方性",形成了"我"与"他者"的差异,才能凸显产业价值和竞争优势。地方文化的通约性,是通过产业技术、产品内容等使地方文化被认同、被理解,通约性就是要探寻地方文化与他者之间的共通意义,从而拓展地方文化的社会空间和市场空间。地方文化由稀缺内容转向共通意义,存在文化价值的再发现和现代性转换问题。

二、稀缺性是非遗产业发展的核心竞争力

(一)"稀缺性"的衍生

"稀缺性"是产业经济学领域重点研究的对象之一,它是形成价值增值或保持竞争优势的源泉。进入19世纪,英国经济学家拓展了"稀缺性"的内容,将"文化"纳入稀缺资源范畴——研究"文化的稀缺性和配置效率",后来又将文化艺术列为经济研究对象,形成文化经济学。20世纪80年代,著名经济学家于光远提出文化经济学的主张,将文化作为一种生产要素。目前,国家大力发展文化产业,文化(地方文化,特别是文化遗产)作为要素禀赋逐渐受到产业界的关注。以文化经济学视角看,文化作为一种特色资源要素亦具有天然稀缺性,任何一种文化均相异于其他文化,具有突出的不可再生性和不可替代性,且具有当代生活生产的价值性。地方文化作为经济活动的一种稀缺资源,日益影响区域经济增长,特别是地方文化产业发展。

(二)地方文化的稀缺性表现

地方文化发生于特定场域,伴随各类地方活动而产生,具有原创性和内生性,且每种地方文化都是稀缺的。随着工业化与商业化的不断延伸,城镇化与现代化的不断深入,地方文化的生存空间被挤压,受众群体日益萎缩,这种现实——地方文化逐渐消亡,更加凸显了地方文化的稀缺性。本节主要从文化内容、文化空间、文化主体关系、文化心理四个方面展开论述。

1. 文化内容是地方文化稀缺性最突出的表现。任何地方文化的稀缺性都

第五章　逻辑与路径：基于徽州非物质文化遗产资源的产业融合发展

首先表现在文化内容上，无论是与其他地方文化内容相比，还是与历时性的文化传承内容相比，特定地域地方文化的核心文化特质总会表现出唯一性和不可替代性——稀缺性。此处从横向和纵向两个层面分析：

一是横向稀缺，地方文化与"文化多样性"相对，具有稀缺性。每个地方都有自身的文化特色，每一种地方文化都会区别于其他地方的文化。我国地域广袤，人文社会生态、自然生态具有多样性，导致每个地域都有独特的文化内核①，文化内核就是稀缺性、唯一性——也是保护文化多样性和差异性的前提。

二是纵向稀缺，文化发展都是自然选择的过程。自古至今，每一种地方文化都处在不断发展、变革、选择与淘汰的过程中，当前的地方文化系文化生态优胜劣汰的结果。在文化存续过程中，自然和社会对其不断对比、筛选、择优，过滤掉大量的文化事项和文化现象，相对于已过滤的文化，仅存的地方文化是稀缺的。

从另外一个角度看，地方文化处在后现代社会中，而后现代文化异常多元，充满个性、碎片、复杂等，造成纷繁交错的状态。相对于此种文化来说，地方传统文化也显示出稀缺性。

2. 文化空间是地方文化稀缺性的栖息与归宿。空间稀缺性源于人类活动不可替代的地理基础。地方文化必然发生在一定的自然地理和社会人文空间，只有在这个空间里的传统文化才具有地方性，从而反映特定文化性格、地方特性、人情风俗等，对于整体文化空间而言就具备了稀缺性。空间稀缺从本质上来说也是一种文化稀缺，该空间除地理、地貌、植被等自然因素表现出的空间差异性（南北差异、东西差异）、稀缺性（黄山、新安江的唯一性），更多地是因为空间承载着不可替代的、稀缺的各类文化事项。文化空间是地方文化赖以生存和发展的栖息地，文化空间不属于某一群人、某一代

---

① 虽然相邻文化（地方文化）之间具有很大的重叠性（文化之间的渐变性），但每个地方都会有自身的文化核心元素。

人,而是属于地方文化发生地的所有人,它具有空间价值的差异性、文化空间的唯一性、文化空间的归属性。

3. 地方文化稀缺性还表现在地方文化主体关系方面。主体关系的稀缺首先是地方文化相对于人的文化消费需求与欲望而造成稀缺性,地方文化虽底蕴厚重,但存量少,传承载体有限,无法满足无限的文化需求量和需求层次。同时,地方文化的稀缺性又表现在地方文化与在地民众的关系上,地方文化是在地民众生活、生产的日常文化,正是因为世代生活和文化传承,才形成了独特的地方文化特色和地方性格,这种稀缺性是与生俱来的。若在地民众脱离其文化场景,地方文化就是不完整的、或不真实的。近年来黄山市启动了"百村千幢"古民居保护工程,但却在个别地方产生了"民居无民"的空壳化现象,原住民从古民居中搬走,仅留下没有"人味"的建筑,当地传统民族文化和特有的生活风俗受到了强烈冲击。

4. 文化心理亦是地方文化稀缺性的表现。对于域外民众来说,探寻异域文化,是一种猎奇的文化心理。这种文化心理本质上来说是文化注意力,比如民众在欣赏了晋商大院后,对徽州村落文化依然渴望,这正是因为地方文化之间存在多样性、稀缺性和唯一性,能够满足不同的文化心理需求。全球化、同质化造成地方文化的规模性消亡,仅存的地方文化对于本土民众来说是一种心理寄托,每个当地人都会对自己的生长空间怀有一种与生俱来的文化认同心理。地方文化的越来越稀缺,也导致了地方民众的文化心理受到了不同程度的削弱与阻断。

(三) 地方文化产业稀缺性意义及生成路径

1. 地方文化产业稀缺性意义

地方文化产业价值增值源于地方文化的稀缺性,稀缺性会随着全球文化同质化的日益深入而增加,地方文化的稀缺性是其与文化产业融合的基本前提。在同质化、标准化语境下,文化产业要在地方文化稀缺性上做文章,挖

第五章 逻辑与路径：基于徽州非物质文化遗产资源的产业融合发展

掘文化内容的差异性与唯一性，使文化产品或服务具备差异性和稀缺性。"真正的文化产品都与创新有关，任何创新都与差异性有关，任何差异性都与稀缺性有关。"① 此差异性是指文化产业运营过程及其产出（文化产品或服务），稀缺性则指涉两个层面：一是文化产业所依托地方文化的稀缺性（产业要素的稀缺）；二是产业自身的稀缺性。在产业要素稀缺的基础上，打造稀缺的核心产品，将之转化为现实的文化消费偏好与文化购买力，在市场上保持竞争力。从文化政策话语理论来看，无论是国家话语还是市场话语，地方文化已然作为一种资源参与到区域经济发展过程中，而且成为重要的产业要素。

2. 文化产业稀缺性的生成路径

地方文化的稀缺性不能等同于地方文化产业或文化产品的稀缺性，从地方文化参与文化产业的过程来看，首先表现在生产要素的稀缺性上，它是文化产业链其他环节增值的起点。其次通过产业运营，要表现出地方文化的稀缺性、差异性和唯一性，使终端文化产品和服务富有稀缺性，即消费品在内容或形式上的稀缺性，并在此基础上形成专属性的文化产业品牌，这样才能凸显本土文化产业的竞争优势。最后，产业运营离不开政策和社会环境支持，它们是文化产业发展的重要外在因素，贯穿于整个产业运营过程中，规范和引导着产业发展方向和内容。下文主要从产业内容、文化品牌、政策供给、在地化社会因素展开阐述。

依托地方文化所生产和提供的文化产品和服务——产业内容，是生成文化产业稀缺性的核心——地方文化通过生产方式和技术手段转化为具有特定文化属性的内容产品。稀缺的地方文化是文化产业的核心组成部分，其他地方都无法复制。以大型文旅演出"印象"系列为例，其团队在全国各地打造不同文化内容和场景的实景演出，在尊重地方文化发展规律和发扬地方文化特质的前提下，充分挖掘和利用地方文化的稀缺性，寻求文化产品和服务的

---

① 尹鸿：《如何走出同质化怪圈》，《求是》2012年第18期。

差异性，提供特别的文化体验和产业内容，不跟风，不整齐划一，不将异地文化产业运营经验模式生硬地套在本土文化头上，合理使用科技手段，以产业内容为价值中心，形成了独特的文化产业竞争力。

以地方文化的稀缺性和不可替代性为文化形象的基础，塑造富有地方特色的文化品牌。品牌即符号。正如鲍德里亚所言，"消费建立在某种符号（物品/符号）和区分的编码之上"。没有区别于其他产业内容的符号价值，文化产业就缺乏竞争力，地方文化符号化是完全可行且必要的。文化品牌不仅承载着企业文化，更是地方文化的符号化，凝聚着"地方感"。对地方文化产业实施品牌化管理，可以利用知识产权制度来保护地方文化的专属性，禁止域外资本或产业对地方文化的破坏性开发。由于文化资源的共享性，地方文化异地开发已成为普遍现象。笔者对地方文化异地开发持有异议，特别是某些主题公园，将各地著名文化事项罗列在同一空间，滥用地方文化的稀缺性，稀释了文化价值，失去了灵韵，丧失了文化的生态性。只有做到"一地一品"，增强地方文化产业品牌效应，才能有效保障地方文化产业的产品或服务的稀缺性。文化品牌是区别于其他文化产业内容的重要的差异化手段，亦是提升文化产业附加值的重要途径。

政策供给亦是保证产业稀缺性的因素。当前部分地方文化规划或文化产业规划，普遍缺乏对地方文化、本土文化特色的提炼，抑或缺乏"地方感"。例如各地文化产业园，多采用工业园模式或文化地产模式，在文化层面缺少思考与规划。国家在政策层面已经意识到这些问题。① 文化产业政策对经济价值的关注，绝不意味着均衡化、标准化。文化产业的发展，应是文化本身和其关联产业共同发展的活动，是社会、文化与经济所共合的现象。产业政策既要关注文化产业附加值、就业率和整体经济发展，更要考量地方文化的

---

① 2014年3月，国务院颁布了《国家新型城镇化规划（2014—2020年）》，总结了在城镇化快速发展过程中存在的突出矛盾和问题，包括缺乏对本土文化的关照、导致乡土特色和民俗文化流失等。

第五章　逻辑与路径：基于徽州非物质文化遗产资源的产业融合发展

特殊发展规律、公众生活品质、社区发展、本土文化的纵向历史传承和横向的空间拓展等向度。以台湾省为例，通过政策调整，以"地方性"作为文化产业发展的切入点，当地"文建会"在"社区总体营造"基础上，单独将地方文化产业列为政策对象，同时创新性提出"一乡一物一特产，一村一品一艺文"政策，这些政策措施就是要保证地方文化产业的稀缺性，以提升区域产业竞争力。

文化产业稀缺性的在地化因素，主要表现为文化主体性问题，即与地方文化相关的文化主体。首先是文化传承人与在地民众，他们是地方文化的载体，也是地方文化原创性的根基。若利用地方文化发展文化产业都忽略了地方文化差异性，就是对这类主体的不尊重，在一定程度上遏制了他们参与产业的积极性和主动性，难以获得其支持。其次是文化研究学者或文化名人，这一主体是文化产业实施本土化策略的重要资源，能够有效的将地方文化转化为文化资本，也是建构地方文化认同的重要推动者。无论地方文化传承人个人、群体，还是在地的民众抑或当地文化名人，均是地方文化原创性与生态性的日常载体，如果他们缺少自觉性与创造力，文化产业的原生竞争力就不会提升。

三、通约性是非遗文化产品消费的"通行证"

（一）不可通约性与通约性

库恩在《科学革命的结构》中第一次使用"不可通约性"概念来说明两个范式或理论之间是不可通约的，即它们之间是无共同尺度或无比较基础的，但库恩并未将"不可通约性"绝对化，他认为不可通约性实际上是"局域不可通约性（local incommensurability）。将"不可通约性"引入文化领域，也具有适用性——"局部的通约"。

本节中的"通约性"与"不可通约性"相互包含，"通约"是指"局部通约"，"通约"包含"不可通约性"，通约能被理解，不可通约则在于每个人理解的角度和心境不一样，其理解的过程与结果也不一样。前文已述，文化的多样性和地方的稀缺性导致了文化之间的差异性，每一种文化都是独特的，都是其他文化不可替代的，这是该文化存续的理由。要实现文化的通约，首先要承认文化的差异性，这并不等于否认文化间的可通约性。差异性是各文化之间交流借鉴和实现通约的前提，不同类型的文化既有内容和形式上的差异，同时又具有人类文化所共有的特征，差异性的存在使这种通约变为现实。因此文化间不可能"完全"通约，只能是"部分"或"局部"通约。在下文中，"通约性"主要从两个方面理解：一是地方文化之间的通约，即文化意义的共通性、文化艺术的可理解和可交流；二是地方文化参与文化产业的产出——文化产品或服务的通约，即文化产品或服务的可被消费性。前者是后者的基础，只有在文化意义上实现了通约，才能使文化产品被认同、被接受、被消费。

（二）通约的背景与前提

1. **背景**。文化差异是文化交流的前提，但在跨文化交流中，文化差异的存在可能导致文化价值或意义在文化认知、接受、行为模式以及消费中产生偏差或梗阻，进而影响文化之间的交流与融合。这就要求在文化交流中进行通约化处理，以减少文化误差。地方文化是人类文化的一部分，从整体角度看其位置与意义，地方文化是整体的一个节点，不仅属于特定地方，也是整个文化意义中的一环。地方文化从发生根源上来看，与域外文化具有某种通约性。例如传说、神话、舞蹈、音乐等文化艺术，在某种层面具有认知同一性和意义共通性。同时，地方文化在参与产业运营中，要提取本域文化与域外文化所蕴含的共同性——审美、认知、科学、艺术等，在表现形式、文化内容和包装、营销手段方面打造文化的通约性。

在当下文化产业发展和文化产品贸易大背景下，任何文化产品的内容都源于某种地方文化，而文化背景与审美习惯（文化结构）的差异导致了文化折扣，为减少这种文化折扣，应在文化产品的创作、生产和营销过程中，进行通约化处理,提高文化产品的通适性,以打破文化贸易壁垒。

2. 前提。文化间是可以实现局部通约的,这基于三个前提。一是文化消费的主体性因素,不同地方文化形态或样式之间的交流、理解,受制于其所在的文化和历史情境,同时也要受制于文化消费或文化参与者的主体能力。通约是一定情境中的通约,地方文化所在的历史情境是客观的,包含通约的制约性成分或因素。但主体能力则是主观的:一方面,可以改变主体的文化观念和认知能力,以达到文化或文化产品通约目的;另一方面,在文化产业运营过程中,使产品或服务符合文化消费主体的文化习惯和心智模式,亦可达到通约目的。二是文化的价值趋同性,虽然地方文化形态各异、内容多样、表现多元,但它们具有人类所共同追求的价值取向——求真、向善、寻美。无论地方文化的表达形式如何,其核心内容和精神价值基本是趋同的,这也是地方文化之间的最大公约数。因而,在创作文化产品或提供文化服务时,应遵循这一规则,将文化产品消费过程的折扣降到最低。三是传播与消费技术的通约性。文化的传播、文化产品的消费离不开一定的技术基础,科学技术克服了文化传播的空间障碍,促使文化间的充分交流与融合成为可能。各种文化形态都在利用最新的传播技术扩大自身的文化影响和文化认知。

(三) 文化产品的通约路径

路径一:文化产品意义的通约。依托地方文化的文化产业,在文化产品方面首先要具有差异性,这样才能满足消费者的猎奇心态,但文化产品被消费则基于对文化的理解与认同。由于受众的文化差异和固有认知,在接受异域的文化产品时,虽然有兴趣,但对产品的理解会有文化折扣现象,甚至存在曲解或误解。为了化解"文化折扣",应在文化产品中融入"意义"。此种"意义"并非前文所说的"地方感",而是基于"地方感"所升华成共通的"意义空间",即在文化产品的意义方面进行通约化处理。文化的本质是人化,文化都是人类活动的结果。人文精神是一种普遍认同的文化意义,在文化产品中体现这种文化意义,就会有效降低文化折扣。那么这种文化意义如何体现呢?笔者认为对有效的手段是"讲故事",即文化产品要有"叙事"思维,运用"故事"阐述文化产品的意义,展示文化产品的故事力。故事是有效的沟通形式,是影响受众的最好工具。故事可以将人性、真善美、价值意义等蕴化其中,把复杂的地方文化转化为容易理解的模式和意义。故事是一种共同参与的过程,受众在消费文化产品故事时,自然会在内心产生意义,并与其潜意识相连。成功地用故事传递特定的价值观,从而用情感引发人类的感情共鸣,以提升文化产品的影响力。

路径二:文化产品形式的通约。用通行的"形式"或"符号"使文化产品与受众之间进行通约。形式是表,文化是里,将地方文化、传统艺术等文化内容用受众所熟悉的文化产品形式或符合现代消费习惯的形式进行包装和营销,可以提高产品的流通性,既能提供产品内容的新鲜感和差异性,又会为文化产品的消费提供驱动力。文化产品可以通过舞蹈、影视、音乐等非文字类的语言符号来传播文化意义,以提高受众对文化产品的认同,进而加强不同文化之间的交流与融合。地方文化在产业逻辑下,将产品转换为视觉符号、听觉符号,可以跨越语言文字符号的异质性障碍,在传播与消费层面具有很强的通约性。

路径三:文化科技的通约。地方文化参与文化产业,其中一个重要桥梁就是科学技术,科技已然成为文化产品传播与消费的主要工具与手段,可以将文化产品便捷地推送给受众,也可以帮助受众去理解文化产品中的文化内涵。当前科学技术从不同的方面为文化产品提供了交流与创新的可能,共同形塑着文化产品的通约性。

科技为文化产品内容创新、生产和效果传播提供了手段,它从三个方面提高了文化产品的通约性。第一,科技使文化产品更符合感官系统的接收,如应用超文本技术可以在不同的文化信息单元之间加上链接,受众可根据需要随心所欲地在信息之间跳转,这种信息组织方式更加符合人类大脑的特

第五章 逻辑与路径：基于徽州非物质文化遗产资源的产业融合发展

点，更有助于文化产品的消费。第二，增强了文化产品的传播力，科技加快了文化产品的传播速度，同时也使得文化产品的传播影响范围扩大。文化产品在数字化以后，其影响范围也就从过去的局部地域变成了全球。第三，科技丰富了文化产品的表现力，它赋予文化产品的多媒体性和交互性是以前的技术很难达到的，基于科技的文化产品可以采用更丰富的叙事方式和媒体手段，使文化产品具有再现完整感官体验的能力，文化产品综合利用视觉、听觉、嗅觉和味觉等各种感觉媒体来完整传递感受。

地方文化是整个文化生态的一部分，在社会进化过程中，彼此和谐共存，以形成稳定的生态系统，即"美美与共""和而不同"，各文化之间既有意义共通性，又有各自不同的传统和特质。"和实生物，同则不继"，正说明地方文化之间具有差异性和稀缺性，才能进行交流与发展；反之，同一性或完全通约化则会导致一元文化论，甚至失去发展动力。当地方文化参与到文化产业运营时，更要从两个层面考量：稀缺性——价值增值的起点与市场核心竞争力；通约性——文化交流、产品流通、消费的"通行证"。从地方传统文化到文化产品或文化服务，并不是一个自然形成的过程，而是一个创意、创造、创新的产业过程，文化产业一边连着生产要素——文化资源，一边连着终端消费——文化产品，因此要充分发挥传统文化的稀缺性，将之贯穿于整个产业链，并使之产生的产品或服务同样具有稀缺性，促进产业增值。这是产业的供给侧，要供给具有差异性、稀缺性的产品。同时也要观照产业的需求侧，即市场消费需求，公众需要什么文化产品或文化服务，如何使依托传统文化的产品或服务有效达到终端，使消费者理解和消费。这就需要考虑产品的通约性，产品内容、产品形式要与目标受众的需求之间具有通约性。

2025年初上映的国产动画电影《哪吒之魔童闹海》一举打破多项影史纪录，实现了口碑与票房双丰收。它成为首部进入全球影史票房榜前10名影片（唯一非好莱坞影片），同时位列全球单一市场票房榜第1名。按照稀缺和通约理论,其成功原因有四。一是立足中国传统文化,保证影片内容的稀缺性,展现中华文化在全球化背景下的独特性。二是通过平衡传统与现代,加入了现代元素,使角色性格更符合当代价值观,强调主人公的反叛和成长;立足本土、放眼国际,既有中国特色又能引起全球共鸣的叙事方式,让故事打动全球观众。三是运用了先进的动画科技,比如 3D 建模、声画特效,这些技术让视觉效果更抓人眼球,将哲学思想、艺术形式等元素融入作品之中,吸引当代观众尤其是年轻观众。四是不仅具有娱乐性和审美性,还传递着积极向上的价值观和人生观,如社会正义、奋斗成长等。该片一举打破多项影史纪录,实现了口碑与票房双丰收。

第二节　约束与优势:徽州非遗资源与产业融合 SWOT 分析

一、徽州非遗资源与产业业态关联性分析

徽州非遗资源不应仅止于静态的保护或文化形式的追求,而应把重点放在与文化发展以及与人有关的价值与意义的创造方面,不仅再现过去,更应创造关怀人的现代文化需求及非遗未来的发展——非遗资源产业性创意赋值。利用产业政策和产业技术,为非遗提供新的文化书写和再现途径,强调文化实践社群和文化传承者对文化知识再生产和创造的过程。可以将非遗事象进行在线性、嵌入性、融合性整合,打造关联产业。数字化的非遗资源通过数字技术可以将非物质文化遗产内容以标准化和数字化的形式进行编码存储,建立数字文化遗产资产库,并以其素材数据为基础,以市场需求为导向,在坚持文化遗产内容不被歪曲的原则下,对遗产进行数字化再创造,将其转化为能够在市场上合法合理流通的文化产品。在地性的非遗资源可以结合文化旅游、影视动漫等产业资源,促使非遗在得到有效保护的同时,又能实现相关产业创新与发展创意价值,如附加文化价值、增加产业价值。

第五章　逻辑与路径：基于徽州非物质文化遗产资源的产业融合发展

从文化创意产业视角看，现代文化产业本质上是"产业族群"，建立在规模复制数字技术的基础上，履行最广泛传播的功能，经商业动机的刺激和经济链条的中介，迅速向传统文化遗产资源的原创和保存两个基本环节渗透：将原创变成资源开发，将保存变成展示，并将整个过程锚定在现代知识产权之上。非遗数字化，建立非遗数据库，使非遗资源不仅仅停留在宣传、保护、教育等公益服务层面，而且能发挥更大的效用。将文化遗产信息和内容通过数字技术和文化产业的创新思维，在坚持完整性、原真性的原则基础上进行数字化再创造，即以非遗数据库的文化遗产符号为基础，通过数字技术和文化产业的新思维，将数字内容与产业进行有效桥接，进行数字内容再造路径，以数字化技术为工具，以市场需求为导向，创造性地开发各类具有自主知识产权的文化商品，并通过版权授权、联合开发、展览展示、教育培训等方式实现从原创、设计、制造到推广、营销的产业化运作。非遗可以为文化创意产业提供丰富的内容支持。对于非物质文化遗产而言，数字化技术可以为其提供强大的工具、方法和技术支撑，并通过文化创意产业独有的创意和展现形式，使非物质文化遗产获得保护、传承和展示的巨大空间，可以为很多文化形态、文化业态注入更加强大的生命力。尤其是非遗与社会大众的文化需求相结合，有助于探索非遗保护与传承的有效模式。

从文化旅游产业视角看，徽州作为一个文化资源富集区，文化旅游是重要的产业业态之一。从2023年黄山市的国民经济发展报告来看，2023年黄山市接待国内外游客8326.61万人次，比2022年增长45.5%。旅游总收入743.1亿元，增长57.8%。截至年末全市有A级及以上旅游景点（区）53家58处，其中5A级景区3家8处；星级饭店26家，其中四星级及以上饭店20家；旅行社258家。黄山风景区接待国内外游客457.46万人次，同比上升增长227.5%；门票收入5.6亿元，同比上升249.4%。徽州非遗作为天然的旅游资源，无论是在地性文化旅游，还是在线的"网游"，都为徽州旅游产业提供了丰沛的文化内容。调研数据显示，来徽州旅游的消费者除了欣赏黄山等自然景观之外，95%以上的旅游出衷是体验徽州的民俗文化。全球性的旅游业的持续发展已经出现与文化内容融合的重大趋势，网络文化旅游也成为网络经济中的"异军"力量。基于数字技术的网络文化旅游业的商机表现在以下两个方面：一是继续推动传统意义上的旅游业信息数字化，使出游更加方便、舒适，费用也更加低廉；二是在数字化技术的基础上，全面开发文化遗产旅游资源，建立虚拟旅游世界，彻底改变旅游服务模式，从根本上提高旅游活动质量。在这个虚拟旅游空间中，旅客将旅游的对象物以及旅游活动本身与历史事件、文化事项联系起来，形成对于旅游的意义理解。遗产叙事是一种为了旅游目的而被选择的特殊表述方式，换言之，在现代语境中文化遗产成为旅游中的一个品种、品牌而进入大众消费领域。遗产可能会促进各类群体思考他们的文化"根源"；遗产可以被旅游化、商品化，但旅游、商品等形式并不是遗产的全部——确切来说，其本质是对某种价值观和传统的代表权。①非遗数字资源的开发利用将为旅游业附加新的内涵和价值。文化旅游本质上是一种文化体验，而文化体验是非实体的感知，是对文化遗产内涵物的体验。不管体验是通过文化的实体载体实现的，还是数字化载体实现的，都是向公众传达文化内涵物。从这个角度来说非遗数字化可以满足公众的文化需求，同时也可以有效避免对实体遗存的破坏。数字化研究的开发内容、服务内容等完全可以满足旅游产业的特点。

从媒介产业视角看，党的二十大报告强调"以社会主义核心价值观为引领，发展社会主义先进文化，弘扬革命文化，传承中华优秀传统文化，满足人民日益增长的精神文化需求"，"加大文物和文化遗产保护力度，加强城乡建设中历史文化保护传承"，"增强中华文明传播力影响力。坚守中华文化立场，提炼展示中华文明的精神标识和文化精髓，加快构建中国话语和中国叙

---

① [英]贝拉·迪克斯：《被展示的文化：当代"可参观性"的生产》，冯悦译，北京大学出版社2012年版，第146页。

第五章　逻辑与路径：基于徽州非物质文化遗产资源的产业融合发展

事体系"。① 二十届三中全会要求"加快适应信息技术迅猛发展新形势，培育形成规模宏大的优秀文化人才队伍，激发全民族文化创新创造活力"②。现代媒介产业在数字技术的催化下，成为社会文化生活的重要组成部分。媒介产业与文化遗产资源互为条件：媒介产业为文化遗产资源提供传播介质和渠道，文化遗产资源为媒介产业提供文化内容，二者相得益彰。媒介参与到文化遗产资源数字化保护与产业化运营之中，即创新徽州文化遗产资源公益性文化传播服务与商业应用并行的互惠经营模式。徽州文化遗产资源丰富，在庞大的文化消费市场下，各级各类媒体通过文化和科技的融合创新弘扬徽州优秀传统文化，在文化产品创作、生产、传播、消费的各个层面和关键环节发挥作用。以电视媒介为例，可以按照分众化方式，打造特色文化频道或开辟文化栏目，将文化性、欣赏性、知识性、娱乐性、时尚性等融于电视节目之中。2022年2月8日和10日的纪录片《创意黄山美在徽州》先后获得法国电影奖"最佳纪录片大奖"和纽约电影奖"最佳纪录片大奖"两项殊荣，通过黄山大写意、人文之美、山水之美、城市之美、情怀之美，着力表现"创意黄山"的城市精神和"美在徽州"的文化品格，用一种哲学思维、国际视野和全球眼光，传递出跨文化和世界语境下的黄山市城市现代化进程的浪漫气质和国际胸怀，用国际语态向世界展现一个全新的黄山，将黄山市在经济社会发展及生态环境保护、美丽中国建设方面所取得的成就展现在世界面前。徽州文化遗产资源不仅可用于公益性的记录片和宣传片，且此前影视界改编并拍摄了多部以徽州人文、徽商、徽景为主题的商业片，如《黄山短尾猴》《最忆是江南》《味里故乡》《大清徽商》《胡雪岩》《徽州女人》等。以上电视节目依托传统文化资源，经过数字技术包装，具有本土特色，获得了前所未有的收视率。利用文化遗产资源发展媒介内容产业，也将是媒介产

---

① 习近平：《高举中国特色社会主义伟大旗帜　为全面建设社会主义现代化国家而团结奋斗——在中国共产党第二十次全国代表大会上的报告》，人民出版社2022年版。
② 《中国共产党第二十届中央委员会第三次全体会议公报》，人民出版社2024年版。

业的发展趋势。

从信息内容产业视角看，文化遗产资源的数字化将为信息产业提供附加价值。将非遗数字库中的数字内容作为信息产业的素材，把非遗数字信息转换为产业的价值主体，让徽州文化遗产数据成为信息产业的内容，让徽州非遗焕发生机，而信息产业拥有了优秀的文化内容才能更好地发展。徽州文化遗产资源的开发与利用，是信息产业发展的新空间、新领域、新的增长点，应采用数字技术和网络技术，有机整合文化内容生产和信息服务两大部分，建立内容生产、流通和消费的新运作模式，如利用微信等工具进行信息定制、个性化推送信息。通过徽州文化遗产资源的数字化，以"文化内容"带动信息服务业的发展，以信息服务业有效传播文化遗产信息，二者互为支撑、共同发展。

从数字游戏产业看，以文化遗产为内容的数字游戏，不仅提升了网络游戏的文化品质，形成了新的消费热点和商业盈利点，而且通过游戏环节设置使文化遗产内容被更广和更深地传播。[①] 青年群体是数字游戏产业的主要消费者，也是承担传统文化复兴的主体。可将遗产内容有效编码并适当嵌入游戏之中，以严谨的文化态度关注文化遗产信息的真实性和知识深度问题，促使游戏与文化遗产传播有机融合，引导新生代对传统文化的认知、理解与认同。

徽州非遗资源与文化创意产业、文化旅游产业、信息内容产业、媒介产业、数字游戏产业及其他相关产业具有较高的关联度，实现非遗资源的传承保护、数字化与产业的有效桥接，使特有的非遗资源转化为优势的产业资源，可创造更多的经济和社会效益。[②]

[①] 杨璇：《数字化如何助力文化遗产传播》，http://epaper.gmw.cn/gmrb/html/2015-07/29/nw.D110000gmrb_20150729_3-10.htm?div=-1。

[②] 秦枫：《文化遗产资源符号建构与产业融合——以徽州区域为例》，《云南开放大学学报》2016年第2期。

二、徽州非遗资源产业发展 SWOT 分析

本节① 主要侧重于那些具有产业要素、具备生产和再生产价值的非遗资源，通过整合资源、文化再生产等方式，将其转化为独特的徽州文旅、文创产品和服务。

徽州非遗资源的产业发展对于提升徽州非遗的保护与传承有所助益，也有利于徽州非遗产业和文化产业的发展壮大，并且能够推动徽州经济社会文化的全面发展，为安徽或全国其他区域提供范例。为探讨徽州非遗资源产业融合发展的问题，本小节运用战略分析方法（SWOT），依据徽州非遗资源的内生禀赋、外在约束与利好条件以及优劣势，考察徽州非遗产业融合发展。SWOT 方法的长处在于考虑问题全面，是一种系统思维，能为后续融合关键要素的研究和产业融合路径研究提供基础性、合理性的思考与支撑。S（strengths）代表优势、W（weaknesses）代表劣势、O（opportunities）代表机会、T（threats）代表威胁。

（一）优势分析

1. 徽州非遗资源及关联性资源丰富

如前所述，徽州这样一个文化底蕴深厚的区域孕育了诸多文化遗产。依托绝佳自然生态环境而存在的，不仅有大量物态文化遗产（如古村落等），还有丰富的非物质文化遗产，内容丰富、类型多样。省级以上物质文化遗产近百处，现列举部分：呈坎古民居建筑群、西递明清民居建筑群、宏村明清民居建筑群、程氏三宅、渔梁坝、棠樾牌坊群、许国石坊、潜口民宅、齐云山石刻、竹山书院、南屏村古建筑群、祁门古戏台、新安碑园石刻、黄宾虹故居、忠烈祠坊、长庆寺塔。市级以上非物质文化遗产达几百余项，现列举

---

① 本节数据无特殊说明，均引自《黄山市 2023 年国民经济和社会发展统计公报》。

部分：轩辕车会、徽州祠祭、新安医学、徽派盆景技艺、徽州建筑技艺、徽州漆器制作技艺、徽州篆刻、徽派版画、祁门傩舞、徽州民歌、徽州楹联匾额、徽州民谣、徽州三雕、徽剧、歙砚制作技艺、徽墨制作技艺等。徽州非遗种类庞杂，门类繁多，其他县区及民间文化遗产资源未列举在内。徽州地区非物质文化精华堪称中国农耕社会的典范，有相当一批非物质文化遗产项目具有国家级的技艺水平，且具有全国性的影响。徽州非物质文化遗产资源中的众多文化样式，代表中华传统文化在某一特定领域的高级形态，独具文化风格和精神内涵。这些文化遗产在徽州社会发展变迁中发挥着重要作用，至今仍有其实用价值、科学价值、美学价值、艺术价值等，为现代社会的教育、文化旅游产业及影视产业等领域提供文化内容和文化素材。

2. 非遗资源产业融合发展基础条件完备

徽州区域的基础设施、交通设施等日趋完善，区域内公路线路里程达8000余公里，其中高速公路有400余公里。杭黄高铁等交通线路的完善，区域内部四好农村路的建设对文旅产业发展起到助力和推动作用。全省推进徽州文化生态保护区建设，开展徽州非遗抢救性保护工作，启动实施新安医学振兴工程、徽剧振兴工程。引导社会力量参与保护，鼓励社会资本以租赁、承包、联营、股份合作等形式投资保护与利用。充分激发民间保护的热情，鼓励组建非物质文化遗产保护协会、故园徽州文化促进会等民间保护组织。注重活态传承与经济发展的紧密结合，将传统文化融入现代生活。搭建平台促传承，与故宫博物院签署合作框架协议，携手共建故宫博物院驻黄山徽派传统工艺工作站、故宫学院徽州分院、故宫博物院博士后工作站，借助故宫博物院强大的科研学术资源和丰富的文创工作经验，推动徽派传统工艺传承与振兴。注重研发促创新，通过办展办赛、开展研习、组织培训等方式，加大徽派传统工艺的研发力度，丰富品种题材、解决工艺难题、拓展应用空间，真正让传统工艺走进现代生活、现代设计走进传统工艺。强化利用促发展，坚持文化与旅游、科技、市场相结合，推动文化资源优势向文化

第五章　逻辑与路径：基于徽州非物质文化遗产资源的产业融合发展

产业优势、文化竞争优势转化。借力活动扩大影响，成功举办和承办了三届中国非物质文化遗产传统技艺大展、"徽匠神韵"故宫特展、"明月清风"故宫博物院藏新安八家书画展等系列活动，徽州文化的对外影响力不断扩大，"梦幻黄山礼仪徽州"的城市品牌进一步打响。

3. 区域社会经济发展水平日益提高

经济发展维持平稳态势。2023年全年，黄山地区实现生产总值（GDP）1046.3亿元，较上年增长4.5%。分产业看，第一产业增加值为79.9亿元，增长4.2%；第二产业增加值为359.8亿元，增长2.4%；第三产业增加值606.6亿元，增长5.7%。服务业贡献突出，重点行业活力得到激发。全年服务业增加值606.6亿元，较上年增长5.7%，对经济增长的贡献率达73.2%，成为经济回升的主要动力。预计全年全员劳动生产率为135531元/人，较上年增加5316元/人。按常住人口计算，人均地区生产总值79295元（折合11253美元），增长5.1%。年末，全市拥有体育场10个、体育馆6座、运动场22个，人均体育场地面积达4.31平方米。财政支出保持稳定，存贷款实现较快增长。全年全市一般公共预算收入84.3亿元，较上年下降7.1%。一般公共预算支出222.0亿元，增长0.3%。其中，教育、社会保障和就业、住房保障支出等重点领域支出分别增长6.6%、12.6%和12.5%。年末，全市金融机构人民币各项存款余额1991.6亿元，增长9.4%。

4. 区域文创、文旅等产业发展迅猛

区域文化产业的发展与非遗资源产业的融合发展具有正相关性。区域内128个1000万元以上重点项目完成投资逾80亿元。现代服务业产业园、非遗创意产业园等集聚区建设强力推进，孔乙己文化传播有限公司等12家企业挂牌省股权交易托管中心文旅专板，竹艺轩入选国家文化出口重点企业，胡开文墨厂等9家企业入选省文化产业示范基地公示名单。安徽中国徽州文化博物馆在全省地级市博物馆中首家获评国家一级馆。徽州民间文艺展演获国家公共文化服务体系示范项目创建资格。公共文化场馆免费开放、农村文化建设专项补助等民生工程超额完成任务。文化市场体制改革稳步推进。区域文化旅游产业两位数增长。全年接待国内外游客8326.61万人次，比上年增长45.5%。旅游总收入743.1亿元，增长57.8%。

（二）劣势分析

1. 非遗生存危机与过度开发不断

传统口传心授的传播与传承方式阻碍了非物质文化遗产的现代化传承和发展。诸多非物质文化遗产没有相对应的文字记载或传承方式，完全依靠口授流传，大部分传承人文化程度不高、经济状况欠佳，而且有的年事已高，年轻人外出打工，对传承人工作往往失去兴趣。在现代数字技术、信息技术、网络技术的冲击下，仅以传承人言传身教为主要方式的各种记忆型和技艺型非物质文化遗产濒临失传危机。过度商业化、产业化的开发也在一定程度上损害了文化生态的完整性和真实性，非物质文化遗产得不到科学有效的保护与传承。不少非物质文化遗产面临着严峻的生存危机。以及，对非遗的地方性挖掘不足。很多非遗的文化内涵、文化特色和文化价值彰显不明，有的甚至出现同质化现象。

2. 非遗产业复合型人才相对缺乏

非遗传承人的培养一直是实现非遗生存与发展的关键部分。部分非遗传承乏人，如徽州民歌、徽州竹编等。非遗的学习不是短时间内能够完成的，需要学习者不断钻研。而且若无一定经济条件支撑，不能满足传承者基本的养家糊口需求，学徒大多会半途而废，或干脆避而远之。找不到传承弟子，非遗传承便后继无人。年轻人对学习这些传统文化、技艺缺乏兴趣，非物质文化遗产传承人的老龄化与断代现象使非遗资源的传承与发展受到严重威胁。综合型研究人员和管理开发人员是实现非遗资源保护与产业融合的核心力量。早在2010年，李长春在《保护发展文化遗产 建设共有精神家园》中指出："要加强文化遗产工作队伍建设，努力造就一批知识渊博、品质优秀、

第五章　逻辑与路径：基于徽州非物质文化遗产资源的产业融合发展

甘于奉献的专门型人才，一批敢于创新、善于创新的创新型人才，一批熟悉和掌握古代科技知识和传统工艺的专业型人才，一批善于运用现代科技手段保护和利用文化遗产的科技型人才，一批熟悉文化遗产工作、懂经营善管理的复合型人才，一批历史文化知识丰富、具有世界眼光、熟悉外语的外向型人才。"①非遗作为文博事业的重要组成部分，其对人才培养的要求可以基于上述规划细化。非遗资源的产业融合对复合型人才的要求更高，在市场经济条件下，非遗资源所需要的人才是多方面的、综合性的，不仅要了解并掌握非遗相关基础知识，更需要熟悉市场运作、管理营销等方面的人才。我国目前对非遗管理研究复合型人才的培养还处于起步阶段，除了在教育体系方面努力完善，更需建立和完善非遗人才培养的区域与行业间的交流平台，相互汲取经验，共同提升。同时可与国外相关非遗研究机构建立合作平台，交流经验，翻译国外优秀非遗著述，推进非遗理论研究。对复合型人才的培养更需理论与实践相结合，提供更多实践机会，在实践中学习、总结经验，对人才自身的提升更有帮助。这需要社会各界共同努力，提供平台和机会，为人才开拓成长空间。

2. 投融资机制和主体尚存在缺陷

非遗资源属于轻资产，在产业估值上存在一定困难，金融机构无法有效进行价值评估和提供相应担保，故而投融资制度、机制相对缺失，投融资主体相对单一。金融机构一般从自身角度出发对同一区域的投资项目较为积极，而对异地文化产业的投资项目却显得慎重甚至持反对意见。金融机构在面临市场交换摩擦时，以"行政区域"为划分依托，增加交易壁垒，制造障碍，妨碍了文化资源的合理高效流动，这也不利于全国统一大市场的建立。徽州非遗产业大多数依靠自有资金进行投资与发展，企业的规模并不大，资本实力相对较弱，民间资本流向偏重于实体或用于消费，但绝大多数用于储

---

① 李长春：《保护发展文化遗产 建设共有精神家园》，《人民日报》2010年6月12日。

蓄，社会其他资金投入文化产业的积极性并不高，所以徽州非遗产业融资渠道狭窄，投资主体很少。鉴于非遗资源的轻资产特征，大部分徽州非遗企业从银行贷款融资也存在困难。因为银行十分重视风险控制，信用贷款所占比重甚小，担保抵押贷款大多以实物为基础，而徽州非遗主要是无形资产，难以评估价值且风险比较大，贷款融资困难重重。

3. 非遗及产业发展的创新性不足

徽州非遗作为传统文化的有机组成部分，对其进行保护与传承固然重要。但当今社会，徽州非遗的生存环境、社会功能、市场结构已经发生的变化，无论是非遗的传承还是产业利用，都要与当下社会接轨。目前不少徽州非遗产品在原创内容、造型设计、外观形式方面未能紧跟时下的审美和需求，缺乏有效创新，对当代社会文化元素的挖掘和应用非常欠缺，不能契合民众多元化的精神文化需求，其发展面临瓶颈。很多注重文化内涵和精细工艺的徽州非遗技艺未能很好结合现代社会形态对题材和形式进行创新，逐渐失去生存市场。随着信息化、工业化水平的逐步提高，徽州非遗产品的生产因传统的生产工序和工艺费时费工且效率低下而面临着严峻的生存考验。非遗传承人知识产权意识淡薄，让一些别有用心的商家有了可乘之机，批量生产劣质文化商品，依靠价格优势抢占本已狭窄的非遗市场，不仅破坏了文化市场生态，而且影响了非遗的名誉，导致"劣币驱逐良币"。

（三）机会分析

1. 各级文化政策及时有效供给

我国出台了《中华人民共和国非物质文化遗产法》《中国传统工艺振兴计划》《关于实施中华优秀传统文化传承发展工程的意见》等法律政策，为各省做好非物质文化遗产保护利用工作提供了法理依据。文化部在"十一五"期间设立了徽州文化生态保护实验区，经过十多年的实践，于2019年正式命名与挂牌。徽州文化生态保护区的保护对象为划定范围内的自然环境、历史遗迹,特别是构成文化生态保护实验区的核心内容——以活态存在并传承的非物质文化遗产。2014年,安徽省出台了《安徽省非物质文化遗产条例》,通过非物质文化遗产普查和名录体系建立了国家、省、市、县四级非物质文化遗产分级保护体制、非物质文化遗产项目保护责任单位的认定和非物质文化遗产传承人保护机制等,按照"保护为主、抢救第一、合理利用、传承发展"的总体工作方针,大力推进非遗资源的保护和利用工作。徽州区域也相继出台了各类保护措施的文件,如《黄山市关于加强非物质文化遗产传承保护工作的实施意见》等。有效的政策供给和良好的政策环境,为徽州的非遗保护与产业发展提供了制度保障。

2. 苏浙沪皖地缘相近资源共享

2018年11月,长江三角洲区域一体化发展正式上升为国家战略,安徽与苏、浙、沪地缘相近、人缘相亲、文化相通,交流合作源远流长,相互间是重要的文化旅游客源地。从地理位置上看,这一地域形成了以上海为龙头,江苏、浙江为两翼,安徽为后卫的格局。从旅游资源上看,苏、浙、皖三省都拥有优美的自然山水,同时这一地区自古文化发达,留下了丰富的人文遗产,旅游资源数量和品质在全国位于前列。徽州地区位于钱塘江上游,浙西皖南赣北交界处,东临国家历史文化名城浙江衢州,南接江西省婺源县,整体形成了一条名山名水名城的文化旅游线路,横向衔接长江三角洲,成为徽州文化旅游产业发展的主要走向。长江三角洲地区经济发达,人口众多,为徽州文化旅游产业发展提供了庞大的游客流量。长江三角洲地区人口约占全国的16.7%,GDP约占全国的25%,区域内人均GDP远高出全国平均水平。交通方面,徽州地区有客航、高铁、高速等交通方式,不论是从长三角区域还是内陆进入徽州地区都十分便捷,为徽州文旅产业发展提供了便利条件。

3. 产业环境改善产业结构优化

黄山市是徽文化的发祥地,也是皖南国际文化旅游示范区和徽州文化生态保护区核心区域。安徽省委《关于制定国民经济和社会发展第十四个五年规划和二〇三五年远景目标的建议》提出："做大做强旅游产业。加强重大旅游基础设施建设，加大高 A 级旅游景区和国家级旅游度假区创建力度，争创文化特色鲜明的国家级旅游休闲城市和街区，培育形成一批世界级旅游目的地。"徽州区域内各类产业环境不断优化，应把传承和弘扬徽文化、推进徽文化与旅游深度结合作为经济社会发展的重要抓手，在保护中利用，在利用中传承，在传承中创新，在创新中探索发展；加快文化资源优势向文化产业优势转化，推进文化创新，让文化变得时尚，让历史变得轻松，解放和发展文化生产力，提高文化竞争力和综合实力，为把徽州区域（黄山）建设成为特色鲜明、辐射面广、影响力大、竞争力强的文化繁荣先行区奠定坚实基础。《国务院关于推进文化创意和设计服务与相关产业融合发展的若干意见》《国务院关于加快发展生产性服务业促进产业结构调整升级的指导意见》《国务院关于加快发展体育产业促进体育消费的若干意见》等一系列政策，营造了有利于文化产业发展的环境，政策红利将逐步释放，激励全社会拓展服务业新领域，发展文化产业新业态，培育文化产业新热点，推进产业规模化、品牌化、网络化经营，不断提高三产比重和水平。2023 年，黄山全市第一产业增加值 79.9 亿元，增长 4.2%；第二产业增加值 359.8 亿元，增长 2.4%；第三产业增加值 606.6 亿元，增长 5.7%。该市的三次产业结构由 2023 年的 7.8∶35.4∶56.8 调整为 7.6∶34.4∶58.0。从资源禀赋上看，黄山地区旅游资源异常丰富，文化底蕴极其深厚，生态环境非常优越。从产业基础看，黄山地区以文化旅游服务业为核心的服务业发展格局初步确立，已经成为黄山市国民经济的主导产业。

（四）威胁分析

1. 省内外文化产业竞争

在当前全国文化旅游产业大发展的背景下，徽州区域以文化旅游产业为

第五章 逻辑与路径：基于徽州非物质文化遗产资源的产业融合发展

龙头的第三产业发展遭遇激烈竞争。仅在长三角区域，以迪斯尼、方特为代表的主题公园，以西湖、太湖为代表的水上休闲，以苏州园林、江南古镇、古都南京为代表的历史文化旅游，都对徽州区域文化旅游产生了替代威胁。而在周边区域，淳安千岛湖休闲度假、九华山宗教旅游和自然观光，与本区域具有较强的同质性，势必对本区域文化旅游产生强烈的挤出效应。交通、消费水平等条件约束直接影响了消费者的文化旅游决策。各地都在积极利用自身特色及优势发展旅游产业，有些地方甚至专门成立了相关机构拓展文化消费市场、制定文化发展规划，形成了激烈的区域文化旅游市场竞争，这对徽州传统村落文化旅游开发和保护无疑是一个巨大的威胁。

2. 在地文化空间被压缩

现代化、工业化推动了徽州区域的经济社会发展，提升了该区域的文化发展与传播，但商业化气息也会潜移默化地渗透进来，非遗的保护与传承空间也在逐渐被压缩。以宏村为例，古村落内商业街铺林立，酒吧、民宿、饭店居多，且多数经营者并非原住居民，在地民众因其他因素（如新农村建设、进城务工等）迁出原有的文化地，传统非遗事项也随着民众的离开而慢慢失去了传承与发展活力。若传统非遗事项徽州民歌、徽菜、徽剧、徽墨等仅仅作为文化旅游产业中的一个点缀，或作为一个旅游项目而存在，那么对于徽州非遗保护与利用而言是一种失败。城镇化、商业化、产业化割裂了在地民众与原生自然空间、社会空间长期互动形成的和谐关系，破坏了非遗的生态环境，其赖以生存的文化空间也在逐渐被压缩，甚至消失。

3. 文化管理机制待完善

非遗产业融合需要多主体良性互动，徽州区域涉及两省三市，在宏观方面虽都遵循国家的文化发展战略的管理、引导与培育，但在中观和微观层面的文化管理机制上尚存在不统一、不畅通等问题。地方文化主管部门在管理机制和政策供给上并未达成一致，从非遗的申报、管理，到非遗的传承、产业开发，各地都以当地的利益为重，存在同一种非遗事项，因为资源、利益的分配问题，而导致不同的发展结果。不仅如此，在同一个区域内部亦存在机制不顺等问题。在某种意义上说，非遗资源集中于政府主管部门，管理主体、运营主体是政府，而非遗资源来源于民间和传承人，这就导致了所有权、使用权、经营权等之间的矛盾。另外，在非遗资源的产业投融资方面也存在着机制不完善的问题，社会资本参与程度低，非遗产业发展水平相对落后。

第三节　徽州非物质文化遗产资源产业融合关键及模式选择

非遗资源产业融合借助市场运行机制，以非遗为生产要素，通过产业化运营，使其转化为文化商品或文化服务。但并非所有的非遗都可以进行产业化运营，只有具备产业要素的非遗，才能利用其文化符号参与到产业化中去，使其成为一项文化产品与文化服务，以满足人民群众的精神文化需求。党的二十大报告明确强调，非物质文化遗产的产业化是将过去口传心授、零散学习的民间技艺形式，变成一个完全按照市场规律运作的产业形态，并达到相当规模、规格统一、资源整合、产生利润的过程，而且市场可以作为非遗传承的载体和传播的空间。但并不是所有的非物质文化遗产都可以产业化[1]：对于可经营的非物质文化遗产可采用产业化运作模式；对于不可经营的非物质文化遗产，政府应加大保护力度。同时，他们指出非物质文化遗产的产业化很大程度上就是要将非物质文化遗产中以某种物质形式表现出的、具有物质载体或形式载体的文化符号应用到文化产品生产中。非物质文化遗产的传承和产业化开发应置于不同的平台，采用分别实施的方法。具体来说，

---

[1] 佟玉权、赵玲：《非物质文化遗产保护利用的产业化途径及评价体系》，《学术交流》2011年第11期，第187—191页。

第五章 逻辑与路径:基于徽州非物质文化遗产资源的产业融合发展

就是通过传承人将非物质文化遗产原汁原味地传承下去①。同时,吸引投资者以非物质文化遗产为素材,进行产业化开发。非物质文化遗产产业化的实质就是规模化地生产非物质文化产品,将非物质文化由单一的事业管理转向事业管理与企业经营并重②,在市场经济中实现非物质文化的经济价值,并以此反哺非物质文化遗产保护,在保护中得到新发展,达到延长非物质文化遗产生命周期之目的。与一般商品的产业开发策略不同,非物质文化遗产的商业开发应该是适度的,重在通过搭建一个"生产性保护平台",来更好地促进文化遗产的保护和传承,其产业组织方式、投融资渠道、生产运营、产品特色、销售途径等都应该具有自己的特点③。在城市化、工业化加速推进的背景下,非物质文化遗产处于濒危状态。将非物质文化遗产推向市场,进行产业化开发是抢救保护非物质文化遗产的重要出路之一。我国非物质文化遗产产业化过程中存在法制不健全、产业结构链分散等问题,其中资金缺乏是非物质文化遗产产业化当前面临的较为严重问题④,产业规模是非物质文化遗产实现产业化的较大限制因素,非物质文化遗产产业化是指与非物质文化遗产有关的物质产品(主要指与非物质文化遗产有关的工具、实物、工艺品、文化场所等)的产业化⑤。至于非物质文化遗产中的传承人(包括持有者、传授人与继承人)等人本资源,以及依附传承人的技艺、经验、精神等活态流变遗产,则很难产业化或者根本就不可能产业化。

---

① 伍鹏:《非物质文化遗产保护与旅游业发展互动初探——以宁波市为例》,《特区经济》2008年第4期,第61—63页。伍鹏:《非物质文化遗产保护与旅游业发展互动研究——以浙江省为例》,《温州大学学报(自然科学版)》2008年第5期,第42—47页。
② 周高亮、吕军:《吉林省非物质文化遗产保护产业化战略思考》,《东北史地》2012年第4期,第87—90页。
③ 佟玉权、赵玲:《非物质文化遗产保护利用的产业化途径及评价体系》,《学术交流》2011年第11期,第187—191页。
④ 于茜虹、陈锋:《吉林省非物质文化遗产产业化发展问题研究》,《统计与管理》2015年第2页,第55—56页。
⑤ 杨亚庚、陈亮、陈文俊等:《论宜产型非物质文化遗产的产业化》,《河南社会科学》2014年第22期,第118—122页。

一、徽州非物质文化遗产资源产业融合的影响因素

（一）问题提出

从以往文献回顾来看，非遗资源产业保护、传承的研究较多，多数是对非遗资源的产业开发进行学理探讨，但对非遗资源的开发利用研究，特别是关于产业融合发展方面的研究偏弱。中央、地方以及部门出台的政策对非遗保护、传承、利用提供了制度保障，但非遗的产业融合发展过程受到诸多因素的影响，故而需要考察与非遗相关的各个因素，这些要素存在着或多或少、或强或弱的联接关系。按照关键因素理论[①]，非遗资源产业融合是一个系统性问题，由若干关键影响因素决定，应发现并解决这些关键因素及其之间关系。一般来说，非遗资源产业融合涉及多个主体、多种因素（如保护、传承、政策、文化情怀等）。本节将解释结构模型（interpretive structural modeling，ISM）[②]引入非遗资源产业融合研究之中，探讨影响非遗资源产业融合的各因素之间的关系。解释结构模型可利用矩阵和有向图对非遗资源影响因素进行处理，并运用文字说明对象结构及功能。该方法需组建ISM专家组提取研究主题的关键因素，按照关键因素的关系构建"邻接矩阵"并求解得出"可达矩阵"完成影响因素的层级划分，从而实现复杂系统的多级递阶结构模型。

（二）徽州非遗资源产业融合影响因素提取与解释

1. 影响因素的提取

本研究组建了一个由13人构成的专家小组，小组成员包括：政府负

---

① T.B.Smith, "The Policy Implementation Process". *Policy Sciences*, 1973:4. pp:197-209.

② 该模型系美国J. 华费尔特教授于1973年开发，多用于变量多、关系复杂而结构不清晰的系统分析，通过将复杂系统进行要素分解，基于实践经验和计算机辅助来实现多级递阶结构模型的构建。详见张宾、龚俊华、贺昌政：《基于客观系统分析的解释结构模型》，《系统工程与电子技术》2005年第3期。

第五章　逻辑与路径：基于徽州非物质文化遗产资源的产业融合发展

责非物质文化遗产的工作人员3位（省级、市级、县级各1位），省政府智库研究人员2位，非遗类企业负责人3位，非遗传承人2位，在地群众2位，985高校相关专业教授1位。因素资料库主要由与非遗相关的政策、规划等文本以及相关权威文献（如CSCCI、中文核工期刊文献）等组成。依据ISM专家成员的工作实践经验和专业知识，运用德尔菲法（Delphi Method）① 提取关键因素。根据专家小组建议提取23个关键因素，通过电子邮件等新媒体方式进行协商讨论，对要素进行同义合并，确定了14个非遗资源产业融合影响因素（见表5-1）。②

表5-1　非遗资源产业融合影响因素

影响因素	Si	影响因素	Si	影响因素	Si	影响因素	Si
非遗当代价值	S1	社会文化消费	S5	非遗生产性要素	S9	非遗稀缺性	S13
传承人意愿	S2	非遗创新性	S6	市场需求	S10	产业政策	S14
非遗保护水平	S3	文化企业	S7	公共机构参与	S11		
非遗传承性	S4	税收金融政策	S8	非遗区位要素	S12		

2.影响因素的解释

根据国家及各部委已出台的关于文化与科技的政策、规划以及相关学术文献，对所提取的文化科技政策执行效果的影响因素进行解释。非遗当代价

---

① 德尔菲法（Delphi Method）是兰德公司1960年代发明的一种方法，用于收集相关专家对某一定义明确的议题之观点，以达成共识。具体参见：[美]迈克尔·刘易斯-伯克，[美]艾伦·布里曼，[美]廖福挺主编：《社会科学研究方法百科全书精编版》，沈崇麟、赵锋、高勇主译，重庆大学出版社2022年版，第301—302页。

② 本节是运用解释结构模型进行非遗资源产业融合的定性分析，非遗本身涉及的因素众多，加之笔者所掌握的资料有限以及专家小组个体的实践经验和知识不同，主观性的观点在所难免，期待在日后的研究过程中运用实证的方法进行验证性分析。

值（S_1）：在一般意义上，非遗的价值包含诸多维度，如文化价值、历史价值、科学价值、艺术价值、经济价值等，但此处主要是指非遗的当代价值，即非遗能够满足当代生产、生活的各类价值，如审美价值、市场价值、产业价值等。传承人意愿（S_2）：非遗传承人对待非遗资源产业融合的态度和观念。所有的文化活动，都离不开人这一主体。非遗资源的产业融合首先要尊重传承人的意愿。非遗保护水平（S_3）：徽州非遗的整体保护状况，保护政策、保护态度、保护质量以及保护程度。非遗传承性（S_4）：主要是指徽州非遗的传承能力、传承群体和传承水平，非遗的传承性对非遗资源的产业融合具有推动和促进作用。社会文化消费（S_5）：社会公众对传统文化的消费，特别是对非遗文化产品的欣赏水平、消费水平和消费能力。非遗创新性（S_6）：非遗要能够与时俱进，与当下时代元素融合创新。文化企业（S_7）：以文化为内容，特别是以非物质文化遗产为生产要素的，以文化内容产品为载体的融生产、研发、创意于一体的，并具有一定核心竞争力的企业。税收金融政策（S_8）：针对非遗传承、开发利用、融合创新的税收、金融等支撑性政策，特别是指针对文化企业的各类利税优惠政策、金融支持政策等。非遗生产性要素（S_9）：根据消费市场现实或潜在的需求，研发人员或机构在一定研发条件支持下，开发创新或集成整合具有实用价值的科技成果，包括文化产品、科技产品或相关的知识产权等。市场需求（S_{10}）：在一定时期内消费者对非遗文化产品或服务愿意且能够购买的总量。公共机构参与（S_{11}）：涉及非遗管理、保存、传承的公共部门主体，如博物馆、文化馆、高校院所等，公共机构参与可以增加非遗内容的供给以及提升非遗创意性和创新性。非遗区位要素（S_{12}）：非物质文化遗产所在的区位，包括非遗所处的自然环境、社会环境、文化空间等，交通是否便利，配套设施是否完善，文化生态是否完整等要素。非遗稀缺性（S_{13}）：从文化经济学视角，徽州非物质文化遗产作为一种特色资源要素具有天然稀缺性、不可再生性和不可替代性，且具有当代生活、生产的价值性。作为经济活动的一种稀缺资源，日益影响区

第五章　逻辑与路径：基于徽州非物质文化遗产资源的产业融合发展

域经济增长，特别是地方文化产业发展。产业政策（S_{14}）：鼓励非遗参与产业发展的各项政策法规，产业政策为非遗资源的产业融合发展提供法理依据和政策保障。以上因素解释根据专家小组的建议，综合学术文献和专家成员的个体认知等，最终形成专家小组内部相对统一的概念解释，这样亦有利于本节的解释与分析。

（三）基于 ISM 模型对徽州非遗资源产业融合的影响因素分析

1. 徽州非遗资源产业融合解释方程构建

（1）构建邻接矩阵

根据 ISM 专家小组所提取的非遗资源产业融合影响因素及其相关关系，可构建影响因素之间的邻接矩阵（A），若因素 S_i 与因素 S_j 有关系则记为1，反之为0（其中 i,j=1,2,……16，相关关系分为"导致""影响""需要""决定"等）。详见表5-2。

$$A=(S_{ij})=\begin{cases}1, & S_i 与 S_j 有关系 \\ 0, & S_i 与 S_j 无关系\end{cases} \quad (1)$$

（2）求得可达矩阵

为构建多级递阶结构模型，在邻接矩阵（A）的基础上，运用布尔代数运算法则求出关键要素的可达矩阵（M）。具体求解方法为：设 I 为单位矩阵，进行矩阵 A+I 的幂运算，直至结果无新的1出现为止，即 $A+I \neq (A+I)^2 \neq \cdots\cdots \neq (A+I)^{n-1} = (A+I)^n$，得到可达矩阵 $M=(A+I)^n$。本文运用 Matlab9.1 工具，解得 n=5，得到可达矩阵（M）。

（3）层级划分

根据可达矩阵（M），找出徽州非遗资源产业融合的影响因素可达集 R（Si）、前因集 Q（S_i），并由可达集与前因集求得共同集 C（S_i），即 C（S_i）=R（S_i）∩ Q（S_i）。然后根据 R（S_i）与 C（S_i），得到影响因素的层级（L），即当共同集 C（S_i）与可达集 R（S_i）的影响因素相同时，$\{S_2、S_5、S_7、S_{10}$

表 5-2 徽州非遗资源产业融合邻接矩阵

	S_1	S_2	S_3	S_4	S_5	S_6	S_7	S_8	S_9	S_{10}	S_{11}	S_{12}	S_{13}	S_{14}
S_1	1	0	0	0	0	0	0	0	0	0	0	0	0	0
S_2	1	1	0	0	0	1	1	0	0	0	0	0	0	0
S_3	0	1	1	0	0	0	0	0	0	0	1	0	0	0
S_4	0	0	1	1	0	0	0	0	0	0	0	0	0	0
S_5	0	0	0	1	1	0	0	0	0	1	0	0	1	0
S_6	0	0	0	0	0	1	0	0	0	0	0	0	0	0
S_7	1	0	0	0	0	1	1	0	0	0	0	0	0	0
S_8	0	1	0	0	0	0	1	1	0	0	0	0	0	0
S_9	0	0	1	0	0	0	0	0	1	1	0	0	0	0
S_{10}	0	0	0	0	0	0	0	1	1	0	1	1	0	0
S_{11}	1	0	0	0	0	1	1	0	0	0	1	0	0	0
S_{12}	0	0	1	0	0	0	0	0	0	0	0	1	0	0
S_{13}	0	0	1	0	0	0	0	1	1	0	0	0	1	0
S_{14}	0	0	0	0	0	0	0	0	1	1	0	0	0	1

$A=$ (上述矩阵)

表 5-3 徽州非遗资源产业融合可达矩阵

	S_1	S_2	S_3	S_4	S_5	S_6	S_7	S_8	S_9	S_{10}	S_{11}	S_{12}	S_{13}	S_{14}
S_1	1	0	0	0	0	0	0	0	0	0	0	0	0	0
S_2	1	1	0	0	0	1	1	0	0	0	0	0	0	0
S_3	1	1	1	0	0	1	1	0	0	0	1	0	0	0
S_4	1	1	1	1	0	1	1	0	0	0	1	0	0	0
S_5	1	1	1	1	1	1	1	1	1	1	1	0	1	0
S_6	0	0	0	0	0	1	0	0	0	0	0	0	0	0
S_7	1	0	0	0	0	1	1	0	0	0	0	0	0	0
S_8	1	1	0	0	0	1	1	1	0	0	0	0	0	0
S_9	1	1	1	0	0	1	1	1	1	1	1	0	0	0
S_{10}	1	1	1	0	0	1	1	1	1	1	1	1	1	0
S_{11}	1	0	0	0	0	1	1	0	0	0	1	0	0	0
S_{12}	1	1	1	0	0	1	1	0	0	0	1	1	0	0
S_{13}	1	1	1	0	0	1	1	1	1	0	0	0	1	0
S_{14}	1	1	1	0	0	1	1	1	1	1	1	0	1	1

$M=$ (上述矩阵)

归为第一级；第二级则是从可达矩阵中去掉第一级所在的行和列，如 S_3 可达集 $\{S_3、S_5、S_7\}$，剔除第一级的因素 $\{S_5、S_7\}$，则 S_3 为第二级，以此类推，找出下一级元素，直到得出所有因素的层级（见表 5-4）。

表 5-4 徽州非遗资源产业融合层级表

Si	R(Si)	Q(Si)	C(Si)	L
S_1	S_1	S_1-S_5、S_7-S_{14}	S_1	1
S_2	S_1、S_2、S_6、S_7	S_2-S_5、S_8-S_{10}、S_{12}-S_{14}	S_2	2
S_3	S_1-S_3、S_6-S_7、S_{11}	S_3-S_5、S_9-S_{10}、S_{12}-S_{14}	S_3	3
S_4	S_1-S_4、S_6-S_7、S_{11}	S_4、S_5	S_4	4
S_5	S_1-S_{11}、S_{13}	S_5	S_5	5
S_6	S_6	S_2-S_{14}	S_6	1
S_7	S_1、S_6、S_7	S_2-S_5、S_7-S_{14}	S_7	2
S_8	S_1、S_2、S_6-S_8	S_5、S_8-S_{10}、S_{13}-S_{14}	S_8	3
S_9	S_1-S_3、S_6-S_9、S_{11}	S_5、S_9、S_{10}、S_{14}	S_9	4
S_{10}	S_1-S_3、S_6-S_{13}	S_5、S_{10}、S_{14}	S_{10}	5
S_{11}	S_1、S_6、S_7、S_{11}	S_1-S_3、S_9-S_{14}	S_1、S_{11}	2
S_{12}	S_1-S_3、S_6、S_7、S_{11}、S_{12}	S_{10}、S_{12}	S_{12}	4
S_{13}	S_1-S_3、S_6-S_8、S_{11}、S_{13}	S_5、S_{10}、S_{13}、S_{14}	S_{13}	4
S_{14}	S_1-S_3、S_6-S_{11}、S_{13}、S_{14}	S_{14}	S_{14}	5

(4) 影响因素递阶结构模型

基于层级（L）关系，根据徽州非遗资源产业融合影响因素之间的关系，绘制出递阶结构模型图 5-1。

2. 模型结果分析

由图 5-1 可知，非遗资源产业融合的影响因素模型是一个 5 层级递阶结构模型。非遗资源产业融合受到诸多因素的影响，各因素之间存在直接或间接的关系，并构成一个因素网络结构，对非遗资源产业融合起到长期的影响作用。第 1 层是直接影响因素 {S_1、S_6}，非遗当代价值、非遗创新性这两个因素直接影响了非遗资源产业融合；第 2 层是次影响因素 {S_2、S_7、S_{11}}，包括传承人意愿、文化企业、公共机构参与，其中文化企业是非遗资源进行产业融合的主要市场力量，文化企业的文化产品研发需要同非遗传承人和公共机构协同创新，在创造商业和产业价值的同时，更要关注非遗的社会层面和

```
                    S₀非遗资源产业融合
                   ╱           ╲
          S₁非遗当代价值      S₆非遗创新性
            ╱      ╲          ╱
    S₂传承人意愿 → S₇文化企业   S₁₁公共机构参与
              ╲     │     ╱
           S₈税收金融政策   S₃非遗保护水平
            ╱    │     │      ╲
  S₁₂非遗区位要素  S₁₃非遗稀缺性  S₉非遗生产性要素  S₄非遗传承性
            ╲     │      │       ╱
        S₅社会文化消费 → S₁₀市场需求 ← S₁₄产业政策
```

图 5-1 徽州非遗资源产业融合的影响因素递阶结构模型

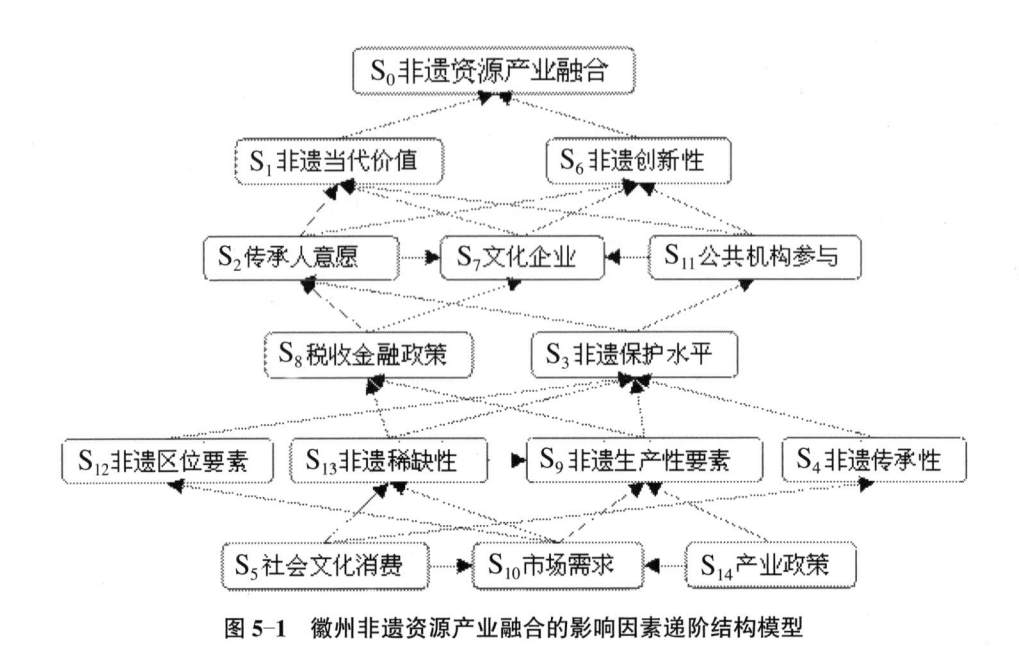

文化层面的内容。第 3 层是支撑性因素 {S_3、S_8}，包括财政政策、利税政策、金融政策等，非遗资源产业融合并非一个政策单独发力，而是需要相应的配套政策共同发力和保障；而非遗保护水平是非遗资源产业融合的支撑性要素，非遗保护越好，非遗的产业性发展就可能越好。第 4 层是非遗自身因素 {S_4、S_9、S_{12}、S_{13}}，即非遗区位要素、非遗稀缺性、非遗生产性要素、非遗传承性，其中非遗稀缺性是非遗具有竞争力的重要因素；非遗生产性要素是非遗进入产业层面的关键因素，只有非遗自身具有生产属性，才能进行产业运作；非遗的区位因素对非遗的产业发展具有促进作用；非遗传承性是非遗产业融合的基础性要素，如果非遗自身没有传承性或者传承效果不好，就说明非遗的生产空间和受众较窄，很难进行产业发展。第 5 层是基础性影响因素 {S_5、S_{10}、S_{14}}，产业政策是非遗资源产业融合的宏观调控影响因素。社会文化消费是非遗资源产业融合的背景性因素，市场需求是非遗资源产业融合的根本动力。

第五章　逻辑与路径：基于徽州非物质文化遗产资源的产业融合发展

（四）促进徽州非遗资源产业融合的建议

根据前期专家小组意见和前文论述可知，徽州非遗的保护传承以及当代利用还存在诸多问题。本节结合问题和上文模型结果，提出以下建议：

1. 保护徽州非遗传承空间，扩大非遗受众群体

从解释方程模型得出的结果来看，非遗保护水平（S_3）以及非遗传承性（S_4）在结构模型中居于重要位置，非遗的产业融合首先是非遗的传承与保护，这是基础。应在徽州文化生态保护区的框架下，对徽州非遗及其生态进行整体性、生态型保护，积极探索新时代下非遗的生存与发展环境。非遗并非一成不变的，时空的变化导致非遗的演变，因而需要处理好保持"原真性"和追求"创新性"（S_6）的平衡。非遗保护水平的一个重要考量维度即非遗的受众群体是否扩大，非遗受众群体是非遗产品消费的潜在受众，也是社会文化消费（S_5）的主力军。

2. 有效激活非遗市场属性，出台相应支撑政策

根据文化消费市场需求（S_{10}）、非遗自身属性，选择具有市场要素、生产要素（S_9）的非遗项目进行商业化运作。非遗自身禀赋是参与产业融合的重要内因，非遗的稀缺性关系着非遗产业发展的核心竞争力，地方文化产业价值增值源于地方文化的稀缺性，稀缺性会随着全球文化同质化的日益深入而增加，地方文化的稀缺性是其与文化产业融合的基本前提。另外，非遗所处的区位要素，也是非遗扩大消费的重要指标，大多数非遗具有在地性，如果区位优势不明显，就很难吸引消费者消费。当然，非遗的产业融合离不开政府政策的支撑，政策是资源分配的工具，也是利益均衡的调节器，非遗资源能否进行产业融合、怎样融合、融合到什么程度，政策在此过程中起到了至关重要规制、约束、激励的作用，故而应出台有针对性的政策，如金融政策、税收政策、土地政策等。

3. 协同非遗生产创新主体，挖掘非遗当代价值

非遗不是过时物，而要为当下生产生活服务。要发挥非遗主体作用，不断挖掘非遗的时代价值——市场价值、审美价值、实用价值等。这需要非遗相关主体间的协同与合作。文化企业是非遗产业融合的主体,它们具有相应的研发、创新、创作能力,更重要的是文化企业具有市场意识和产业思维,文化企业的参与是非遗资源产业融合的重要主体和主要驱动力。但非遗首先属于非遗传承人,同时受制于公共机构——文化馆、博物馆等,这就要求主体之间的合作。在实践中,不少传承人成立自己的工作室或文化企业,利用自身的传承人身份优势,不断创新,并积极拓展与相关产业领域的合作。

二、徽州非物质文化遗产资源产业融合模式选择

(一) 徽州非遗资源产业融合的学理依据

非遗资源产业融合的学理依据包括马克思文化生产力理论、布迪厄文化资本理论以及文化资源的可持续发展理论。

1. 马克思文化生产力理论

马克思虽然没有就文化生产力进行过专门而集中的论述,但在论及资本主义生产关系时有所涉及。他在《1844年经济学哲学手稿》中指出"宗教、家庭、国家、法律、道德、科学、艺术等等,都不过是生产的一些特殊的方式,并且受生产的普遍规律的支配"[①];在《巴枯宁〈国家制度和无政府状态〉一书摘要》中马克思主张语言、文学、科学技术包括在"精神方面的生产力"内,明确提出了物质生产力与文化生产力的概念。[②] 马克思文化生产力理论的重大意义在于梳理了社会生产力的"物质—文化"二元结构特征,同时强调了物质生产力与文化生产力的相互作用以及文化生产力对社会生产力的促进、变革作用。文化资源的开发利用既是经济和文化相互融合、发展到一定阶段的经济行为,又是一种文化作品创作与服务供应的特殊文化传承现象。

---

① 马克思:《1844年经济学哲学手稿》,中央编译局编译,人民出版社2018年版,第78页。
② 参见《马克思恩格斯选集》第三卷,人民出版社2012年版,第337页。

第五章　逻辑与路径：基于徽州非物质文化遗产资源的产业融合发展

2. 文化资本理论

"资源"与"资本"两者概念之间存在某种共通之处，以"资本"来替换"资源"概念，更能显示出资源的功利价值及经济属性。法国社会学家布迪厄在分析当代社会利益关系及其社会结构时，借用经济学的"资本"概念，将"社会资源"划分为经济资本、文化资本、社会资本及符号资本。其中经济资本是指以财产权的形式被制度化的资本，这种资本可以立即直接换成财富。文化资本包括具体的文化品位、客观的文化产品以及特定的文化体制三种形式。布迪厄还认为，文化资本在某些条件下能转换成经济资本。①

3. 可持续发展理论

1987年，世界环境与发展委员会在《我们共同的未来》报告中第一次阐述了可持续发展的概念，并得到了国际社会的广泛认同。1992年6月，联合国环境与发展大会发表了《里约环境与发展宣言》和《21世纪议程》等文件，并将"可持续发展"定义为"既满足当代人的需求，又不危及后代人满足其需求能力的发展"。中国政府庄严签署了协议，积极响应并提出了适合本国发展的行动纲领，于1996年将"可持续发展"定为国家发展战略。

在知识经济时代，文化产业发展是实现文化传承的有效手段。社会生产力的高水平发展使得人们不仅满足于物质消费，精神文化也成为生活必需品。文化产品需求旺盛，文化产业就有了存在的合理性，而文化资源的开发利用只要方式得当，其文化传承意义自然不可小觑。

非遗资源的开发利用要可持续，要实现非遗资源的优化配置与和谐利用，既满足当代人的文化需要，又不对满足后代人的精神需要构成破坏和威胁。通过建立和实施可持续发展的开发理念，实现经济效益、社会效益和文化生态效益的最佳结合，实现眼前利益与长远利益的有效结合，推动社会全面进步和人的全面发展。由此，非遗资源的当代传承必须走可持续发展之

---

① 参见[法]皮埃尔·布迪厄：《文化资本与社会炼金术》，包亚明译，上海人民出版社1997年版。

路，片面强调保护而不强调发展，会使保护工作失去动力与基础。可持续发展理念对文化资源开发利用的原则、方式有着重要的导向与警示意义。

以非遗资源为依托的文化产品的属性问题，是研究国内文化产业的基本出发点。当前，学界基本认同文化产品是具有"物质性"与"精神性"双重属性的特殊商品形态。在我国社会主义建设实践中，文化产品具有意识形态性、精神性以及经济性三重属性。文化产业既具备其他产业的经济特性，又具有独特的意识形态特性。文化产业的发展起点是整合文化资源并以其为内容的一系列创意生产活动，这使得文化产业具备了文化价值与社会效益。从经济的角度看，文化产业作为一个相对独立的产业门类，其经济特性和其他产业门类有很多共通之处，能够创造巨大的经济价值。正是这种特殊的综合效益，使文化产业在当代经济社会中的作用越来越突出。

当今世界，国际竞争日益加剧，文化竞争力的地位日益凸显。文化产业日益成为各国推动经济社会发展的务实选择和战略举措，在促进经济增长和转变经济发展方式方面的贡献也越来越大。在当代中国，坚持发展是硬道理的本质要求就是坚持科学发展。以科学发展为主题，以加快转变经济发展方式为主线，是关系我国发展全局的战略抉择。为此，必须适应国内外经济形势新变化，加快形成新的经济发展方式。文化产业作为战略新兴产业，正成为经济结构优化升级、跨越转型的助推器。从我国近年来文化产业的发展实践来看，文化产业具有优化结构、刺激消费、扩大就业、实现可持续发展的独特优势和作用。

历史经验表明，经济转型往往孕育着文化产业大发展的历史机遇。尽管当前我国文化产业面临着复杂的国内外社会经济格局的挑战，但在需求旺盛和技术进步等因素的推动下，仍然有着巨大的发展空间。尤其是国家出台的一系列刺激经济发展的计划，使文化产业面临更多的发展机遇。在此背景下，对区域文化资源进行大力开发利用，将为人们提供精神动力和经济支持。着力打造在国内外有重要影响、区域特色鲜明的文化品牌，必将有力地

第五章 逻辑与路径：基于徽州非物质文化遗产资源的产业融合发展

推动文化产业发展，增强文化实力和竞争力，给整体经济的发展注入巨大动力。一方面，经济危机将推动全球文化产业格局变化，全球文化贸易将从产品服务竞争时代进入资本博弈时代，中国在国际文化产业分工体系中的低端位置将会改变；另一方面，区域文化的有效开发利用，将会积极参与新一轮文化产业格局的变化，积聚文化软实力，促进新一轮的经济腾飞。

进入21世纪，尤其是党的十八大以来，从中央到地方，各类文化产业激励政策密集出台，既有宏观指导文件，也有具体文化产业门类的扶持计划。在文化产业政策叠加之下，各地均努力结合区域文化特色，发掘本地文化资源，发展文化产业。综上可知，非遗资源的开发与利用是基于文化产业的地位与作用、区域经济发展偏好两方面的现实提出的。

（二）国内外非遗资源开发利用模式

通过查阅国内外文献，综合前人研究，发现当前国内外非遗资源开发利用的积极模式可粗略概括为以下三种。

1. 民间模式

所谓"民间模式"是指以民间为文化资源开发利用的主要动力和发展空间，依靠民众，服务民众，与民众同生共荣。文化资源是民族文化的重要载体，大多存续于民间，具有强大的生命力，因此发展民间传承力量、培育民间消费市场，是开发利用文化资源的必然选择。法国政府给予民间组织部分文化资源项目认知管理权，与其签订协议，使其在资源开发利用过程中的责、权、利相统一。美国则通过法律手段引导社会资本参与文化资源利用项目，扶持非营利性文化机构发展。日本的很多日用消费品至今仍保持着民族传统工艺特色，以生活化的开发方式，提升文化资源的生命力。

2. 制度模式

所谓"制度模式"是指以制度设计为文化资源开发利用的主要推动力，包括法律法规、扶持优惠政策、规章制度乃至发展规划等。非遗资源的传承发展，除了社会认知等因素外，制度设计也极为重要。法国政府向来重视弘扬民族文化的顶层设计，通过实施遗产普查，推行"文化分散"政策和"文化支票"计划，设立文化遗产日，促成世贸组织"文化例外原则"，有效地推动了非遗资源的现代化发展。日本政府颁布《文化财保护法》，提出了"无形文化财"概念，此后几经修订，并确立了文化遗产登录制度，形成日渐完备的现代发展体制。泰国从表演艺术领域切入，设立专项基金扶持民族活态非遗资源。蒙古国强化国际合作，建设"蒙古口头遗产视听文献工程"，利用特色非遗资源提高国际文化影响力。

3. 互动模式

所谓"互动模式"是指在产业融合的背景下，推动非遗资源的开发利用与其他相关产业进行分工协作、相互作用、彼此借力，发挥资源的最大效用。在世界范围内，非遗资源与休闲旅游、演艺娱乐等行业的互动日趋频繁，这既是艺术创作汲取传统营养的重要表现，也是创意产业发展的重要途径。意大利西西里岛依托入选世界非物质文化遗产名录的傀儡戏及其木偶纪念品精心设计旅游产品与服务，区域文化旅游日渐兴盛。在进行产业融合的同时，世界各国传统非遗资源元素也越来越频繁地融入作曲编舞、文学影视、时装建筑等现代创作设计之中，传统文化与大众流行文化的混搭形成了独特的审美情趣与艺术魅力。英国顶级的 Northern Ballet Theatre 芭蕾舞剧团所演绎的经典作品《蝴蝶夫人》，加入了日本歌舞伎元素，其在亚洲的演出引起了强烈的反响，使之成为东西文化交融的典范。

第六章
规制与互动：政府、社会、市场多主体视角

　　非遗的保护与产业融合既离不开政府政策的规制，也离不开多元主体的互动。徽州非物质文化遗产保护与产业融合这一议题涉及社会公共利益和市场私人利益，本章从政府管理、公共产品和利益相关者角度展开阐述。价值是非遗政策供给的基本考量点，本章结合徽州非物质文化遗产资源保护、利用与开发的实际情况，阐述非遗保护与产业融合的价值取向——政治价值（文化主权价值、文化基因价值）、经济价值（产业价值、商业价值）、社会价值（文化、审美、教养等）以及其他价值。从制度安排来看，政府是非遗保护与利用的主体，有责任和义务监督并执行相关政策规范，以保护文化的多样性。在具体执行上，既要放宽对徽州当地政府及管理机构的限制，允许其根据非物质文化遗产保护开发需求、专家咨询建议以及其他利益相关者的诉求，构建和完善适宜非物质文化遗产发展的文化生态环境，进而传承文化基因，维护文化主权；又要根据市场需求、文化产业发展前景、社会发展水平，完善以市场价值为导向的相关政策，减少对自由市场行为的干预，从而提高公众生活品质。由价值取向推导出所涉及的利益相关者——在地民众、传承人、投资者、企业、非政府组织、专家学者以及媒介等，各个利益主体分别从自身角度提出利益诉求，同时在政策的规制下实现协同、互动，以达到非遗保护与产业融合的利益平衡点，实现利益最大化。

第一节　理论基础：政府管理、利益相关者、公共产品理论

徽州非物质文化遗产资源的保护与产业融合，之所以要依靠完善政府规制来构建多元的主体互动机制，是有其内在理论支撑的，分别为：政府管理理论，包括适度政府干预理论、服务行政理论、新公共服务理论；以及20世纪80年代起逐步完善且富有社会实践价值的利益相关者理论、公共产品理论。

一、政府管理理论

自20世纪50、60年代起，随着社会的进步和生产的高度社会化，自由市场自发调节的弱点逐步显现。世界各国普遍认识到政府宏观调控的重要性，纷纷加大政府干预力度，扩张政府职能，导致政府治理公共事务范畴的逐步扩大，国家治理公共事务成为必然趋势。但20世纪80年代以后，"政府万能论"在社会实践中并没有取得预期效果，这一论点也受到了质疑，出现了一系列对政府包办公共事务弊端的反思。实践说明，自由市场无法完全提供公共服务，公共事务也不能简单地由政府包办。故而，传统自由主义与政府全权干预的思想，均已无法满足社会发展的需求，适度政府干预理论、服务行政理念以及新公共服务理论等政府管理理论（或理念）便应运而生。

（一）适度政府干预理论

19世纪英国著名的政治思想家约翰·斯图亚特·密尔（又译为约翰·穆勒，John Stuart Mill，1806—1873）继承了传统自由主义的基本原则，认为政府应当保护个人自由，但同时赞成适度的政府干预，并强调政府应主要实施所谓命令式干预。进而，他倡导自由放任，在对政府干预划出了合理的界限和范围的同时，又根据功利主义原则主张政府应为人民增加福利，提供更多的机会与保障。最终，密尔通过界定自由放任与政府干预的合理限度、界

第六章　规制与互动：政府、社会、市场多主体视角

定政府干预的范围、阐述命令式与非命令式干预的区别，提出了一套完整的适度政府干预思想体系，修正了传统意义上的放任主义思想，使政府积极干预理论成为新自由主义的一项重要原则。①

适度干预指政府在干预经济时，并不否定或替代市场机制的作用，而是通过相关措施弥补市场缺陷或市场失灵。其关键在于选择合适的政府干预方式，并把这种干预控制在必要的限度之内，即密尔在《论自由》（On Liberty）一书中认为的，"对统治者所施用于群体的权力要给予一些他所应当受的限制"②。其中，合理控制政权职能、实现政权的科学执行方式、进行合理的经济干预是密尔思想的主要部分，而合理控制政权职能又是其中的关键问题。从密尔适度政府干预理论出发，国家政府应该对社会事务进行干预，不能自由放任，而应对社会发展长远利益负责。约翰·密尔指出，"在某一时期或是一个国家的特殊情况下，那些真正关系到全体利益的事情，只要私人不愿意做，就应该而且也必须由政府来做"③。

（二）服务行政理念

德国行政法学家厄斯特·福斯多夫（Ernst Forsthoff，1902—1974）于1938年在其发表的《当成服务主体的行政》一文中提出了"服务行政"（Leistungsverwaltung）的概念。他指出，在国家经济飞速发展的前提下，公众对于国家所提供的公共基础建设有了更高的要求，公众期望政府不仅仅能够正确的管理社会公共建设，更要提供更高效的服务。服务行政不仅需要有规章制度，更应侧重于服务制度的健全，政府要从"全能型"逐步转变为"有效型"和"有限型"。服务行政就是改变政府以往的全面控制，即改变其

---

① 王连伟、周骁男：《简析密尔适度政府干预思想》，《行政论坛》2004年第1期。
② [英] 密尔：《论自由·代议制政府》，湖南文艺出版社2011年版，第3页。
③ [英] 约翰·穆勒：《政治经济学原理及其在社会哲学上的若干应用》下卷，胡企林、朱泱译，商务印书馆1991年版，第570页。

控制生产、分配、交换的每一个环节，将政府职能定位为政策制定、体制创新、持续维持、社会整合等方面，从而扭转"市场失灵"，实现市场职能与政府职能的协调。

20世纪90年代，新公共服务理论诞生。①2000年，亚利桑那州立大学教授罗伯特·丹哈特（Robert B. Denhardt）与珍尼特·丹哈特（Janet Vinzant Denhardt）于《公共行政评论》杂志发表了《新公共服务：服务而非掌舵》一文，在对20世纪80年代新公共管理论（the New Public Management Theory）进行批判发展的基础上，提出了新公共服务理论的核心，包括：（1）服务而非掌舵。公务员越来越重要的作用就在于帮助公民表达和实现他们的共同利益，而非试图在新的方向上控制或驾驭社会。（2）公共利益是目标而非副产品。公共行政官员必须致力于建立集体的、共享的公共利益观念，这个目标不是要在个人选择的驱使下找到快速解决问题的方案，而是要创造共享利益和共同责任。（3）战略性地思考，民主地行动。通过集体努力和协作过程，最有效和负责任地实现那些满足公众需求的政策和方案。（4）服务于公民而不是顾客。公共利益源于对共同价值准则的对话协商，而不是个体自我利益的简单相加。因此，公务员不仅仅要回应"顾客"的需求，更要关注建设政府与公民之间、公民与公民之间的信任与合作关系。（5）责任并不是单一的。公务员不应当仅关注市场，也应该关注宪法和法令，关注社会价值观、政治行为准则、职业标准和公民利益。（6）重视人而不只是生产率。公共组织及其所参与的网络，如果能在尊重所有人的基础上通过合作和共同领导的过程来运作，它们最终就更有可能获得成功。（7）超越企业家身份，重视公民权和公共服务。与企业家式的管理者视公共资金为己所有的行事方式相比，如果公务员和公民都致力于为社会做出有意义的贡献，那么公共利益就会得到更好的实现。在随后出版的《新公共服务：服务而非掌舵》

---

① 姚威、张婉滢：《新公共服务视角下科技管理部门职能转变研究——以浙江省为例》，《科技管理研究》2018年第17期。

第六章　规制与互动：政府、社会、市场多主体视角

(*The New Public Service: Serving, not Steering*) 一书中，丹哈特夫妇将这一理论的 7 个核心进一步加以阐释。①

在我国社会主义市场经济转型的关键时期，新公共服务理论所强调的服务和公共利益的价值导向，以及治理体系、改进具体服务的路径选择，对引导政府部门职能走向"服务主义"、推动创新驱动发展有借鉴意义。在徽州非物质文化遗产保护与产业化这一涉及社会公共利益的议题中，新公共服务理论对我国服务型政府的构建同样具有理论参考价值。

二、利益相关者理论

以上政府管理理论（或理念），其发展基本围绕着政府的职责定位、职权范围以及政府与市场、社会的关系等，对"市场万能论""政府万能论"进行了批判和反思，提倡政府部门应"简政放权"。在这一视角下，公共文化服务，特别是本书所探讨的非物质文化遗产，其保护与产业化有赖于政府职能作用的发挥——政府部门的适度干预和有效服务，将直接影响地方非物质文化遗产资源的保护与利用。除政府参与管理之外，也有赖于更多元的社会力量参与，如非政府组织（NGO）、社会群体组织（在地居民、非遗传承人、专家学者以及社会企业）等，这就需要从利益相关者理论（stakeholder theory）出发，以调动这些社会力量的参与。

一般认为，利益相关者理论是由美国经济学家爱德华·弗里曼（R. Edward Freeman, 1951— ）在 1984 年出版的著作《战略管理：利益相关者方法》（*Strategic Management: A Stakeholder Approach*）中提出的，他对"利益相关者"的定义为，"受组织目标影响或可能影响组织目标实现的任何群体或个人"②。

---

① 罗伯特·B. 丹哈特、珍妮特·V. 丹哈特：《新公共服务：服务而非掌舵》，刘俊生译，《中国行政管理》2002 年第 10 期。

② R. Edward Freeman and John McVea. *A Stakeholder Approach to Strategic Management*. In The Blackwell Handbook of Strategic Management, First Edition. Edited by A. Hitt, R. Edward Freeman, and Jeffrey S. Harrison. p183.

该理论提出的最初目的，是拓宽战略管理概念以供经济管理从业者管理各种团体（或个人）及其相互间的复杂关系。该理论自提出以来，不断被各领域学界所引用，以阐释、解决普遍存在的管理问题，如教育学、传播学等领域对该理论的应用，都在引入、阐释该理论的基础上，结合实际需要提出利益相关者理论视域下的实践新模式。

在文化资源保护与产业融合发展中，利益相关者理论同样受到文化资源学等相关领域学者的重视。基于这一理论，学者们提出了诸多文化资源保护、开发模式，如世界文化景观遗产适应性管理模式[1]、富禄花炮节的节庆旅游开发模式（政府为主导，当地居民为主体，企业共同参与，旅游者积极合作，其他利益相关者监督）[2]以及山东"孔子文化走出去"动力机制[3]等。基于学界对非物质文化遗产资源的已有研究，结合徽州非物质文化遗产资源涵盖的复杂人地关系，我们认为，首先需要明晰徽州非物质文化遗产资源的利益相关者主体及其基本利益诉求，厘清各利益相关者之间的激励机制与反馈模式，从而构建多方参与动态徽州文化资源保护机制与开发模式，实现利益相关者的协同创新。

将利益相关者理论应用于文化资源的管理中，需对其利益相关者界定加以重点分析。利益相关者理论可以从"社会属性"进行理解，即可将其划分为社会性和非社会性两大维度。社会性维度是指人或组织对管理目标之实现有利的基本特性，包括利他性、主动性、服从性、依赖性等；非社会性这个维度主要是指被管理目标实现过程影响的主体。不同利益主体生存发展的内外环境不一样，其对世界文化景观遗产管理的参与度和目标实现的影响程度

---

[1] 龚志强、王琬萱：《世界文化景观遗产适应性管理模式构建——基于利益相关者理论》，《企业经济》2019年第1期。

[2] 陈炜、钟学进、张露露：《基于利益相关者理论的少数民族传统体育文化资源开发模式研究——以广西三江富禄苗族乡花炮节为例》，《广西民族研究》2013年第2期。

[3] 陈东、杨泽林、罗岭梅：《利益相关者视角下孔子文化走出去的动力机制研究》，《海南大学学报（人文社会科学版）》2015年第6期。

也不一样。因而,可以从管理机构、个人和组织、外部环境三大范畴的利益主体入手,对其进行细分。

结合徽州非物质文化遗产资源保护、利用与开发现状,充分考虑"两个维度"和"三大范畴"所包含的利益相关者与文化资源管理过程中的相互影响程度,可将徽州非物质文化遗产的利益相关者划分为三个层次,即核心层、缓冲层和外围层。其基本内容及范畴界定可归纳如下(表6-1)。

表6-1 徽州非物质文化遗产资源利益相关者

维度属性	范畴	核心层	战略层/缓冲层	外围层
社会性	管理机构、个人和组织	当地政府及管理机构、居民、非遗传承人、旅游者	政府职能部门、投资商、企业、专家学者等	外围管理部门、协会、社团、新闻媒体等
非社会性	外部环境	非物质文化遗产资源	自然环境、人文环境、经济环境等	徽州外部环境

三、公共产品相关理论

1. 公共产品

马佐拉认为,公共物品是对私人物品的补充,其特征是消费的不可分性,而这种不可分性来自对公共物品需求的统一性①,这是公共物品非竞争性和非排他性的思想渊源。斯蒂格利茨认为,在多一个人分享公共产品时,并不导致成本的增加;而排除任何个人分享公共产品,则要损耗高额成本。②

世界银行在《1997年世界发展报告:变革世界中的政府》中对公共产品作出如下界定:"公共产品是指非竞争性的和非排他性的货物。非竞争性是指一个使用者对该物品的消费并不减少对其他消费者的供应,非排他性是指使用者不能被排除在对该物品的消费之外。这些特征使得对公共产品的消费

---

① 参见 Ugo Mazzola, Idati slientifici della finanza pubblica,1980。
② 参见 [美] 斯蒂格利茨:《经济学》,黄险峰、张帆译,中国人民大学出版社2013年版。

进行收费是不可能的,因而私人提供者就没有提供这种物品的积极性。"①

1954年,萨缪尔森在《公共支出的纯理论》一文中首次对公共产品作出相对精确的分析性定义。他提出,公共产品的特征是任何人消费这种物品都不会导致他人对该物品消费的减少。他还认为,由于市场失灵的存在,市场经济中存在着不完全竞争、外部效应等生产或消费无效率的情况,必须通过政府干预,由政府提供公共产品以调节经济运行。因而,政府提供公共产品与公共服务具有提高市场效率、实现社会平等和稳定经济三个重要作用。②

公共产品在消费上具有不可分割性、非竞争性和非排他性,从而不可能通过市场由私人提供,只能通过集体行动由公共组织来提供,它是一种在财产关系上具有共有性的产品。

依据市场经济和公共产品理论,政府不仅要为市场经济运行提供必要的外部条件,还要在其中发挥辅助、矫正和调节作用。由此,政府成为公共经济活动的中枢,有为社会提供足量的公共产品与服务的职能。财政筹集收入和分配支出的活动,不仅是一般意义的分配,也是为社会提供公共产品与服务、进行资源配置和市场需求调节。

2. 准公共产品

准公共产品是指具有有限的非竞争性或有限的非排他性的公共产品,介于纯公共产品和私人产品之间,如教育、政府兴建的剧院、公园等都属于准公共产品。对于准公共产品的供给,理论上应采取政府和市场共同分担的原则。

例如,部分文化产品是具有非排他性的。对于处于剧院的公众来说,甲

---

① 参见世界银行编写组:《1997年世界发展报告:变革世界中的政府》,蔡秋生等译,中国财政经济出版社1997年版,第8页。

② 参见 Paul Samuelson, The Pure Theory of Public Expenditure, *The Review of Economics and Statistics*, 1954, pp.387-389。

在欣赏歌剧的同时,并不会排斥乙欣赏。也就是说,甲在消费文化产品时并不排斥乙的消费,也不排斥乙获得利益。

但是,准公共产品在非竞争性和非排他性上的表现并不充分。例如,在一个剧院内,随着公众人数的增加,文化主管部门需要增加相应的座椅等设施,导致成本增加,故增加边际人数的成本并不为零。若剧院人数超过某一限度,去欣赏歌剧的公众之间就会产生竞争,若剧院只能容纳100人,那么第101人将会被排斥在外。因而准公共产品具有一定程度的消费竞争性和排他性,故此称为准公共产品。

在公共经济学中,"准公共物品"被概括为"俱乐部产品"。布坎南等学者对这类产品进行了深入研究,提出了著名的"俱乐部经济理论"。在他们看来,所有俱乐部成员在消费该俱乐部物品的时候都存在彼此之间的相互影响,会产生"拥挤效应"。所谓"拥挤效应",是指俱乐部产品的使用者或消费者密度达到一定程度时,出现的相互干扰、使用效率下降、使用成本上升等现象。俱乐部产品在被消费的过程中存在一个"临界点",在临界点之前,使用者或消费者间的相互影响可忽略不计;而越过临界点之后,其间影响则显著增强。

3.非遗资源的公共属性

纵观学界对"文化"的概念界定可知,文化与公共属性有着密切的联系。2005年,汤普森在其专著《意识形态与现代文化》中指出,直到19世纪早期,"文化"一词都被用来作为"文明"的同义词,在某些情况下作为对照词。"文明"一词源自拉丁语"公民"(civilis)。从词源角度可知,文化属于社会成员公共生活的一部分,存在于公共领域,即文化具有公共性。非遗资源也具有公共属性,是一种公共产品。

经济学将社会供给的产品分为公共物品、私人物品及俱乐部产品,其区分标准就是上文提及的排他性和竞争性。私人物品是具有排他性和竞争性的物品,公共物品是具有非排他性和非竞争性的物品。而非遗资源既不是纯粹的公共产品又不是私人产品,它是介于两者之间的俱乐部产品,同时具有非竞争性和非排他性的特征。作为私人消费品的文化产品可以通过市场来提供,而作为政府政治权力行使的一部分文化产品则是公共文化产品,主要由政府来提供。非遗资源具有这种特殊的公共属性,伴随着非遗资源开发利用的不断深入,文化旅游、演艺娱乐等现代文化产业蓬勃兴起,某种程度上也为非遗资源的开发利用提供了可能性。

4.公共文化服务

公共文化服务是基于文化的公共属性与政府的服务职能而衍生出来的概念,是指由公共部门或准公共部门供给的,以保障公众的基本文化权利和提升文化软实力为宗旨的,既要为公众提供基本精神文化服务,又要维护社会文化生态的公共产品或服务的行为。公共文化产品(服务)不同于一般公共产品,其具备很强的意识形态属性,因而在向社会成员提供一般性精神文化服务的同时,还必须肩负起提升公众文化素养、引领文明新风、弘扬民族文化、推动社会进步的使命。公共文化产品或服务一旦被公众接受就成为社会共同的文化财富,因而公共文化服务首先强调其公共性和公益性,以社会效益与文化意义为先。

1965年,奥尔森在《集体行动的逻辑:公共利益和团体理论》一书中提出,公共产品消费中的一个难题——"搭便车"问题,缘于公共产品消费的非排他性和非竞争性,这也往往导致市场机制失灵,降低市场效率。[①]具体就非遗资源开发利用的产品而言,由于其消费过程存在非排他性与非竞争性,文化产品的使用者或消费者的"搭便车"行为在某种程度上会使得开发者或供给者的实际价值实现低于预期,这便会降低资源开发利用过程中保护非遗资源的积极性,甚至可能变为部分利益集团攫取大众利益的工具。如此,既导致非遗资源的自身损耗与价值异化,又损害了公众文化权益,乃至

---

① 参见[美]曼瑟尔·奥尔森:《集体行动的逻辑:公共利益和团体理论》,陈郁、郭申峰、李崇新译,上海人民出版社1995年版。

会降低公共部门的公信力。这需要公共部门的政策规制与舆论监督的介入，以规避消极影响。

第二节 政策规制：非物质文化遗产资源保护与产业融合

由上节徽州非物质文化遗产利益相关者表格可得，管理机构是社会性维度的一个重要部分。其核心层与战略层（缓冲层），包含徽州当地政府和管理机构，以及各级（省级、中央）政府职能部门。作为政府管理机构，在非物质文化遗产保护与产业化开发中，其社会功能主要包含两个方面：政策、规范的制定；监督与执行。一直以来，中央与地方政府职能部门高度重视非物质文化遗产的保护与产业融合，出台了一系列文化资源保护政策和文化产业发展政策。以21世纪以来出台或修订的相关现行政策法规为例，列举部分：《国家级非物质文化遗产保护与管理暂行办法》（2006）、《世界文化遗产保护管理办法》（2006）、《国家级非物质文化遗产项目代表性传承人认定与管理暂行办法》（2008）、《历史文化名城名镇名村保护条例》（2008）、《中华人民共和国非物质文化遗产法》（2011）、《安徽省非物质文化遗产条例》（2014）、《安徽省文化市场管理条例》（2015）、《安徽省历史文化名城名镇名村保护办法》（2017）、《"中国民间文化艺术之乡"命名和管理办法》（2018）、《国家级文化生态保护区管理办法》（2019）、《黄山市2019年文化惠民工程实施办法》（2019）等。

以上文化资源保护政策及文化产业发展政策，为徽州非物质文化遗产的保护与利用提供了政策指导，也对保护利用方式予以了干预规制。然而，根据专家小组意见和研究资料可知，徽州非物质文化遗产资源保护与产业融合政策存在以下问题：一是政策执行主体不明确，内容不具体，缺乏可操作性；而且这些文化资源保护与产业融合政策级别还不够高，政策约束力不强。二是政策协同程度较低，徽州文化资源保护与产业融合是诸多政策协同的结果,需要政策主体之间的协同、实施机制的协同、具体措施的协同,没有协同就无法真正推动徽州文化遗产资源保护与产业融合快速发展。三是政策体系不完善,徽州文化资源保护与产业融合的内容多是文化产业等政策的附属,没有形成科学的、体系化的政策结构,徽州文化资源保护与产业融合不仅需要技术研发、成果转化、成果应用政策,更需要相关投资金融政策、利税政策,以及人才政策、评估性政策等。[①]

公共领域的政策制定及其执行,基本的考量点就是价值。因而,非物质文化遗产保护与产业政策更需密切关涉它的价值导向。按照目前政策研究结果和个人粗略划分,其关涉价值包括政治价值(文化主权价值、文化基因价值)、经济价值(产业价值、商业价值)、社会价值(文化、审美、教养等)以及其他价值。结合上文关于目前政策制定、执行方面的积极意义与局限性,在徽州非遗资源保护及其产业化发展的政策讨论中,应以此三类价值导向作徽州非遗政策体系构建的基本框架。

一、政治价值导向

非物质文化遗产承载着民族的认同感和自豪感,更代表着国家悠久历史文化的"根"与"魂",是文化主权的重要表征;同时,非物质文化遗产也蕴藏着民族的文化基因、精神特质、价值观念等,其保护及发展有利于文化价值的传承与弘扬。[②]非物质文化遗产保护政策以政治价值为导向,即在工业化、城市化进程中,遏制经济、文化、地缘模糊和地方性消解等问题,进而在全球化冲击下,在外来经济、文化势力侵略下,守住地方传统与历史文脉,保护本民族的文化多样性。

---

① 秦枫:《文化科技政策执行效果影响因素研究——基于解释结构模型分析》,《安徽师范大学学报(人文社会科学版)》2019年第1期。

② 鲁春晓:《新形势下中国非物质文化遗产保护与传承关键性问题研究》,中国社会科学出版社2017年版,第27—28页。

当然，这种以政治价值为导向的政策构建，不免要将国家意识形态作为主要政策目标，将国家意志与文化发展相关联，也许会与公民私人化的实际需求有所出入（需以经济价值导向政策加以弥补），但它可以使得本国、本民族在国际政治文化权力场域中获取话语权，维护本国、本民族的文化权益，从而捍卫和延伸文化公民个体身份，使之在国际化、全球化进程中获得文化认同和归属，以至于不迷失方向和身份混淆。

徽州非物质文化遗产，作为民族文化以及地域文化的代表，在中国社会的历史发展变迁中发挥了重要作用。其保护、开发政策，应以传承文化基因、维护文化主权为目标，针对目前存在的诸如"单纯经济趋向""跨区域化、多边化"等问题，应在传承文化基因和维护文化主权的语境下，利用政治手段加以引导和规制，从而抵制全球化所带来的文化侵略问题，弥补市场化带来的诸如单纯追逐经济效益等缺陷。

二、经济价值导向

所谓经济价值（economic value），是指任何事物对于人和社会在经济上的意义，分为直接经济价值和间接经济价值。其实现的必然形式，是经济学上所说的"商品价值"及其规律。以经济价值为导向，就是将非物质文化遗产对国家、社会以及个人在经济上的意义工具化，并将其简约为非文化的东西——"商品价值"，从而在交换过程中实现经济价值最大化。

一般来说，非物质文化遗产政策这种涉及公共领域的政策，传统上是拒绝市场的。非物质文化遗产一旦市场化，就难免按照商业规律进行解构与重组，使得在很大程度上因经济利益驱动形成建设性的破坏。[①] 但从另一个角度来看，公众对非遗文化的需求和渴望，却无法由公共部门全部提供——服务型政府在"适度政府管理""服务行政"等理念影响之下，无法承揽所有

---

① 刘锡诚：《非物质文化遗产保护的中国道路》，文化艺术出版社 2015 年版，第 146 页。

社会文化服务的提供功能,依赖政府补助和主办的非遗文化活动,也不能满足多元化的非遗文化需求。这就需要政策支持文化市场的繁荣,并由之提供多元化的非遗文化商品和服务。作为涉及多种内容形式,诸如传统文化、高雅艺术、公共文化等领域的非物质文化遗产政策,首先应逐渐转向重视如何促进文化区域和文化产业发展等议题,从"文化补助"转为"文化投资",以促进文化政策的国家话语向市场话语的转变;其次,针对非物质文化遗产资源的市场化开发涉及旅游、演出等诸多方面,其相关保障政策,如投资金融政策、利税政策,以及人才政策、评估性政策等也应逐步建立,并不断完善;最后,相关政策在强调非物质文化遗产经济价值的同时,更有必要去思考其经济价值与其他价值的关联,既要关注其作为文化资源对企业营利、整体经济发展的作用,还要考量其对公众生活品质、社区发展、本土文化的纵向历史传承和横向空间拓展等方面的有益影响。

三、社会价值导向

以社会价值为导向,是指非物质文化遗产保护、开发政策在制定和实施过程中,要注重公共善、美学价值、个体文化权的保障,积极引导公众关于好坏、善恶、美丑等价值的立场、看法、态度和选择,最终满足个体的文化自由和审美追求(如徽剧《目连救母》等剧目所传达"孝""义"等优秀价值观),而非为追求利益以文化糟粕吸引关注。对此,非物质文化遗产保护、开发的公共政策,应适时介入非遗产业化运营之中,以避免市场机制对于公共艺术或公众文化权的危害,通过政府、社会组织和公众个体三方联动,共同维持和保护其社会价值,且优先于经济价值的考量。正如戴维·思罗斯比(David Throsby)所强调的:艺术若要满足社会需要,某种集体干预就有必要存在。①

---

① 戴维·思罗斯比:《经济学与文化》,王志标、张峥嵘译,中国人民大学出版社2011年版,第150—153页。

第六章　规制与互动：政府、社会、市场多主体视角

习近平总书记在 2014 年 10 月 15 日的文艺工作座谈会上强调："一部好的作品，应该是把社会效益放在首位，同时也应该是社会效益和经济效益相统一的作品。文艺不能当市场的奴隶，不要沾满了铜臭气。"总书记的讲话高屋建瓴，强调非物质文化遗产保护、开发政策要能满足个人美学观感、增加社会价值，不能将经济价值作为唯一追求。即使是产业开发政策，其目标虽会和就业或产值的增加有关，但也应将发展国民的文化涵养与地方文化认同作为基本考量点。

当前以社会价值为导向的相关政策制定，面临着两种挑战：一是如何使之成为单纯关于社会价值的议题，而无涉经济与政治——"当经济或社会中对文化商品或文化服务进行评估的时候，需将其分开考虑"①；二是其框架与落实的领域可能遭遇边缘化——社会性的政策目标与价值（如文化多样性或是公平的文化接近权）将会在以产业发展、市场开放、科技进步或贸易自由的经济正当性之下，遭遇极大的质疑或忽视。但从积极性话语分析（positive discourse analysis，PDA）②角度而言，以社会价值为导向的非遗政策的施行会反过来促进以政治价值、经济价值为导向的政策制定与执行——社会个体文化素养的提高及其对美的追求，一方面会提升整个国家的文化软实力和社会文明度，另一方面会提高对文化产品的消费需求，促进文化产业（文化经济）的发展。

在政策的执行、监督方面，从制度安排来看，政府是文化遗产保护与利用的名义主体，有责任和义务执行、监督相关政策规范，从而保护文化的多样性。在国际文化保护公约中，国家（政府）是责任主体，拥有文化话语权、资源分配权、行动指挥权和政策供给权等。同时，政府也是一个理性主体，

---

① 戴维·思罗斯比：《经济学与文化》，王志标、张峥嵘译，中国人民大学出版社 2011 年版，第 33 页。

② 1999 年，在英国伯明翰召开的批评话语分析国际研讨会上，澳大利亚悉尼大学马丁教授在其论文《积极话语分析——团结与变革》中首次提出"积极性话语分析"（positive discourse analysis）这一概念，主张用更加积极、友善、和谐的态度对待分析对象。

为了提高文化软实力，必须掌握主流文化话语权，从这个角度，政府会不遗余力地保护文化遗产，以确认国家身份的主体意识和文化合法性。此外，政府也是趋利的主体，按照马克思生产力与生产关系的关系——经济基础决定上层建筑的理论，仅有文化软实力不足以获得各种权力，还需要经济等层面的强盛。当经济与文化存在冲突时，可能会使文化让位以确保经济的发展。

以上关于非物质文化遗产资源保护及产业化发展的政策制定、监督与执行部分的讨论，以政治价值、经济价值、社会价值为导向搭建了徽州非物质文化遗产资源政策体系的基本框架。基于这一框架体系，各级（中央、省）政府职能部门需制定执行主体明确、内容具体、操作性可行的相关政策法规，并兼顾政策法规间的协同效应。政府部门在具体执行上，既要放宽对徽州当地政府及管理机构的限制，允许其根据非物质文化遗产保护开发需要、专家咨询建议以及其他利益相关者诉求，搭建和完善适宜非物质文化遗产发展的文化生态环境，从而传承文化基因，维护文化主权；还需根据市场需求、文化产业发展前景、社会发展水平，完善以市场价值为导向的相关政策，减少对自由市场行为的干预，提高公众生活品质，同时支持生产一批符合社会价值观、弘扬社会正能量的优秀非遗产品。

第三节　协同互动：非物质文化遗产利益相关者相互作用

除管理机构外，从社会参与角度出发，徽州非物质文化遗产利益相关者（社会性维度）是非政府的个人和组织，其核心层、战略层/缓冲层，包含居民、非遗传承人、旅游者、投资商、企业、专家学者等。这些社会参与力量，有其基本范畴、利益诉求及作用。其中，徽州当地居民与非遗传承人，是徽州非物质文化遗产原生环境的重要组成部分。旅游者与投资商、企业则是外来社会力量，既对徽州非物质文化遗产生态形成入侵，同时又从经济视野为徽州非物质文化遗产的新生带来市场力量，弥补了其原生环境的不足。

同样作为非原生环境组成的专家学者，则往往与政府管理机构、非政府组织合作，为徽州非物质文化遗产的发展提供智力支持与科学规划。

一、社会原生环境：非遗传承人、当地居民

非物质文化遗产是根植于民族民间土壤的活态文化，是发展着的传统的行为方式和生活方式，不能脱离生产者和享用者而独立存在，而是存在于特定群体生活之中的活的内容。它的生存与发展，永远处于"活体"传承与"活态"保护之中。① 故而，以非遗传承人为传承主体的保护，以及将当地居民当作原生环境构成主体进行保护，是做好非物质文化遗产协同创新工作的根本。

（一）传承主体：非物质文化遗产传承人

所谓非物质文化遗产传承人，是指"能熟练掌握国家或地方政府认定的各级非物质文化遗产项目，并在本领域内有较大影响力，为公众所认同，并能积极开展传承活动的个体"②。被国家和各级政府指定或认定的非物质文化遗产传承主体的传承人、传承团体，既担负着将自己手持的技艺、技术传承给后人的社会责任和义务，也享有通过发展自己所持的非物质文化遗产所带来的各项利益（社会利益、经济利益）的权利。

关于非物质文化遗产传承人应尽的社会责任和义务，联合国教科文组织和国内政策文件都对其做了详细规定。其中，联合国教科文组织《关于建立"人类活珍宝"制度的指导性意见》提出，除了帮助其获得公众认可之外，还包括提供特别赠款/补贴，以供指定的人类活珍宝履行其保护非物质文化遗产的义务。包括：1.改进、发展他们的技艺和技术；2.通过传统/非传

---

① 王文章：《非物质文化遗产概论（修订版）》，教育科学出版社2013年版，第270页。
② 何永斌：《非物质文化遗产保护中的历史档案利用问题研究》，《四川档案》2009年第4期。

的传播方式,将他们的技艺和技术传授给年轻人;3. 允许和促进以有形的方式(录像、录音、出版物等)对他们的活动加以记录;4. 向公众传播其技艺和技术;5. 承担额外的社会职责。① 而文化和旅游部出台的《国家级非物质文化遗产项目代表性传承人认定与管理暂行办法》,也对我国非物质文化遗产传承人所承担的社会责任和义务做出了具体规定,包括:1. 在不违反国家有关法律法规的前提下,根据文化行政部门的要求,提供完整的项目操作程序、技术规范、原材料要求、技艺要领等;2. 制定项目传承计划和具体目标任务,报文化行政部门备案;3. 采取收徒、办学等方式,开展传承工作,无保留地传授技艺,培养后继人才;4. 积极参与展览、演示、研讨、交流等活动;5. 定期向所在地文化行政部门提交项目传承情况报告。②

比较以上规定可得,对非遗传承人的培养始终是非遗传承人应尽之责,也是实现非遗现代化生存的重要组成部分。目前存在的非遗传承问题是,传统的师徒相承、世代相传的传承人培养方式并不能完全适应社会对传承人的培养需求。需制定、试行传承人高校培养计划,将非遗传承人培养纳入教育培养系统,实现传统师带徒、家族传承与现代职业化教育相结合,以建立一个更有保障的传承人培养体系。同时,拓展传承途径和方式,如传习所、传习班、非遗培养基地,研究制定专门的非遗人才培养规划,解决好非遗保护与传承、传统技艺后备人员的遴选与培养等问题,采取多种有效措施吸引优秀的年轻人加入到非遗传承与保护中来,是当前非遗传承人培养的重要任务。

与部分非物质文化遗产面临的传承困境相反,一些非物质文化遗产,如

---

① UNESCO. *Guidelines for the Establishment of National "Living Human Treasures" Systems*. p. 4. 原文如下:1. The perpetuation and development of their knowledge and skills; 2. The transmission of their knowledge and skills to the younger generations through formal or non formal training programmes; 3. Contributing to the documenting and recording of the intangible cultural heritage concerned (video or audio recording, publications, etc.); 4. Dissemination of their knowledge and skills; 5. Any additional duties entrusted to them.

② 文化和旅游部:《国家级非物质文化遗产代表性传承人认定与管理办法》,https://www.gov.cn/zhengce/zhengceku/2019-12/25/content_5463959.htm。

祁门红茶制作技艺、宣纸制作技艺等由于与市场高度契合,其传承相对便宜。但这类非遗带来的社会利益、经济效益归属和分配问题——非物质文化遗产产权如何归属,多传承人的利益如何分配,这些成为经济利益平衡需解决的又一难题。以徽州非物质文化遗产"徽州三雕"为例,经国家认定的一项非遗项目传承人就有多位,在社会效益分配方面,多位传承人作为非物质文化遗产的传承人,享有领取政府补贴/资助、获得社会认可的权利,但其认定方式,是否打击了落选个人/团体传承非遗文化的热情?而相关非物质文化遗产在市场化发展后,企业是否需获得全部传承人授权才可开发,企业与传承人之间的获益该如何分配?多位传承人之间又如何平衡经济开发后的非遗产品收益?

鉴于此,非物质文化遗产项目代表性传承人的认定,应当坚持公开、公平、公正的原则,严格履行申报、审核、评审、公示、审批等程序。同时,建立健全准退机制和考核机制,对非遗传承人定期加以考评,对不履行传承义务的取消其代表性传承人资格,重新认定该项目的代表性传承人。最后,完善产权制度,以保证非遗市场开发后的相关利益分配问题。

(二)原生环境构成主体:徽州当地居民

徽州非物质文化遗产社会生态环境的保护有赖于原生居民的参与,这一点得到了众多研究学者的认同。民俗学家乌丙安先生认为,非物质文化遗产,不但要具备特定的文化表现形式,而且还应有特定的文化空间形式;中国艺术研究院苑利研究员则指出,在无形文化遗产保护过程中,我们必须清醒地意识到民众是无形文化遗产的创造者、传承者,是无形文化遗产的真正主人;周星教授在其论文《民族民间文化艺术遗产保护与基层社区》中也指出,文化和艺术遗产的价值,首先是对于社区居民而言的,社区居民的态度也从根本上决定着这些遗产之被传承或被抛弃的命运。

然而,改革开放以来的人口迁移,从迁移流向来看,城乡迁移流动仍为主流，城城迁移流动占比上升。人口迁移带来了大量原生空间的压缩，以此观之，徽州非物质文化遗产原生空间的这种命运也不可避免。同时，市场化的发展，人与人、人与市场化产品之间的联系日益密切，新的生活方式也不可避免地侵入徽州非物质文化遗产的原生环境之中。

因而，针对徽州非物质文化遗产的保护、开发，需调动当地居民参与，以维持徽州非遗所处的原生环境不被毁灭。加大宣传力度、扩大相关非遗保护知识传递的受众面，是目前徽州非遗保护中投入最小、成效最大的方式，而开展以非遗为主题的相关活动是宣传非遗最有效的方式。通过富有文化底蕴的活动，使群众在娱乐身心的情境下接受非遗，产生文化认同感，并身体力行地宣传保护非遗是非遗现代化生存最有效的途径。拥有"人"的力量才是非遗生存的根源。强化群众保护意识，为非遗传承发展培育土壤，是对非遗最有力的支持。与此同时，还应推动徽州当地居民以非遗开发为主的就地或返乡就业，以原生环境为空间，以非物质文化遗产为产品/服务，提高个人收入，以产业化方式维持徽州地域原生环境的内生动力。

二、市场驱动力量：旅游者、投资商、企业等

非物质文化遗产协同创新工作的根本，是保护以非遗传承人、当地居民等为构成要素的徽州非遗原生环境。然而，徽州非遗原生环境无法单方面支持徽州非物质文化遗产的生存与发展，它需符合目前的社会经济环境，同时也需相关外部力量介入以焕发新生机。

（一）作为核心层的驱动力量——旅游者

徽州区域，尤其是黄山市，旅游业和服务业等第三产业一直为其经济构成的主要组成部分。2023年黄山市全域接待国内外游客8326.61万人次，比2022年增长45.5%[①]，且有继续增长趋势。因而可以看出，旅游者已成

---

① 《黄山市2023年国民经济和社会发展统计公报》。

为徽州非物质文化遗产资源核心层的利益相关者,其对徽州非物质文化遗产的感知与态度,一方面作为顾客感知为政府管理机构、非遗传承人、企业提供了进一步开发的参考——政府管理机构根据旅游者的反馈可以了解徽州非物质文化遗产资源是否适合市场化开发,其反馈对于非遗传承人和企业而言,也是产品/服务适应市场发展的动力;另一方面,其感知与态度,也成为判断徽州非物质文化遗产利益相关者协同创新模式是否完善、有效的评价指标之一,如政府管理机构的作用评价、原生环境保护评价、市场化效果评价等。①

(二)投资商、企业

非物质文化遗产也具有潜在且较高的经济价值②,这一观点在我国近些年的非物质文化遗产保护工作中逐渐被认可。《中华人民共和国非物质文化遗产法》第三十七条规定:"国家鼓励和支持发挥非物质文化遗产资源的特殊优势,在有效保护的基础上,合理利用非物质文化遗产代表性项目开发具有地方、民族特色和市场潜力的文化产品和文化服务。"因而,作为非物质文化遗产产业化的执行主体,投资商和企业需在相关支政策支持下,实现徽州非物质文化遗产资源利用的社会价值最大化和经济价值最优化。

所谓"社会价值最大化和经济价值最优化",是投资商、企业利用徽州非遗文化元素,开发与非遗核心技艺产品互补的衍生产品和服务。一方面,创新产品和服务:首先,深入发掘徽州非遗文化元素,使其历史价值、社会价值、精神价值、审美价值与当代文化消费取向相结合,开发出与徽州非遗核心技艺产品存在差异但符合当代消费需求的衍生产品;其次,推动科技创新与徽州非遗衍生产品开发相融合,将科技融入衍生产品的研发、生产、质

---

① 王亚欣、李泽锋:《非物质文化遗产保护下唐卡的游客感知和态度研究》,《世界地理研究》2016年第2期。

② 陈天培:《非物质文化遗产的经济价值》,《改革与战略》2006年第5期。

量保证等环节,开发适用于互联网、移动终端的数字文化产品。另一方面,整合、优化非遗产业链:一是合理制定发展战略和规划,以徽州非遗核心技艺产品为基础,以衍生产品和服务多元化发展为方向,统一文化元素和品牌,并严格把控改良传统技艺的生产内容和规模;二是徽州非遗项目相关企业之间加强互助合作,共同维护徽州非遗项目的品牌和形象,防止企业间的不良竞争;三是共同推进徽州非遗资源的开发利用,将之融入徽州地方的文化产业发展之中。

三、外在推手:专家学者

徽州非物质文化遗产利益相关者协同创新,还需相关学科领域(如徽州民俗学、经济学、管理学等)专家学者的参与。专家学者帮助政府管理部门评估与鉴定非遗的政治价值、社会价值、经济价值等,并向政府决策部门提供传承、保护与创新发展的政策建议。黄山市黄山区通过建立非物质文化遗产专家库,以对黄山区非物质文化遗产加以评审的实例①,也为这一观点提供了佐证。基于利益相关者理论,除政府与专家学者之间的协同外,专家学者与其他利益相关者也应存在合作关系,如游客/居民与专家学者之间协同、投资商或企业与专家学者之间协作等。

(一)游客/居民与专家学者间的协同

专家学者与游客/居民的协同,也有其共同利益。游客需要通过专家学者的研究成果,以对徽州非物质文化遗产、徽州文化有更加深入的了解,而居民则通过此捍卫和延伸文化个体身份,以获得文化认同和归属,而不至于迷失方向和身份混淆。游客/居民与专家学者,都是非物质文化遗产保护与

---

① 黄山区文化旅游体育局:《黄山区非物质文化遗产专家库成员、黄山区非物质文化遗产名录评审工作规则(试行)公示》,http://www.hsq.gov.cn/BranchOpennessContent/show/1164697.html.2019-08-02。

利用研究中需要着力观察的对象。因而，专家学者应根据联合国教科文组织《保护非物质文化遗产公约》中有关"教育、宣传和能力培养"的规定[①]，向公众尤其是向青年进行宣传和教育，以使非物质文化遗产在社会中得到确认、尊重和弘扬。同时，通过实际接触，研究徽州公众（旅游者、居民）对待徽州非物质文化遗产资源的态度及行为，为徽州非物质文化遗产产业化发展与传承性保护建立切实可行的发展模式。

（二）投资商、企业与专家学者间的协同

专家学者对非物质文化遗产保护利用的理论、法规、措施的研究，对以非遗产品开发为主要生产内容，兼顾社会效益和经济利益最大化的投资商或企业而言是宝贵的参考意见；而投资商和企业对非物质文化遗产的产业化实践，于专家学者而言，也是不可多得的实践经验。然而，徽州非物质文化遗产的产业化开发仍以政府调控、资本驱动为主要动力，专家学者的参与隐藏在政府调控政策制定之中，与企业的协同不足，难免导致调控政策与市场化执行之间的冲突，使得非遗难以科学发展。因而，各类文化单位、科研机构、大专院校的专家学者，应摆脱"政策顾问"的自我固化印象，对非物质文化遗产的重大理论和实践问题进行研究，重视科研成果和现代技术的应用，与企业发展相融合，以促进相关徽州非物质文化遗产的产业化数字化发展。

四、社会维度外围层利益相关者：协会、社团、新闻媒体等

（一）协会、社团、民间等非政府组织

非政府组织是指具有一定程度的自治性与志愿公益性，不以营利为目的，主要开展公益性或互益性活动的民间组织（不包括宗教、宗族和政党组

[①] UNESCO, *Text of the Convention for the Safeguarding of the Intangible Cultural Heritage*, https://ich.unesco.org/en/convention.

织)。其基本特征包括四个部分。第一,非政府性。非政府组织不是政府及其附属机构,可以接受政府的资助,但在决策行为上不受政府控制,这是区别于政府的根本属性。第二,非营利性。组织不以盈利为目的,不进行利润分配,这是与企业的根本区别,其目标是实现社会的公共利益。第三,志愿性。成员参与组织,只是基于个人对社会及公益事业的热爱或者其他愿望,而不是任何组织或个人的强制,这是非政府组织最具鲜明特征的属性。第四,组织性。非政府组织作为独立的组织,必须具备组织的合法身份,财务、人事等内部自治规章制度,明确的组织形式及职权等级体系。

非政府组织的作用分别为:第一,加强政府与民众之间的沟通交流。非政府组织能够深入社区了解民众的情况,又能够与政府保持良好的沟通联系。非政府组织通过提出建议、发表意见、协商对话,向政府提供意见建议,一定程度上影响政府决策过程。从某种程度上来讲,是在政府与社会公众之间建立协调沟通的桥梁,是政府实现民主管理的必要条件。第二,动员社会各方面的资源和力量参与公共事务,助推社会发展。非政府组织可以充分利用一些闲置的社会资源,聚集民间力量,在消除贫困、就业、发展文化教育、环保、妇女与儿童权益保护、老年人服务、社区改造等方面,非政府组织的活动尤为活跃和集中,他们往往发挥政府和其他组织难以替代的作用。第三,非政府组织承担一部分公共管理事务,有利于降低公共管理的成本。非政府组织,特别是一些具有行业管理和会员约束功能的行业协会,在规范行业管理、处理市场纠纷等事项上,可以独立发挥作用。从这个角度来看,它作为政府与社会的缓冲者和调节者,是政府间接管理社会、市场的助手。将政府职能通过政府购买等途径转由非政府组织代替执行,一定程度上能帮助政府扩大职能范围和规模,提高政府服务水平。

在非物质文化遗产保护与产业化过程中,非政府组织凭借其简单灵活的组织形式(可以是会员制各类传统音乐社团,也可以是文化类民办非企业),可以吸引众多热爱公益文化的公众参与,由此提升全社会参与保护开发的意识，使更多人参与非物质文化遗产的保护与利用行动之中。凭借其专业性（非遗NGO可由民间艺人、各个行业的专家组成），能够针对不同类型的非遗进行理论研究探讨，既对非遗保护、利用政策执行过程进行监督，也能为非遗保护与产业化实践工作提供专业咨询。同时，凭借其桥梁作用，非遗NGO能及时将公众参与保护、产业化信息传递至各政府，进而为政府制定相关政策、宣传非遗文化保护活动提供"民意"基础。

随着我国文化资源保护管理工作的进一步开展，作为政府主导下的物态文化资源和非物态文化资源保护与管理中不可或缺的重要社会参与力量，以团体协会和民间个人为代表的社会保护管理的地位和作用不断凸显和强化，逐渐改变了过去边缘化的状态，正在积极广泛地从理论和实践上全面参与文化资源保护管理工作，充分利用自身优势发挥独特作用。

（二）社会维度外围层利益相关者对于非遗保护与产业融合的作用

1. 联络协调作用

非遗资源的保护管理与产业融合是涉及政府、社会和民众的综合性工作。以团体协会和民间个人为代表的社会保护管理具有联络协调的职能，在文化资源保护管理的工作中，以服务的姿态架起政府与社会、政府与企业、政府与民众尤其是与传承人之间的桥梁，发挥着纽带作用，使文化资源保护管理政策能有效贯彻落实。

2. 弥补优化作用

政府的科学高效管理，是文化资源得以保护与传承的制度保障。按照新公共管理理论和现代治理理念的精神和要求，政府在文化资源保护管理工作中应将更多具体职能委托给社会，改变政府无法满足公众日益增加的社会和物质文化需要的情况。通过对政府具体的保护管理职能的调整，可缩小政府相关机构的规模，降低保护成本。因此，社会保护管理在文化资源保护管理中介入适当领域，可代理或补充政府部门在文化资源保护管理工作中的部分管理职能。

另外，鉴于我国政府目前所采取的是政策性文化资源保护与管理模式，社会保护管理在这方面具有独特的作用和优势。作为政府体制以外的组织，社会保护管理能够直接与传承人、民间传承团体接触，不存在政府内部研究机构信息传递的时滞性，从而起到弥补政府政策性保护的不足、优化文化资源保护与管理政策效果的作用。

3. 智力支持作用

文化资源保护管理工作不同于一般的行政管理工作，仅靠政府部门的行政指令和政策性保护是不够的，还需要具有文化资源保护管理的专业知识、超前的文化意识和文化敏感性，并敢于维护文化资源保护管理中公平正义的专家、学者参与，需要坚持贯彻实施科学、合理、有效的方法。由于文化资源与民族民间文化具有先天的渊源关系，其保护管理工作具有诸多共性。我国文化资源保护管理工作的实践也表明，在保护工作中做出突出贡献、具有引领作用的人才大多出自民间文艺界、文化界。社会具备高度的文化敏感意识、精深独到的政策见解以及系统科学地开展项目的能力，而智力支持是做好文化资源保护管理工作的关键因素。所以，社会保护管理具有一定的人才与智力优势，可以提供专业人才，其在文化资源发展中的智力支持作用不可忽视。

4. 动员整合作用

文化资源保护管理工作需要全民积极参与，这是文化资源发展的有力保障。依据公共政策过程的"五环节"（政策制定、政策执行、政策评估、政策监控、政策终结）理论，政府保护政策的制定、执行、反馈、修正等全过程，都离不开社会的积极参与和密切配合。社会具有自发性，使其在动员社会公民参与保护文化资源和协助政府对文化资源保护政策的贯彻落实方面具有得天独厚的优势，有利于政府决策民主化、科学化。因此，社会在非遗保护过程中具有动员整合社会力量、普及文化资源保护意识、促进全民参与保护管理的作用。

5. 监督评价作用

从政府与社会的关系来看，团体协会和民间个人作为非政府组织，通过对政府的监督和评价形成对政府部门的舆论压力，具有广泛意义上的社会监督作用。可以依靠社会中具有专业性和非功利性的团体协会和民间个人充当外部监督和评价机构，自下而上地发挥外部监督作用，从而促进政府科学决策，有效实施文化资源保护与管理的工作。

（三）数字化媒介为代表的大众传播媒介

罗杰·菲得勒（Roger Fidler）指出："传播技术的发展会带来各种新的媒介形态和传播方式，而新媒介方式的出现总会派生出种种新的文化形态和类型。"[①]在信息化时代，数字化无疑是传播手段最具历史意义、最深刻的变化。当然，数字媒介变革的意义重大，"并不仅限于通信和媒介领域，正如麻省理工学院媒介实验室创始人尼葛洛庞帝所指出的，它通过全面改造创新人类社会的信息传播系统，使我们社会生活的全部，包括工作、生活、教育、娱乐，都进入了一个'数字化生存'的时代"[②]。

数字化媒介有利于徽州非物质文化遗产的保护与开发。以往的传播是以原子为基础的物理空间，它们的流通速度受到时空的物理因素限制。当遗产被数字化后，可以放到数字媒介之中进行传播，其影响范围也就从过去的局部地域变成了全球网民，并几乎没有时间差地抵达目的地。这就完成了另外一种"移场"——由原生物理场、次生社会场转移至数字文化场。数字技术促成的"场域"转移，必然带来非物质文化遗产的各种错位。首先是空间错位，数字技术将非物质文化遗产的在地情境化转移到数字媒介中，在地性文

[①] 罗杰·菲得勒：《媒介形态变化——认识新媒介》，明安香译，华夏出版社2000年版，第66页。

[②] 郭庆光：《传播学教程》，中国人民大学出版社2011年版，第27页。

化知识脱离了日常情境，使之成为"抛弃现实世界"的虚拟化。数字符号将非物质文化遗产事项从互动的地方文化语境中"移出"，对遗产事项的空间性和地方性进行了"消解"并在数字空间范围内进行重组，形成了新的文化意义空间。其次是时间错位，非遗经过数字化的编码与处理后，具备了时间性的偏向，在线性和异步性传播与展示成为了可能，作为异文化的"他者"可以在任意时间进行观赏与学习。一方面，数字媒介创造了新的概念系统、新的社会互动与语言表达体系，打破了传播的时空规定性，开启了更为互动的传播范式；另一方面，传播内容与传播过程均是在特定社会文化情境中发生的，公众有权选择如何生产、创造、理解和应用它们。非物质文化遗产事项通过全景扫描或3D摄像，将民间文化记忆或传统手工艺制作全过程进行数字化编码，构建非遗数据库，并进行分类加工、整理，通过媒介融合，生成多元化文化产品形式，以实现动态传播。非物质文化遗产在不同的数字载体上从不同角度多维阐述某项非物质文化遗产，这种重复展现自然起到文化记忆的涵化作用，在该文化熏陶下的本土的年轻一代，于潜移默化中习得、确认和传承了地方文化，进而形成了文化自信和认同，这就是代际认同。再如扩大他者认同。"社会文化的差异与相似，最有力的解释是传播。"[①]数字媒介可以促成深刻的文化身份认同，因为它以有效的、有用的和娱乐性的方式，使他人乐于接受。数字媒介扩大了非物质文化遗产的传播广度和深度，促使各地民众得以交流与沟通，消除文化误解，降低文化理解折扣，达到"美人之美"的和谐状态，以扩大本土文化的他者认同。

结合徽州地域特色，其非物质文化遗产数字化的实践现状可归纳如下。首先，如上文提到的，其资源分布广泛，涉及不同行政区域，徽州文化空间与徽州地域空间不是一一对应的。从物理空间上看，徽州文化遗产资源分散存在，若采用数字信息技术，结合文化遗产自身的存在规律存储于数字空间

---

① 马文·哈里斯：《文化人类学》，李培芙等译，东方出版社1988年版，第12页。

中，将会促进徽州文化遗产文化价值的发扬与传承，经济价值的开发与利用。其次，从非物质文化遗产类别看，徽州非物质文化遗产资源在个别地区、个别种类已经进行了数字化转换和建设，但数字化进程较慢、数字化水平处于初级阶段，即数字化手段仅仅是辅助作用，如博物馆数字展示、一般的文化旅游等。再次，从非物质文化遗产整体上来看，数字化水平和进程参差不齐，非物质文化遗产信息不完整，徽州各市县区的非物质文化遗产信息没能有效共享，一定程度上阻碍了文化遗产的数字化进程。截至目前，徽州非物质文化遗产资源没有统一的数据库和数字化管理平台。据网络检索和实地调研，部分数字化的徽州非物质文化遗产资源散存于安徽省博物馆、徽州文化博物馆、安徽省图书馆，部分网站也有少量、零散的徽州数字资源（中安在线、安徽文化网等）。此外，还有一些高校及科研机构自建的徽州文化数据库，如合肥工业大学建设的徽州建筑文化特色数据库、所在学校的徽州历史文化特色库（正在建设中）、黄山学院图书馆自建的（徽学）特色馆藏等。诸如此类数字化产品，绝大部分以文字、图片为主，还处在一种低水平的数字化阶段，数据重复建设，数据信息不完整，共享程度低。

以上归纳的这种实践状况，对于庞大而丰富的徽州非物质文化遗产资源而言是不充分的，应充分利用先进的信息技术和数字技术，将徽州文化遗产资源进行数字化转换，为徽州文化遗产资源的保护与利用提供新的视角和路径。通过数字化手段挖掘徽州文化遗产信息也是文化产业发展的内在要求，文化产业本质上是内容产业，需要传统文化为其提供丰富的文化内容。在数字化前提下，数字化关键技术的解决是实现徽州非物质文化遗产数字化开发的关键。

标准方面：非物质文化遗产分类标准和技术标准是数字化首要解决的问题。根据《中国国家图书馆分类方法》《中华人民共和国行政区划代码》《国家中文信息编码标准》等方法和标准以及文化和旅游部2023年发布的《非物质文化遗产数字化保护数字资源采集和著录》系列行业标准，将徽州非物质文化遗产编码、分类、规范，并用于非物质文化遗产数据的检索和查询。在非物质文化遗产数字化方面，采取通用的视频编解码标准、音频编解码标准、数据包技术标准、信息协议共享标准等技术标准，将徽州文化生态保护区的非物质文化遗产按照统一标准进行数字化，有利于该区域文化信息的共享与共建。考虑到与全国其他区域非物质文化遗产信息的对接与交换，尽可能在全国统一的标准下进行数字化建设。

硬件方面：非物质文化遗产元数据的采集，不仅需要参与主体的阐述，更需要辅助性的硬件技术。如利用数字高清相机对徽州文书的影像采集；利用 3D 扫描技术对非物质文化遗产进行扫描，获取矢量数据；运用动作捕捉设备和现场录音设备对徽州歌舞进行元数据的采集和记录。非物质文化遗产元数据被采集后需要进行数字化存储，支持数据在线、近场和离线存储、传递和交换。在数字空间中，文本语言不再是文化的唯一载体，包括符号、图像、视频、触觉等多种形式支持非物质文化遗产的信息交流与存在，即不仅使非物质文化遗产进行数字展示，还要能进行人机交互，如立体投影、3D 展示器等。

软件方面：徽州非物质文化遗产数字化，除了一般性通用软件之外，还需要开发个性化的应用软件。以徽州木雕为例，对徽州木雕作品和刻板采用高精度数字相机或扫描，获取元数据；应用图像处理技术对采集的数据进行处理及分析，进行绘制，并建立数字化浮雕模型；通过编程软件开发相应的木雕软件应用于批量生产。对于民俗类非物质文化遗产而言，可以基于开源 3D 游戏引擎、民俗数据、动作数据，构建文化事件，通过 RPG 游戏模型进行二次开发，以展现特有的徽州民俗活动。

五、非遗资源开发利用与公共文化服务互动

非遗资源的开发利用必然会面临两次取舍：其一是非遗资源价值评估阶段的国家保护与市场开发之间的取舍，对于开发利用前景优良的可产业化资

源应该适时推入市场,而对于存续状况不佳或者不适合市场化的资源应当以国家保护为主,政府应承担传承公众所共享的濒危文化遗产的责任;其二是在开发利用中方式方法选择阶段的经营性与公益性之间的取舍,应当在经济效益与社会效益之间合理决策。通常意义上的非遗资源的开发与利用是基于资源实际(包括生存现状、市场潜力等)、物质基础、技术条件、政策环境以及运作能力等前提的综合考量与实践。对于条件不成熟的非遗项目,需要依托公共文化服务来改善生存窘境,延续资源生命,传承文化血脉;对于产业化基础优势明显的非遗项目,在其进入市场、创造经济效益的同时,应秉持"敬畏文化、服务公众"之心,积极参与公共文化服务体系建设。非遗资源价值的体现是现代转换、开发利用,实现非遗资源的可持续发展应该树立非遗资源的可开发利用观。

(一)公共文化服务是非遗资源开发利用的公共价值实现路径

党的二十大报告强调:"坚持把社会效益放在首位、社会效益和经济效益相统一,深化文化体制改革,完善文化经济政策。"这表明,在今后的国家文化建设中,经营性与公益性非遗资源要素将更加自由地流动,非遗资源的开发利用将与公共文化服务进行更加频繁的互动。

处理好经济效益与社会效益的关系是非遗资源开发利用的重点和难点,其困境是如何在开发利用过程中兼顾社会效益。纵观国内外非遗资源开发利用的典型案例,社会效益如同"木桶短板",决定了非遗资源产业化发展的市场生命周期。同时,社会效益的外部性特征显著,良好的社会效益往往能带来可观的经济效益,社会文化影响消极则会招致舆论压力、口碑不佳等各类负面效应,其经济价值便难以实现。

作为文化建设的重要内容,公共文化服务在弘扬、创新和繁荣民族文化,维护人民基本文化权利,提升国家文化软实力,构建和谐社会,培育文化消费市场等方面都具有不可替代的作用,而公共文化服务供给则是检验政府文化治理能力与服务水平的重要标尺。公共文化服务以社会效益为先导，在一定意义上可以弥补非遗资源开发利用中的社会效益短板，可以促进非遗资源开发利用的公共价值的实现。具体而言，主要有以下两点：

第一，扩大了服务范围。非遗资源的开发利用由于开发主体的不同，其目标市场对象也会有所不同，私人或私营组织通过低价格等手段提供具有竞争性与排他性的产品，其服务范围有限。因此，由公共部门生产、提供的公共文化服务以及由非公共部门生产和由公共部门购买再供给的公共文化服务，能有效扩大非遗资源开发利用的覆盖面，服务全体社会成员，尊重最广大人民的基本文化权利。

第二，培育了消费市场。文化消费市场是非遗资源开发利用的基本动力，然而当前国内文化消费市场尚处于初步成长阶段，极大地限制了资源型文化产业的市场拓展与产业完善。从国外非遗资源开发利用经验来看，早期以培育民族文化修养为核心的观念突出了非遗资源的保护，这为后期的开发利用奠定了重要的思想基础与市场基础。公共文化服务以全覆盖、低门槛的特征满足公众文化需求，提升公众文化素养，长期以来，人民群众的文化自觉与文化自信不断加深，公众文化消费意识将得到积淀，文化消费市场得到培育发展，构成文化繁荣与市场拓展的良性循环。

(二) 非遗资源开发利用是丰富公共文化服务内容的重要形式

从公共文化服务的固有属性出发，考量生产供给的可分割性、直接或间接生产的可选择性等因素，探索公共文化服务的多样模式。随着政府角色由管理向治理转变，社会治理结构由一元向多元发展，建立政府主导、公众参与、市场竞争、有机结合、多元共治的公共文化服务模式是其体系内容建设的题中应有之义。概括而言，公共文化服务供给模式按照供给主体，可大致分为政府"权威型供给"、市场"商业型供给"及第三部门"志愿型供给"等三类。

在这种多元供给模式中,政府供给是主导,市场供给是辅助,第三部门供给是补充。狭义上的非遗资源开发利用属于市场商业型供给。

十八届三中全会《决定》强调现代公共文化服务体系建设中的市场竞争与社会资源的作用,这也为非遗资源产业化介入公共文化服务领域提供了政策可能。整合非遗资源,推进市场开发利用,再以政府购买等方式使文化产品成为公共文化产品,进入公共文化领域,可拓展公共文化服务的来源,充实公共文化服务体系的内容,激活公共文化服务的生产供应机制,同时也能扩大非遗资源开发的目标市场,最为重要的是可以使优秀文化产品或服务实现"民有、民享"。

第四节 非遗资源产业融合的支撑系统

一、非遗资源一般产业模式的构建

世界知识产权组织指出,艺术产业知识产权价值增量的应用源于原创,并贯穿于艺术产品商品化全过程。这类似于一个艺术产品的市场生命全周期,强调知识产权的生成应用及在产业发展过程中的创作、保护和增值,需要艺术家(艺术团体)、艺术企业及政府机构及其他组织或个人协作,其基本模式如图6-1所示。

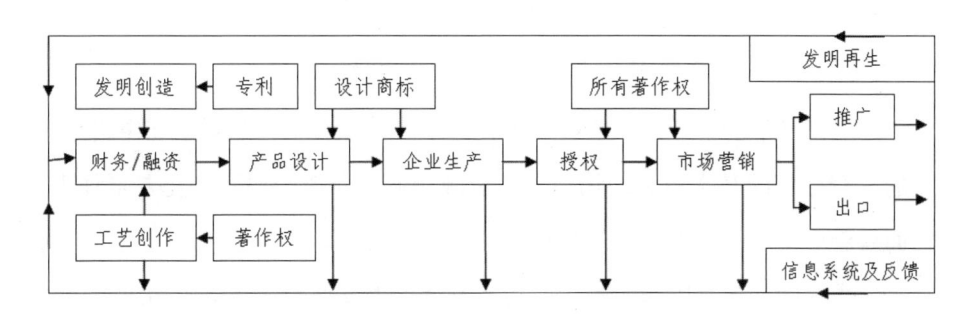

图6-1 知识产权产业化链式结构示意图

类比可知，非遗资源产业系统是一个由生产、营销等一般产业环节构成的结构化、动态化的链状结构，其间的各类因素相互作用，整体促成了非遗资源的生产循环与产业创新。根据前述分析，非遗资源一般发展模式如图6-2所示。

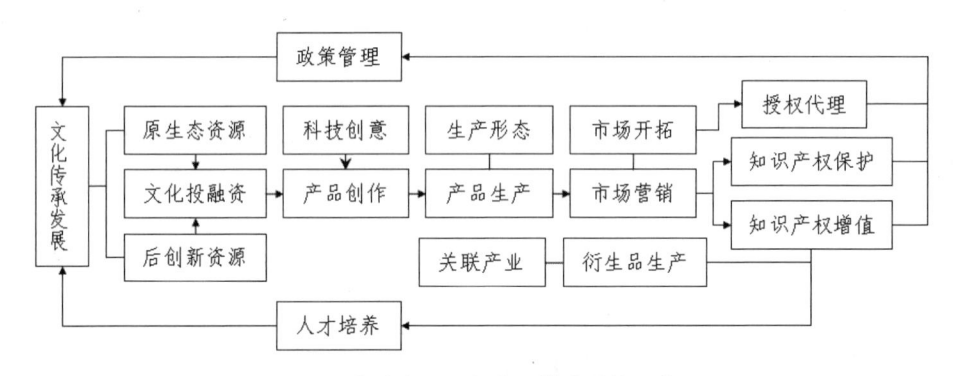

图 6-2　非遗资源一般产业模式结构示意图

图 6-2 所述的非遗资源一般产业模式有如下几个特征：

其一，整个体系并不是若干非遗资源开发利用行业个人或组织的简单组合，诸多相关新因素（行业协会、经纪主体、配套服务等）的作用不可忽视。

其二，产业化的全过程始终注重知识产权的产生、保护与增值，始终注重传统文化的传承、保护与复兴。

其三，商业模式创新、政策制度设计及经营组织优化等尤为重要，非遗资源的产业发展应积极融合这些元素，培育新经济业态。

二、非遗资源一般产业模式的细节描述

一般意义上的产业，主要指资本、技术、人才等生产要素相互作用而建立的社会生产的基本组织结构。非遗资源产业有非遗资源等文化要素加入，因而有着更为复杂、独特的组织结构特色。

这个一般模式是以非遗资源的传承发展为出发点的，是基于历史与现实的考虑的，更是这个一般模式可行性的前提。当前，在确保不破坏非遗资源

第六章 规制与互动：政府、社会、市场多主体视角

本身价值的前提下，应积极将一些具有市场潜能和开发价值的项目推向市场，通过产业开发实现文化保护和经济发展的良性互动，这已成为民众、学界和管理部门的共识。

在这个一般模式中，主要包含两大类型的非遗资源发展准备：一类是原生态的非遗资源生产准备，包括原料、技师、工具等因素的初步整合；另一类则是后创新资源生产准备，即非遗资源生产方式、原料及内容的改进与创新。具体而言，非遗资源具有传承性、社会性和活态性等特征，因此既需要原生态理性保持，更需要现代化技艺更新，利用非遗资源的差异性，增强对文化资本的吸引力，以发掘经济价值。

非遗资源开发利用属于有新兴经济形态部分特征的传统文化产业，成长性强，投资需求高、周期长，因此资本市场拓展是非遗资源产业发展的重要前提。长期以来，我国主要依靠有限财政投入和少量民间分散资本注入进行非遗资源的开发利用，其融资机制僵硬和投资主体单一，严重制约了人们对其商业价值、市场运行规律、盈利能力等的认识。非遗资源开发利用应突出强调文化投融资的作用，在投资主体、投资方式、融资渠道等金融服务方面优化改革，引导民间资本进入，为产业振兴提供更大的资金助推力。

从生产环节来看，非遗资源的加工生产包括产品创作与产品生产两部分。产品创作是在既有技艺经验与资金扶持的基础上，结合当前市场需求，适当借助科技等要素，形成初步的产品样本，这也是知识产权的形成阶段。产品生产则是指工艺的制作、加工和复制过程，也包括具有产业关联的生产服务活动，可能是独自生产，也可能是集群生产。

非遗资源一般产业模式中的销售环节是突破性的关键环节。在营销环节，作为一种商品，非遗资源产品同样要通过产品竞争来创造、培育消费需求，通过市场开拓活动完善营销网络，进而促进销售，把非遗资源产品或服务转化成为利润，因而产品价值与创意能力是营销之关键所在。同时，作为一种文化产品，非遗资源产品是直接作用于人的心理和情感的，所以它的销

售必然更强调"以人为本"，以满足大众精神文化生活需要，使其在消费中得到身心的愉悦和满足。

一般模式中，在营销环节完成后，文化产品或服务的劳动价值基本实现，但是其产权价值只是初步实现，下一环节就是知识产权的保护与增值。在防止产权被复制的同时，要积极推进产权的推广与转让，做大关联产业，延伸衍生产业，推进产权增值。

在知识产权增值的运作过程中，通过政策管理、人才培养等一系列有机环节组合，在政策支持与人才支撑下，非遗资源从地方走向了更为宽广的市场，社会认知度不断提升，区域文化得到了传承与弘扬，构成了良性的产业循环。

一般模式是一个循环系统，包括前期原创生产环节，到文化投融资的资本支持、产品创作设计及市场化生产，再到市场营销及知识产权的商品化运作，直至政府政策倾斜、财政支持，各类生产经营人才加入。其间除了借助信息化系统管理保持信息反馈，以便各个环节改进提高之外，还要随着社会的发展而不断改进更新。

显然，一般模式着眼于整合非遗资源产业运行过程中的资源、资金、技术、企业、管理、政策等要素，以利于优化生产协作与运营创新，主要包括非遗资源的传承保护与产权的保护增值两大部分。针对当今我国非遗资源开发利用的发展困境，要厘清先前发展过程中的瓶颈问题，明晰当前一般产业环节和发展模式，在逻辑上理顺发展思路之后，更为重要的则是在此基础之上提出切实可行的发展对策。

非遗资源一般产业模式是一个链状系统结构，在产业实践中的具体构建需要明晰每一产业环节，并且能够有机串联，构成一个整体协作与推进的支撑体系。具体而言，其就是文化企业、政府职能部门、产业人才队伍以及其他配套要素的有机结合体。

非遗资源开发利用最为关键的要素在于培育具有自生能力的文化企业，

第六章 规制与互动：政府、社会、市场多主体视角

这样的市场主体需拥有通晓非遗资源管理与经营的企业家，积极创建国际或国内知名的品牌，探索成熟的商业模式，同时具有持续的创新能力。在当前形势下，此类企业需要市场的洗礼，更需要政府的培育。政府应着力于服务职能，高效运转，辅以适度的政策规制。政策既具有外部吸引力，又具有内部凝聚力，通过引导各类资本流向、各类企业集聚，制定保障办法与优惠政策，促进各类产业主体的互动，使其链状系统结构有序运转。总而言之，政府在其中应多发挥"润滑剂"而少使用"指挥棒"。除政府的政策管理，人才的培养机制在整个系统结构中的作用也尤为重要。推动非遗资源的传承发展，机制是基础，人才是关键。

首先要加强基层文化传承人队伍建设。重视发现和培养扎根基层的非遗资源民间艺人、爱好者、志愿者等各类文化人才，同时完善机构设置、培训传习等方面的政策措施，吸引优秀文化人才服务基层，形成专兼结合的基层文化工作队伍；其次要培养高层次高素质的非遗资源传承代表性个人或团体，完善评价发掘、选拔任用、流动配置、激励保障等培养机制；最后要加强职业道德建设和作风建设，引导广大文化传承人提高社会责任感，弘扬科学精神和职业道德，成为优秀文化的生产者和传播者，成为道德品行和人格操守的示范者。[①]

"调整现有僵化或功能不彰的资本、人才、物流、信息等各方面支持网络"，构建一个链状系统结构。[②] 也就是说，在这个具体化的系统结构中，要把非遗资源传承人或团体、现有非遗资源开发利用相关企业（尤其是中小民营文化企业）、风险投资机构、商业支持机构、专业服务商（包括产权交易、金融服务、艺术鉴定、教育培训、文化经纪等）、上下游配套制造商、研究

---

① 参见《中共中央关于深化文化体制改革推动社会主义文化大发展大繁荣若干重大问题的决定》，人民出版社2011年版，第39页。
② 林明该：《艺术产业化的链状模式与实施策略研究》，《中国戏剧》2009年第1期，第48—51页。

机构以及行业协会等相关者有机组合起来,"彼此间相互拉拔与提升",形成活力,在各个生产周期、空间地域联系中形成链状的系统结构。

三、基于一般产业模式的几点对策

(一)更新理念增强产业发展自觉性

非遗资源的产业发展有着太多的观念阻碍,因此需要更新观念。非遗资源的传承除了其技艺等本身的传递外,更重要的是其精神内涵的传播,仅靠国家施予式保护难以实现。保护与开发的矛盾是诸多民众学者持保守观点的主要疑虑,其实只要在合理的产业模式下,这一矛盾是可调和的。非遗资源的传承不应为传承而传承,而应本着对受众的文化教化和文化熏陶的理念,选择合理的路径,把先民的文化遗产转换成全民的文化财富。紧跟时代的产业意识和洞察市场的发展意识对于一般模式是极为重要的,离开了这些,一般模式的实施主体就失去了发展的灵魂。另外,不能偏离非遗资源原生的活态文化价值。非遗资源的开发利用,不应是传承人、经营者等行为主体的市场被动行为,而应是符合现代市场经济发展规律、民族文化传承规律和人类文化心理规律的主动应对。

(二)产业集群实现产业发展可持续

以产业集群进行产业布局,构筑大基地产业集群已经成为过去几十年国际上产业发展最重要的模式,越来越多的国家或地区把推动产业集群作为产业发展的战略方针,作为促进相关产业发展的战略模式,作为拉动地区经济增长的战略思想。依据一般模式的基本特征,在非遗资源产业发展的过程中,在生产形态上应积极实施产业集群策略。

目前,大多数地区非遗资源的生产布局仍然分散,产业集聚化、规模化程度不高,不利于非遗资源品牌的创建和产业的发展。通过案例分析并依据产业集群理论和非遗资源产业发展的特点,非遗资源产业集群的培育应从以下几方面努力:

(1) 政策层面：政府要制定规划，根据产业集群的不同阶段有针对性地制定具体政策，从基础设施建设、招商引资、财税优惠、市场监管、人才激励、传习培训、对外交流、产权维护以及协调服务等方面给予全方位的支持。

(2) 集群层面：充分发挥行业协会的政企联系、内外联结以及内部交流等纽带作用，培育管理咨询、金融服务、人才培训、文化经纪、市场研究、产权交易等专业化机构，构建学习型、共享型集群合作网络。

(3) 企业层面：强化文化企业主体地位，培养竞争合作理念，树立精品意识和品牌意识，打造优秀企业家队伍，引领企业发展。文化企业，必须注意经营活动的社会效益，发挥文化传承发展的主力作用。

(三) 城乡协作优化产业发展新布局

一般指产业要素的空间分布态势和静态组合，具体表现为产业资源、生产要素、市场主体以及衍生产业为选择最佳区位而迁移、重组的过程。非遗资源均源于人类的生产生活，在农村及中小城镇地区与人们的实际联系更为密切。当前我国非遗资源开发利用的业态主要融于民间手工艺、文化旅游、演艺演出、传媒出版、艺术品经营等行业，以民间手工艺等为代表的劳动密集型非遗资源产业集中分布于农村和部分中小型城镇，而以传媒出版等为代表的知识、技术、资本密集型非遗资源产业则主要分布在城市地区，这是非遗资源产业的初步布局。

布迪厄在《文化资本与社会炼金术》一书中指出："文化资本的象征性功效的最有力的原则，无疑存在于它的传递逻辑之中。"① 也就是说，进入交换过程是文化资本效用最大化的选择。农村地区具有生产原生态、劳动力资源密集等优势，城市地区则有文化消费市场相对成熟、产业发展支撑力强等

---

① [法] 皮埃尔·布迪厄：《文化资本与社会炼金术》，包亚明译，上海人民出版社1997年版，第197页。

优势，两者潜在产业协作度较高，应当积极引导城乡非遗资源开发利用的产业协作，促进经济交流互动。

举国内现有案例一例，山东艺术学院民间手工艺田野调研显示，以风筝、土布、柳编、结艺、年画等为主的山东民间手工艺，依托"客户＋公司＋农户"模式，形成了完整的供、产、销产业链，从国内走向国外，从农村走向城市，从传统走向现代，年产值上千亿元，带动就业上百万人。优化非遗资源产业布局，关键在于构建城乡联动、功能耦合的非遗资源市场体系。通过制度设计与体制改革，促进城乡人才、资本、技术、信息等对流配置，建立科学有序的产业结构和生产力布局，形成以城为主、城乡互动的产业集群和城乡经济圈。城乡协作、优化产业布局，既符合科学发展观的基本要求，促进发展均衡和社会和谐，也有利于发挥区域优势，丰富城乡居民文化生活，实现文化产业和文化事业的优化效益。

（四）以人为本形成产业发展原动力

非遗资源开发利用是以人为本的艺术活动与经济活动相结合的综合实践，因此在整个产业实践中各个环节都应注意人才问题。应抓紧培养和引进通晓文化企业经营的管理人才、善于开拓商业模式的创新人才、熟悉现代大众传媒的沟通人才、适应国际文化贸易的国际人才。创新人才培养模式，积极推进产权转让型、联合开发型、共建实体型、委托培养型等新型产学研模式，实施高端紧缺文化人才培养计划，搭建文化人才终身学习平台。鼓励和扶持高等学校和中等职业学校优化专业结构，与相关非遗资源企事业单位共建培养基地。重视非遗资源产业理论研究人才的培养，实时为产业健康科学运行提供决策咨询与发展建议。

（五）制度设计构建产业发展新生态

越来越多的人意识到了良好的文化生态对不同群体在日益国际化的城乡

第六章 规制与互动：政府、社会、市场多主体视角

环境下幸福度的贡献，推动非遗资源开发利用也是构建区域良好文化生态的重要部分。非遗资源的保护利用措施大致可以分为行为措施和制度措施两类。从公布国家级非遗项目名录、确立文化遗产日到推动"非遗进入校园"，我国政府在行为层面一直进行着不懈的努力并取得了相当的成果。值得强调的是，只有实践行动与制度设计并举才能真正推动非遗传承工程，而后者是非遗资源发展复兴的长效机制与重要保障。

以专门法律建设为例，专门法律的作用不仅在于对遗产的法律性保护，还在于赋予非遗资源传承人和团体一定的权益，并促进非遗资源产业化利用（如艺术授权等），从而避免因传承主体的减少或放弃致使非遗项目资源销匿。这种利益激励机制与法律强制保护相得益彰，两者的结合能有效地促进非遗资源的生产性保护，维系文化生态平衡，是以制度文明促进生态文明的典范。当前我国正处于深刻的社会变革期，非遗资源开发利用的制度设计也在稳步推进。《中华人民共和国非物质文化遗产法》立法论证历经9年并于2011年6月1日正式施行，各省市非遗资源相关政策法规也陆续出台，非遗资源产业发展的制度障碍将不断减少，产业生态将不断优化。制度文明建设推进了文化生态建设，而文化生态平衡又可以培育出良好的产业生态。

由以上分析可得，徽州非物质文化遗产资源保护及其产业化发展所依赖的社会要素，主要可归为两方面内容：传承保护与产业融合。具体而言，除政府统一规制之外，在传承保护方面，传承保护主体主要为非物质文化遗产传承人；而其赖以生存的文化生态环境，则由当地居民与非遗传承人共同构成。在产业融合方面，投资商、旅游者（消费者）以及相关企业，以市场为动力，分别是资本端、消费端以及供给端的主要构成。作为外围层社会要素，协会、社团以及新闻媒体，也在这一过程中发挥着不可或缺的作用。

以上"非物质文化遗产利益相关者协同创新"部分，是对徽州文化区域相关社会因素作用的分析，除此之外，在徽州非物质文化遗产保护与产业化发展中，非社会因素的作用也同样重要，包括徽州非物质文化遗产体量（各

级非遗数量、所涉种类)、徽州区域环境(自然环境、经济环境和文化环境等)、徽州外部环境等。这些非社会要素,一方面,为徽州非遗传承、发展提供了赖以生存发展的客观环境;另一方面,也制约着徽州非遗的传承保护与产业融合在分析徽州非遗资源所处的区域环境,非遗项目资源体量、利益相关者以及产业政策、文化政策基础上,实现徽州区域环境平衡和非遗保护最大化、产业利益最优化。

结　语

现代化、工业化、城镇化进程加速发展，社会结构的变迁以及人口大规模流动引起了非物质文化遗产传承和实践环境的急剧变化，非遗本身也受到了猛烈的冲击。非遗资源保护与发展已然成为当下社会的热点，经由公共议程已上升至政治议程。非遗资源作为中华优秀传统文化的有机组成部分，传承着人类文化多样性的优质文化基因，非遗中所蕴含的中华优秀传统文化成为涵养社会主义核心价值观的重要源泉。习近平总书记在考察讲话和会议中多次提及弘扬社会主义核心价值观，继承和发扬中华民族优秀传统文化，深入挖掘和阐发中华优秀传统文化的精神内涵，"系统梳理传统文化资源"，"保护和传承非物质文化遗产"。在此背景下徽州非物质文化遗产资源保护与产业融合的研究具有重要的时代意义和实践意义。

一、研究回顾

徽州作为典型的文化空间——第二个国家级文化生态保护区（首个跨省文化生态区），对该区域的非遗研究具有样本意义，其现存问题和与之对应的解决对策与其他文化空间具有一般意义上的共通之处。近年来，研究团队对该区域进行了大量的实地田野调研和文献资料整理，对徽州非物质文化遗产进行考察，并按照非遗类别进行总结，包括其生存、传承、发展、保护、利用现状以及面临的现实问题——当下在现实环境中非物质文化遗产的生存与发展存在生态性问题，多数非物质文化遗产项目传承人群日益减少、生存空间受到压缩、"流动记忆"面临消失、传播方式传统、传播范围窄化等。研究发现，现实中不少传统口传心授的传播与传承方式阻碍了非遗的现代化传承和发展。从非遗在当代的存续状况看，它一定会与数字技术发生关系。通过新数字媒介的方法与手段对非遗加以重新阐释，使之在数字环境中能够更好生存与发展，数字化为非遗提供了一种新的存续路径。但对于非遗资源的文化空间、非遗事项、非遗主体，仍需要在现实社会进行有效的关注与保护。特别是非遗的发展和利用问题，需要按照积极"入世"的姿态与相关产业融合，服务地方社会经济文化的发展。首先是遵循公益与市场的原则进行文化传播和发展传媒产业，同时以产业经济的视角，遵循稀缺性和通约性的原则参与到地方产业的发展中，分析徽州非遗的产业融合发展的优劣势以及产业融合的关键性因素。从研究过程来看，徽州非遗的保护、传承、传播、发展利用，都离不开政策的规制和主体间的互动。本书主要围绕以上内容展开研究，取得了一定成果，但部分内容还有待于进一步深化和提升。

二、未来研究展望

通过研究，笔者拓展了学术思路和学术视野，特别是在跨学科的研究方面有了更深的认识。在研究过程中，非物质文化遗产资源数字化应用与文化遗产传播这两个话题逐渐成为本人的研究兴趣点，但对于这两个话题的思考未能深入，在以后的学术研究中，将围绕非遗资源数字化应用和非遗传播这两个话题展开。

关于非物质文化遗产数字化，本书第三章已做了文化层面和理论层面上的探讨。数字化是非遗资源保护的手段和方式，也是非遗资源参与产业融合的关键桥接和中间环节。

非遗资源数字化的意义，不仅是在数字化环境中进行档案式的保存、虚

结 语

拟符号的记录，更是如何使用和延续数字档案与符号背后的文化语意与象征系统——非遗数字内容的传承与应用，即非遗数字化发展问题。非遗要主动适应数字技术的逻辑，非遗的生存与生成环境的变化，原有的文化表示要根据数字技术而更新、调整或改进，即非遗数字内容的创新，从而使非遗在数字环境中能够持续生存与发展，展示其生命力，呈现其魅力。非物质文化遗产的数字化发展主要遵循两种逻辑，一是公益性服务逻辑。地方性知识的传承、展示、普及与教育至关重要，非遗数字化不仅是让文化拥有者保存文化，而且帮助他们把自己的文化在更大范围、更深层面地传递、传承、传播下去，这个层面的发展逻辑主要是非遗信息在 I-space（详见第三章）的采邑区、宗族区和制度区流动。二是产业性应用逻辑。在资本逻辑的裹挟之下，传统文化（文化遗产）已然成为一种资源，非遗数字内容更是易于被现代产业所使用，应对非遗内容进行创意加值，对文化意义进行再生产。产业应用要考量两个方面的问题：一方面，非遗数字信息在多大程度上能够被合理、合法地在 I-space 的市场区流通，即哪些遗产内容可以被作为商业符号所使用，并非所有遗产都能被产业开发；另一方面，在资本逻辑下，如何保证非遗数字内容的正确解码与编码，使之符合文化发展规律。非遗的文化抽象、数字编码以及数据库建设是数字化发展的前提与基础，可以说正确的文化抽象、有效的数字编码、良好的数据库建设直接关系到非遗数字化的应用效果。如果前期数字化阶段做的比较精细，后期的应用就会减少文化传播与理解中的误差。我们假设前期的文化阐释与信息编码都是符合文化规律和文化真实的，在以后的研究中应主要聚焦于"非遗数字内容如何被合理使用""在什么领域使用"——在遵循两种逻辑基础上的四个面向的应用——传统文化教育学习、地方性知识的传承、公益性数字展示传播和产业性创意加值。按照 I-space 信息理论，根据抽象、编码和扩散程度，非遗数字内容信息分布在采邑区、宗族区、制度区和市场区 4 个区域，只不过根据不同信息属性特征和应用范围，数字内容会被限定在某个区域之内。

在采邑区中的非遗信息，属于个体化的，多属于传承人个体的精神产物，其所处的环境也是特殊的，具有天然的弱编码性，难以共享，采邑区信息的生存环境相当狭窄，也非常容易消失，如徽州的目连戏等非遗事项。越是接近采邑区的非遗事项，其保护的要求越迫切。只能进行个体化、家庭式、家族式的文化传承。但这个区域的信息也最具创意性和创新性，然后经过抽象、编码再扩散到 I-space 的其他区域。

宗族区域内的信息可以实现小范围的共享与传播，扩散范围较采邑区相比明显扩大，是非遗所生存的社区或遗产地或生态区。此区域内的非遗传承人群或部分利益相关者具有共同的文化心理和背景，能够识别本地非遗知识，但由于非遗相关"缄默"知识，部分非遗信息并不能被编码和自由扩散，可以在文化所属区域内进行传承与教育，甚至个别可以扩散至制度区与市场区，但受到非遗相关约定俗成的规定的制约或者相关法理的制约。

制度层面的非遗信息具备扩散的条件，但被相关主管部门或特定群体所把控，如非遗中的传统医药的配方等需要得到信息授权才能获得相应的非遗信息，文化部门中具体管理非遗的处室掌握着编码程度好、相对抽象的编码信息，若获得相应的非遗信息知识则需官方的授权与许可，在调研中也遇到了类似情况。当然，在某种程度上这种管控可能并非是对非遗信息知识扩散的障碍，恰恰也是对非遗数字信息资源的保护。数字化信息是一种低成本、重复使用、易于变形的信息形态，如果得不到有效的管理，就会出现编码混乱与"非法"利用，进而导致非遗信息资源的损坏。

市场区内的信息不仅具备扩散条件，任何人都可以对其进行二次加工从而产生新的价值。当然关于非遗的市场化运营要根据具体情况而定，无论是学界还是产业界，目前的讨论都比较激烈。但不可否认市场区的优势是信息传播速度快，有助于文化的传承与传播。但同时市场是不稳定的，不能保证所有的非遗内容都能得到合理合法的使用。

若将信息空间简化为平面四个象限（图7-1），地方性知识传承在采邑区和宗族区发生；普及型教育学习则跨越采邑区、宗族区、制度区三个象限；公益性数字展示是非遗信息在宗族区与制度区的流通；在制度区和市场区，非遗信息可以进行产业性创意加值。

非物质文化遗产知识产权问题，在现实保护中存在许多争议。非物质文化遗产兼具公权和私权属性，在数字化过程中要厘清由谁授权进行数字转化，在数字化利用过程中更要说明谁可以合理使用。非物质文化遗产的实质是一种知识性的信息，它们可能会被任意复制、改编甚至歪曲，该遗产的传承人或拥有者却可能得不到任何回报，而他人利用文化遗产的行为则可能获得知识产权及收益。从实践情况看，有些文化主管部门对文化资源信息共享也有此方面的顾虑，即如何保障非物质文化遗产的数字化产权。从I-space理论来看，非遗的数字化信息是将之限制在采邑区和宗族区，还是扩散到制度区，甚至流通到市场区，这是非物质文化遗产数字化应用面临的一项重要命题。

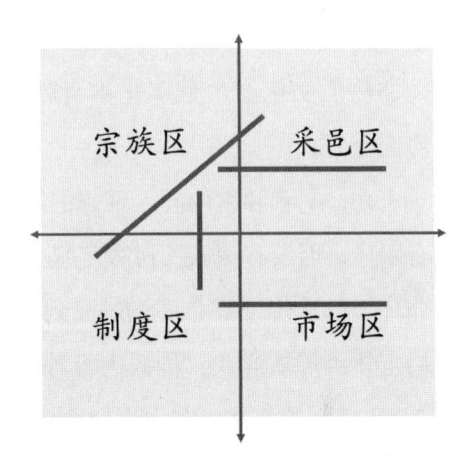

图 7-1　采邑—宗族—制度—市场象限图

同时，也应对非遗资源的保护和利用进行学术和实践反思。当代遗产活动的政治性话语、经济性话语对遗产的代表性认识存在一个明显的特征，即过分强调遗产的现代价值和经济意义。遗产首先表现为一种"历史态"。着眼于遗产的可利用价值，可能忽略了遗产的历时性表述价值、文化价值。对于非遗数字内容资源的经济应用亦应慎之又慎，不能将遗产的各种价值简化为经济符号、消费符号。产业运营要考量两个方面问题：一是非遗数字信息在多大程度上能够被合理、合法流通交易，即哪些遗产内容可以被作为商业符号所使用，因为并非所有遗产都能被产业开发；另一则是在资本逻辑下，如何保证非遗数字内容的正确解码与编码，保证其符合文化发展规律。非物质文化遗产数字化本身就是一项系统工程，需要多部门、多主体的协同合力。

未来，笔者和组内同人聚焦的第二个话题将是遗产传播，在本书第五章已有阐述，但没有深入探讨数字媒介环境中的遗产传播。当下非遗所面临的媒介环境已从传统媒介环境过渡到数字媒介环境，其传播手段、传播方式、传播主体、传播形式、传播内容等方面都要适应新的媒介环境。2021年11月24日习近平总书记在中央全面深化改革委员会第二十二次会议上的讲话强调："要加强文物保护利用和文化遗产保护传承，提高文物研究阐释和展示传播水平，让文物真正活起来，成为加强社会主义精神文明建设的深厚滋养，成为扩大中华文化国际影响力的重要名片。"2022年5月27日习近平总书记在十九届中央政治局第三十九次集体学习时的讲话强调："让更多文物和文化遗产活起来，营造传承中华文明的浓厚社会氛围。文物和文化遗产承载着中华民族的基因和血脉，是不可再生、不可替代的中华优秀文明资源。我们要积极推进文物保护利用和文化遗产保护传承，挖掘文物和文化遗产的多重价值，传播更多承载中华文化、中国精神的价值符号和文化产品。"未来，社会和市场会供给相当数量的文化遗产与以人的生活关系为核心的媒体产品。其特点为，媒体平台开始聚合各种社会资源，传播真实、完整的文化遗产信息，受众的有效接受量增长，传播效果明显。应运用传播学的理论考察文化遗产传播问题，但不限于传播领域，还需考察文化遗产在传播过程中的价值增值，产业融合创新等问题。文化遗产传播是文化遗产的价值增值过程。不能将文化遗产作为一个"存量"（文物、遗物、不动物、过时物等）看待，而应将之看成动态的"流量"（即传播和发挥文化遗产的价值与能量）。文化遗产传播是一个增值过程，在数字媒介的催化下，文化遗产的传播价值和效用更大。文化如同知识，越是分享，其价值和效用越大，应尝试建构文化遗产传播体系。根据I-space理论，非遗的传承限定在采邑区和宗族区。

结 语

采邑区位于 I-space 原点部位,非物质文化遗产的发源地,也是非物质文化遗产最完整的最原始的信息集合——非遗项目的个性化、创造性知识。在此区域内,非遗的信息传递一般是弱编码性的,口传心授,言传身教,扩散范围仅限于家族内部。随着数字技术的介入,非遗事项的表达和呈现方式得到了优化,传承人群可以利用数字化技术对非遗进行加工、处理、再现、解读、保存、共享和传播,可以承接和弥补采邑区与宗族区的传承不足,采邑区的肢体语言和特定场景等隐性知识无法有效编码的重要部分,可以通过影像、图片等形式"立象以尽意",辅助非遗知识的传承。不仅能够在当代传承,也能够代际传递下去。非物质文化遗产是一种根植于人们生活的、琐碎的、细微的、貌不惊人的本土文化表达。通过数字媒介对非遗项目进行有效的传播与传承,必须将数字媒介进行本地化,赋予地方文化认同的表达,从事有意义的文化再生产。培育掌握传统文化知识和技艺的一批人积极主动地参与非遗内容的解释和传播,为数字媒介学习提供有效的文化内容。文化意义不是一成不变的,特别是在新的媒介载体上,可能因为载体改变而发生变化,对文化意义的理解会因新信息的出现而发生变化。非遗的阐释与传播必须根植于社区的文化传统或文化历史之中,对文化表达形式或文化空间的曲解将使其消亡。[1] 数字媒介赋予遗产地的民众(包括传承人)更多的表达权利和表达机会,他们可以方便地参与到非遗传承过程中来,提高在非遗保护与传承中的话语权,可以说数字媒介对地方非遗的传承相当重要。

另外,非物质文化遗产具有教育、凝聚、回忆等功能,展示传播能将此功能放大,并获得更佳的文化传承与传播效果。不少地区还在积极建设非遗博物馆或传习馆、举办非遗文化节,静态陈设非遗事项的相关物品;或者由非遗传承人定期或不定期进行在地性表演,以期与社会公众产生互动,实现文化展示传播的目的。但这种制度安排下的集中展示行为,限于时间、空间

---

[1] 方李莉:《遗产:实践与经验》,云南教育出版社 2008 年版,第 139 页。

与受众，其传承与传播的效果可能还不够理想。数字化改变了非物质文化遗产的传统展示方式——利用数字技术（虚拟现实、增强现实等）对非物质文化遗产特别是传统工艺的生产方式、传播与传承方式等进行真实再现，并建立基于数字媒介平台的非遗数字博物馆，将非遗的数据信息整合在一起，最大限度地实现了非遗数字内容的展示、传播、共享与利用。数字技术能够带来前所未有的拟仿力和传播力，数字展示使得文化具有前所未有的特性——互动性、穿越性、浓缩性、沉浸性、仿真性、可视性，所展示与传播的内容根据输入而不断变化，将现代与传统、真实与虚拟相连并得到即时的反馈。数字化展示是对非遗丰富意义的体验，促使非遗从地方化走向全球化。非遗公益性数字展示传播可从两个路径考量：一是增强"现实"（AR），在实体非遗博物馆基础上，增添数字内容以增强实体博物馆的展示与传播效果；二是虚拟现实（VR），基于数字技术和数字内容，在数字空间建设非遗虚拟博物馆。这里的增强现实与虚拟现实并非具体的两种技术，而是两种展示传播的理念。

增强"现实"。在实体非遗博物馆中，展示基本上是有时空限制的，无法满足公众的参观要求。对文化的阐释呈现静态化和片段化，与文化融合层面略显生硬。非遗知识被压缩为可选择的信息片段。文化变成了"割裂的和局部化的"，而不是一个展开的元叙事（meta-narrative）将参观者引至"一个由事实堆积的实体机构"，非遗并未通过博物馆而被公众认知和理解。为弥补"现实"的缺憾，可利用数字技术对遗产博物馆的功能进行提升——增强博物馆中文化内容的互动性、故事性和脉络性。互动是数字展示的一个主要特点，它们会不停地与公众互动，提供对话、挑战、测试、选择按钮、小工具等，而不是让人们自觉参观，让公众觉得自己有能力参与其中，互动活动在参观者和展示的空间搭起了沟通的桥梁，形成更好的互动关系，进而提供了展示的教育效果。为加深公众对非遗展示内容的理解，需要对非遗进行故事化编码，运用"阐释"的技巧创造意义，按照系统化的文化脉络进行设计解读，赋予文化对象和场所以象征性意义和象征性符号，并把其置于当下的社会情境中，在新的时空范围对内容进行重新定位。数字化展示可以使公众看到现实世界当中永远看不到的文化真实。

虚拟"现实"。"如果参观者不愿来博物馆，博物馆就要走到参观者面前。"① 虚拟现实借助非遗数字化展示，打破博物馆的时空限制，并提供定制化及自主性的呈现。运用适合的数字展示科技，将非遗博物馆的主题内容有系统、结构化地发挥出来，拉近使用者与博物馆间的距离，主动、积极地吸引使用者的注意及兴趣，并使之具有丰富的教育性、具深浅度的研究性。例如以渐进放大的影像数字技术让公众了解雕刻作品、器具等不同形状、构造。数字技术可以摆脱非遗实体博物馆所必需的建筑、陈列、参观时间等条件的限制，任何人在任何时间、任何地点都能从数字空间便捷地获得需要的知识与信息，海量存储的非遗数字内容得到最大限度的展示、传播、共享，满足公众的文化需求，成为数字技术条件下适合于大众传播的一种新的路径。数字展示、传播与传承，可以确保可能丢失或消亡的非遗在数字空间存续。

---

① ［英］贝拉·迪克斯：《被展示的文化：当代"可参观性"的生产》，冯悦译，北京大学出版社 2012 年版，第 173 页。

参考文献

（各类文献按照首字母拼音排序）

中文著作及译著

[1] [澳] 戴维·思罗斯比：《经济学与文化》，王志标、张峥嵘译，中国人民大学出版社 2011 年版。

[2] [澳] 哈特利：《数字时代的文化》，李士林、黄晓波译，浙江大学出版社 2014 年版。

[3] [德] 阿斯曼：《回忆空间文化记忆的形式和变迁》，潘璐译，北京大学出版社 2016 年版。

[4] [德] 阿斯曼：《文化记忆早期高级文化中的文字、回忆和政治身份》，金寿福、黄晓晨译，北京大学出版社 2015 年版。

[5] [德] 海森伯：《物理学和哲学现代科学中的革命》，范岱年译，商务印书馆 2011 年版。

[6] [法] 鲍德里亚：《消费社会》，刘成富、全志钢译，南京大学出版社 2000 年版。

[7] [法] 皮埃尔·布迪厄：《关于电视》，许钧编译，沈阳辽宁教育出版社 2000 年版。

[8] [加] 马歇尔·麦克卢汉:《理解媒介——论人的延伸》,何道宽译,商务印书馆2000年版。

[9] [美] 爱蒂丝·布朗·魏伊丝:《公平地对待未来人类》,法律出版社2000年版。

[10] [美] 费·金斯伯格、里拉·阿布-卢赫德、布莱恩·拉金,《媒体世界:人类学的新领域》,丁惠民译,商务印书馆2015年版。

[11] [美] 科尔曼:《社会理论的基础》,邓方译,社会科学文献出版社1999年版。

[12] [美] 罗杰·D.维曼、约瑟夫·R.多米尼克:《大众媒介研究导论》,金兼斌等译,清华大学出版社2005年版。

[13] [美] 马文哈里斯:《文化人类学》,李培芙等译,东方出版社1988年版。

[14] [美] 马歇尔·萨林斯:《甜蜜的悲哀》,王铭铭、胡宗泽译,生活·读书·新知三联书店2002年版。

[15] [美] 尼尔·波兹曼:《娱乐至死·童年的消逝》,章艳译,广西师范大学出版社2009年版。

[16] [美] 尼尔·波兹曼:《技术垄断》,何道宽译,北京大学出版社2007年版。

[17] [美] 尼古·拉斯·尼葛洛庞蒂:《数字化生存》,胡泳、范海燕译,海南出版社1997年版。

[18] [美] 威廉·A.哈维兰:《文化人类学》第10版,翟铁鹏、张钰译,上海社会科学院出版社2006年版。

[19] [美] 詹姆斯·W.凯瑞:《作为文化的传播》,丁未译,华夏出版社2005年版。

[20] [西] 尔瓦多·穆尼奥斯·比尼亚斯:《当代保护理论》,张鹏等译,同济大学出版社2012年版。

[21] [英] 贝拉·迪克斯:《被展示的文化:当代"可参观性"的生产》,冯悦译,北京大学出版社2012年版。

[22] [英] 丹尼尔·米勒:《数码人类学》,王心远译,人民出版社2014年版。

[23] [英]马克斯·H.布瓦索:《信息空间:认识组织、制度和文化的一种框架》,王寅通译,上海译文出版社2000年版。

[24] [英] 密尔:《论自由、代议制政府》,湖南文艺出版社2011年版。

[25] 蔡靖泉:《文化遗产学》,华中师范大学出版社2014年版。

[26] 程郁儒:《民族文化传媒化》,中国社会科学出版社2012年版。

[27] 董晓萍:《中国民俗文化软实力发展战略专论》,商务印书馆2015年版。

[28] 方李莉:《遗产:实践与经验》,云南教育出版社2008年版。

[29] 费孝通:《江村经济》,上海人民出版社2013年版。

[30] 郭鉴:《吾地与吾民:地方文化产业研究》,浙江大学出版社2008年版。

[31] 郭庆光:《传播学教程》,中国人民大学出版社2011年版。

[32] 郝朴宁:《民族文化传播理论描述》,云南大学出版社2007年版。

[33] 李春霞:《遗产:源起与规则》,云南教育出版社2008年版。

[34] 李明伟:《知媒者生存——媒介环境学纵论》,北京大学出版社2010年版。

[35] 李义杰:《符号创造价值——媒介空间与文化资源的资本转换》,浙江大学出版社2016年版。

[36] 刘建国:《考古与地理信息系统》,科学出版社2007年版。

[37] 刘建华:《民族文化传媒化》,云南大学出版社2011年版。

[38] 刘锡诚:《非物质文化遗产保护的中国道路》,文化艺术出版社2015年版。

[39] 鲁春晓:《新形势下中国非物质文化遗产保护与传承关键性问题研究》,中国社会科学出版社2017年版。

[40] 吕英华:《Access数据库技术及应用》,科学出版社2012年版。

[41] 潘德冰:《社会场论导论》,华中师范大学出版社1992年版。

[42] 彭冬梅:《非物质文化遗产数字化保护与传播研究——以剪纸艺术为例》,山东人民出版社2014年版。

[43] 彭兆荣:《文化遗产十讲》,云南教育出版社2012年版。

[44] 彭兆荣:《遗产:反思与阐释》,云南教育出版社2008年版。

[45] 秦枫:《文化资源概论》,中国科学技术大学出版社2014年版。

[46] 秦枫：《非物质文化遗产数字化保存与发展研究 以徽州区域为例》，中国科学技术大学出版社 2021 年版。

[47] 阮艳萍：《传递与共享：文化遗产数字传承者》，中国书籍出版社 2013 年版。

[48] 王文章：《非物质文化遗产概论（修订版）》，教育科学出版社 2013 年版。

[49] 吴予敏：《无形的网络——从传播学角度看中国的传统文化》，国际文化出版公司 1988 年版。

[50] 伍庆：《消费社会与消费认同》，社会科学文献出版社 2009 年版。

[51] 武桂杰：《霍尔与文化研究》，中央编译出版社 2009 年版。

[52] 徐赣丽：《文化遗产在当代中国》，中国社会科学出版社 2014 年版。

[53] 杨红：《非物质文化遗产数字化研究》，社会科学文献出版社 2014 年版。

[54] 杨红：《非物质文化遗产展示与传播前沿》，清华大学出版社 2017 年版。

[55] 叶舒宪：《文化与符号经济》，广东人民出版社 2012 年版。

[56] 俞建章、叶舒宪：《符号：语言与艺术》，上海人民出版社 1988 年版。

[57] 赵东：《历史文化资源数字化保护与开发研究》，陕西旅游出版社 2014 年版。

[58] 仲富兰：《民俗传播学》，上海文化出版社 2007 年版

[59] 周明全：《文化遗产数字化保护技术及应用》，高等教育出版社 2011 年版。

[60] 周尚意、孔翔、朱竑：《文化地理学》，高等教育出版社 2004 年版。

[61] 周宪：《文化表征与文化研究》，北京大学出版社 2007 年版。

[62] 周宪：《视觉文化的转向》，北京大学出版社 2008 年版。

中文期刊

[63] 常凌翀：《互联网时代西藏非物质文化遗产的数字化传播路径》，《中央民族大学学报》2014 年第 3 期。

[64] 陈东、杨泽林、罗岭梅：《利益相关者视角下孔子文化走出去的动力机制研究》，《海南大学学报（人文社会科学版）》2015 年第 6 期。

[65] 陈方方、丛凤侠:《地域品牌与区域经济发展研究》,《山东社会科学》2005 年第 3 期。

[66] 陈桂波:《非遗视野下的文化空间理论研究刍议》,《文化遗产》2016 年第 4 期。

[67] 陈虹:《试谈文化空间的概念与内涵》,《文物世界》2006 年第 1 期。

[68] 陈树强:《增权:社会工作理论与实践的新视野》,《社会学研究》2003 年第 5 期。

[69] 陈天培:《非物质文化遗产的经济价值》,《改革与战略》2006 年第 5 期。

[70] 陈炜、钟学进、张露露:《基于利益相关者理论的少数民族传统体育文化资源开发模式研究——以广西三江富禄苗族乡花炮节为例》,《广西民族研究》2013 年第 2 期。

[71] 崇秀全:《依靠基层社区和广大民众保护和传承非物质文化遗产》,《非物质文化遗产研究集刊》2008 年第 1 期。

[72] 冯骥才:《文化产业不等于"文化+钱"》,《西部大开发》2012 年第 3 期。

[73] 龚志强、王琬萱:《世界文化景观遗产适应性管理模式构建——基于利益相关者理论》,《企业经济》2019 年第 1 期。

[74] 何华湘:《非物质文化遗产的传播伦理问题初探》,《社科纵横》2013 年第 1 期。

[75] 皇甫晓涛:《符号经济与数字文化的国家创新系统》,《江西社会科学》2005 年第 11 期。

[76] 黄丽娟:《基于文化空间视域的非物质文化遗产旅游空间的建构——以武夷山大红袍传统工艺为例》,《湖北文理学院学报》2018 年第 11 期。

[77] 黄雯:《地域文化视觉艺术表达的范例——从电影〈菊豆〉看徽文化的展现》,《当代电影》2012 年第 12 期。

[78] 黄永林、谈国新:《中国非物质文化遗产数字化保护与开发研究》,《华中师范大学学报(人文社会科学版)》2012 年第 2 期。

[79] 黄永林、王伟杰:《数字化传承视域下我国非物质文化遗产分类体系的重

构》,《西南民族大学学报（人文社会科学版）》2013 年第 8 期。

[80] 黄悦:《符号经济与消费神话》,《江西社会科学》2005 年第 11 期。

[81] 李荣启:《对非遗传承人保护及传承机制建设的思考》,《中国文化研究》2016 年第 2 期。

[82] 李荣启:《非物质文化遗产生活性保护的理念与方法》,《艺术百家》2016 年第 5 期。

[83] 李昕:《符号消费—文化资本与非物质文化遗产》,《西南民族大学学报（人文社科版）》2008 年第 8 期。

[84] 李颖:《论民俗艺术传播的意义空间》,《民俗研究》2016 年第 2 期。

[85] 栾成显:《徽州文化的形成与演变历程》,《安徽史学》2014 年第 2 期。

[86] 罗伯特·B.丹哈特、珍妮特·V.丹哈特:《新公共服务：服务而非掌舵》,刘俊生译,《中国行政管理》2002 年第 10 期。

[87] 吕慧敏:《文化安全视野下非物质文化遗产的保护与传承》,《广州大学学报（社会科学版）》2015 年第 10 期。

[88] 裴张龙:《非物质文化遗产的数字化保护及其实施方案》,《非物质文化遗产研究集刊》2008 年。

[89] 彭兆荣:《遗产学与遗产运动：表述与制造》,《文艺研究》2008 年第 2 期。

[90] 戚剑玲:《非物质文化遗产的身体传承——以京族为例》,《云南师范大学学报（哲学社会科学版）》2019 年第 4 期。

[91] 秦枫、李丁丁:《徽州文书档案数字化路径探析》,《兰台世界》2015 年第 5 期。

[92] 秦枫、徐军君:《突围与重塑：数字媒介环境与传统文化传播》,《内蒙古农业大学学报（社会科学版）》2015 年第 2 期。

[93] 秦枫:《文化科技政策执行效果影响因素研究——基于解释结构模型分析》,《安徽师范大学学报（人文社会科学版）》2019 年第 1 期。

[94] 秦枫:《基于数字科技的文化创意产品创新发展研究》,《文化产业研究》2015 年第 2 期。

[95] 秦枫：《缄默知识理论下非物质文化传承研究》，《鸡西大学学报》2014 年第 8 期。

[96] 秦枫：《文化遗产资源符号建构与产业融合——以徽州区域为例》，《云南开放大学学报》2016 年第 2 期。

[97] 阮艳萍：《媒介即是遗产——数字媒介对文化遗产传承与表述影响初探》，《理论月刊》2011 年第 11 期。

[98] 阮艳萍：《数字传承人：一类遗产表述与生产的新型主体》，《西南民族大学学报》2011 年第 2 期。

[99] 宋俊华：《文化生产与非物质文化遗产生产性保护》，《文化遗产》2012 年第 1 期。

[100] 谈国新、孙传明：《信息空间理论下的非物质文化遗产数字化保护与传播》，《西南民族大学学报（人文社会科学版）》2013 年第 6 期。

[101] 汪欣：《非物质文化遗产保护的文化生态论》，《民间文化论坛》2011 年第 1 期。

[102] 王巨山：《论非物质文化遗产保护中的文化共生与文化伴生》，《社会科学辑刊》2009 年第 5 期

[103] 王连伟、周骁男：《简析密尔适度政府干预思想》，《行政论坛》2004 年第 1 期。

[104] 王亚欣、李泽锋：《非物质文化遗产保护下唐卡的游客感知和态度研究》，《世界地理研究》2016 年第 2 期。

[105] 韦路、丁方舟：《论新媒体时代的传播转型研究》，《浙江大学学报》2013 年第 5 期。

[106] 乌丙安：《〈孟姜女传说〉口头遗产及其文化空间——国家级非物质文化遗产〈孟姜女传说〉评述》，《民俗研究》2009 年第 3 期。

[107] 吴颖：《简论文化产业与非物质文化遗产结合发展》，《大众文艺》2012 年第 6 期。

[108] 向云驹：《论"文化空间"》，《中央民族大学学报（哲学社会科学版）》

2008 年第 3 期。

[109] 向云驹：《再论"文化空间"——关于非物质文化遗产若干哲学问题之二》，《民间文化论坛》2009 年第 5 期。

[110] 余伟浩：《非物质文化遗产福建大田县板凳龙的数字化影像再现与保护》，《电影评介》2012 年第 15 期。

[111] 苑利：《日本文化遗产保护运动的历史和今天》，《西北民族研究》2014 年第 2 期。

[112] 张博：《非物质文化遗产的文化空间保护》，《青海社会科学》2007 年第 1 期。

[113] 张松：《文化生态的区域性保护策略探讨——以徽州文化生态保护实验区为例》，《同济大学学报（社会科学版）》2009 年第 3 期。

[114] 朱晓华、韩顺法：《非物质文化遗产的文化资本属性及发展新范式》，《河南教育学院学报（哲学社会科学版）》2018 年第 6 期。

学位论文

[115] 彭冬梅：《面向剪纸艺术的非物质文化遗产数字化保护技术研究》，博士学位论文，浙江大学，2008 年。

[116] 陈少峰：《非物质文化遗产的动漫化传承与传播研究》，博士学位论文，山东大学，2014 年。

报纸及网络文献

[117] 向勇：《文化产业要实现文化与科技的融合》，《人民政协报》2012 年 11 月 5 日。

[118] 杨红：《非物质文化遗产数字化的冷思考》，《中国文化报》2016 年 7 月 8 日。

[119] 田艳：《非遗传承人的权利与义务》，《光明日报》2011 年 4 月 29 日。

[120] 杨璐：《数字化如何助力文化遗产传播》，见 http://echo.mpiwg-berlin.mpg.

de/home。

外文文献

[121] Alaka Wali. "Destination Culture: Tourism, Museums, and Heritage", *American Anthropologist*, 1999, Vol. 101, No. 3,pp.629-630.

[122] Anil Singh. *Digital Preservation Of Cultural Heritage Resources And Manuscripts: An Indian Government Initiative*, IFLA Journal. 2012, Vol. 38, No. 4 ,pp. 289-296.

[123] Anil Singh. *Digital preservation of cultural heritage resources and manuscripts: An Indian government initiative*,IFLA Journal. 2012.

[124] Benjamin W. *The work of art in the mechanical age of reproduction*, London: Penguin Books Ltd., 2008.

[125] Boamah, Eric;Dorner, DanielG.;Oliver, Gillian. *Stakeholders' Attitudes Towards The Management And Preservation Of Digital Cultural Heritage Resources In Ghana*,Australian Academic & Research Libraries. 2012., Vol. 43, No. 4,pp. 300-317.

[126] Brown, D; Nicholas, G. *Protecting indigenous cultural property in the age of digital democracy: Institutional and communal responses to Canadian First Nations and M（a）over-barori heritage concerns*,Journal Of Material Culture. 2012.

[127] Cabri G, Bonfigli M E, Zambonelli F, et al. *Virtual visits to cultural heritage supported by Web-agents*, Information & SoftwareTechnology, 2004, 46（3）,pp. 173-184.

[128] Crawhall N. *A protection and management oriented intangible culture heritage MIS architecture and its prototype application*,Journal of Cultural Heritage, 2008（12）,pp. 1063-1067.

[129] DeNegri, B., Thomas, E., Muvandi, I., & Lewis, G. *Empowering Communities*,Washington D. C.: The Academy for Educational Development. 1999, p. 4.

[130] Fiona Cameron and Sarah Kenderdine. *Theorizing Digital Cultural Heritage: A Critical Discourse*,Cambridge, Mass: MIT Press, 2007.

[131] Jeremy Boggs. *Visual Interface Design for Digital Cultural Heritage. A Guide to Rich-Prospect Browsing*,Literary and Linguistic Computing . 2012, Vol. 27 , No. 4,pp. 466-467.

[132] John Stuart Mill. *On Liberty* ,Kitchener: Batoche Books, 2001,p.6.

[133] Kalay Y, Kvan T, Affleck J. *New heritage: New media and cultur-al heritage*,London: Routledge, 2007.

[134] Karp C. *Digital heritage in digital museums*,Museum Interna-tional, 2004, 56 (1-2) ,pp.45- 51.

[135] KateHennessy. *Cultural Heritage on the Web: Applied Digital Visual Anthropology and Local Cultural Property Rights Discourse*, International Journal of Cultural Property. 2012, Vol. 19, Special 3,pp.345-369.

[136] R. Edward Freeman and John McVea. *A Stakeholder Approach to Strategic Management. In The Blackwell Handbook of Strategic Management*, First Edition. Edited by A. Hitt, R. Edward Freeman, and Jeffrey S. Harrison. P.183.

[137] Rappaport. J. *Empowerment Meets Narrative: Listening to Stories and Creating Settings*,Americans Journal of Community Psychology, 1995, Vol. 23 , No. 5 ,pp.795-807.

[138] Robert B. Denhardt, Janet Vinzant Denhardt. *The New Public Service: Serving Rather than Steering*,Public Administration Review, 2000, 60（6）,pp.549-559.

[139] Singhal, A. *Facilitating community participation through communication*. Report submitted to GPP, Programme Division, UNICEF, New York. 2001,p.13

[140] Singhal, A. *Facilitating community participation through communication*, Report submitted to GPP, Programme Division, UNICEF, NewYork. 2001, Vol. 17 , No. 3,p.13

[141] SMITH T B. *The Policy Implementation Process. Policy Sciences*, 1973: 4 . pp: 197-209.

[142] Stuart Hall, *Encoding / Decoding,Cultural, Media , Language, ed*s, London: Hutchinson, 1980, p. 256.

[143] UNESCO. *Guidelines for the Establishment of National "Living Human Treasures" Systems*. p. 4.

[144] UNESCO. *Text of the Convention for the Safeguarding of the Intangible Cultural Heritage*, https: //ich. unesco. org/en/convention. 2019-08-02.

[145] YehudaE. Kalayetc. *New heritage: New Media and Cultural Heritage*, Abingdon, Oxon, NewYork: Routledge, 2008.

附录一
"徽州非物质文化遗产资源保护与产业融合发展"访谈提纲

文化主管部门/研究学者:

1. 请简单谈一谈贵县区非遗现状及问题/请简单谈一谈您对非遗生存现状与未来发展的看法。
2. 如何认识非物质文化遗产数字化;您的态度如何?
3. 贵县区在非遗数字保存方面做了哪些工作?
4. 贵县区是否建置有非物质文化遗产数据库?是否共享?
5. 您对非遗数字化未来的发展利用有何建议与意见?

非遗传承人:

1. 您及您的家庭如何认识非物质文化遗产现状?
2. 您认为如何才能更好地保存与传承非物质文化遗产?
3. 您对非物质文化遗产影像记录、保存的态度如何?
4. 非遗主管部门是否告知你们非遗数字化与数据库相关信息?

社会公众:

1. 您感觉当下非遗的生存状况如何?
2. 如何更好地保护与传承非遗?
3. 您看过关于非遗的电视电影或动画吗?

4. 如果在手机或网上能够感受到当地非遗，您的态度如何？

相关企业：

1. 作为企业，您如何看待当下非遗生存状况及未来传承传播状况。

2. 贵企业在非遗传承传播过程中有何贡献？

3. 您对非遗数字化的态度如何？

4. 非遗数字化对文化产业（或其他产业）的影响与作用。

附录二
"徽州非物质文化遗产资源保护与产业融合发展"访谈对象简表

编码	性别	年龄	地区	单位/职业/身份
D-1	男	56	合肥	文化主管部门、主任
D-2	男	43	宣城	县区文化主管部门、馆长
D-3	男	43	黄山	市文化主管部门、科长
D-4	男	67	黄山	黄山学院研究员
D-5	男	63	芜湖	中国科学技术大学教授
D-6	男	48	北京	安徽师范大学教授
D-7	男	56	黄山	非遗传承人
D-8	男	67	黄山	非遗传承人
D-9	男	49	黄山	非遗传承人
D-10	男	68	黄山	非遗传承人
D-11	男	66	黄山	非遗传承人
D-12	男	37	黄山	当地民众
D-13	女	38	黄山	当地民众
D-14	男	53	黄山	当地民众
D-15	男	44	黄山	当地民众
D-16	男	24	黄山	当地民众
D-17	男	39	淮北	游客
D-18	女	21	江苏	游客

D-19	男	50	上海	游客
D-20	女	44	北京	游客
D-21	女	40	婺源	游客
D-22	男	39	芜湖	文化企业负责人
D-23	男	47	芜湖	文化企业负责人
D-24	男	45	合肥	文化企业负责人
D-25	男	50	黄山	文化企业负责人

后 记

本书算是多学科交叉的成果，以徽州非物质文化遗产为研究对象，从文化传播、文化传承、文化数字化、文化产业等角度考察非遗的传承保护及其产业价值。以地方视角来审视文化传承与保护，地方文化是中华文明的具体样态，徽州文化是具有突出特征的文化样本，研究此问题有助于推动地方优秀传统文化创造性转化、创新性发展。

本书以徽州非物质文化遗产本体为起点，通过田野调研和访谈等方式，对徽州非遗特征、现状进行考察，以获得对徽州非遗保护传承、传播及产业等方面的总体感知，进而从文化空间、文化事象、文化主体三个方面论述徽州非遗的传承与保护。接着以当下的媒介技术为观测点，在理论上阐述徽州非遗在数字化环境中的创新发展，涉及徽州非遗的认同与传播、符号品牌与文化经济，特别是如何融入地方产业发展。最后从政府、社会及市场视角论述徽州非遗保护与产业融合。

该成果是笔者对前期研究的拓展和总结，也是为未来学术研究做的积淀和转折。此前就徽州非遗数字化做过专门的论述分析，在本书的相关章节中也有体现，后续将更多聚焦于徽文化智能传播等话题，并进一步展开相关讨论。徽州文化资源研究是笔者所在单位的优势研究领域，工作后在诸位师长的关心和指导下，该领域也成为笔者的研究关注点，只不过进入该领域的切口是文化产业、数字技术、文化传播等视角。后来笔者以此为研究基础获批了相关研究项目和课题，如协同创新课题"徽文化智能传播效能提升及评估体系研究"、省哲社重点项目"数字媒介环境下安徽非物质文化遗产传承与传播研究"等，这也是前面所说的研究转折，但这个转折也跟笔者所工作的专业和学院有关，此前在文化产业管理专业领域，后转到新闻传播学大类的专业教学和研究中。

谈到研究转折，笔者就徽州非遗这个话题进行深入，响应"推动文化遗产系统性保护和统一监管"等时代课题，或许未来会在更广泛的"遗产"领域加大研究力度，逐步从非物质文化遗产扩展到物质文化遗产，甚至涵盖文化和自然遗产领域。在促进文化和自然的融合、推动中外文明交流互鉴、提升国家文化软实力的目标下，构建遗产传播体系与方法，向世界讲述中国遗产故事。关于遗产传播的话题，《人民日报（海外版）》高级编辑齐欣先生给予了我不少启发，也期待未来更多的同人关注这些话题。本书受到陆林教授主持的高校协同创新项目"以文旅融合发展推进徽文化'双创研究'"（项目号：GXXT-2022-093）和我本人主持的高校协同创新项目"徽文化智能传播效能提升及评估体系研究"（项目号：GXXT-2023-095）以及2023年高峰学科建设项目（项目号：2023GFXK113）资助出版。

最后，在本书撰写过程中，我借鉴和参考了诸多专家学者的研究成果，以参考文献的方式表示感谢。在书稿核对过程中，我的研究生参与了文稿的通读和参考文献的核对，是为谢。本书出版得到了人民出版社的大力支持，特别是责任编辑王若曦的认真负责，多次给出了修改建议和意见，提升了本书的科学性和准确性。在此对人民出版社和王若曦老师表示衷心感谢。同时，限于本人认知和学识，难免对一些知识和概念把握不准，恳请读者参与未来的审读、批评和反馈。

秦　枫

2024年11月30日

责任编辑：王若曦

图书在版编目（CIP）数据

徽州非物质文化遗产资源保护与产业融合发展研究 / 秦枫著. -- 北京：人民出版社，2025.4. -- ISBN 978-7-01-026979-5

I. G127.54

中国国家版本馆 CIP 数据核字第 2024S46Z97 号

徽州非物质文化遗产资源保护与产业融合发展研究
HUIZHOU FEIWUZHI WENHUA YICHAN ZIYUAN BAOHU YU
CHANYE RONGHE FAZHAN YANJIU

秦枫 著

人民出版社 出版发行
（100706 北京市东城区隆福寺街99号）

北京中科印刷有限公司印刷　新华书店经销
2025年4月第1版　2025年4月北京第1次印刷
开本：710毫米×1000毫米 1/16　印张：18.25
字数：300千字

ISBN 978-7-01-026979-5　定价：90.00元

邮购地址 100706　北京市东城区隆福寺街99号
人民东方图书销售中心　电话：(010) 65250042　65289539

版权所有·侵权必究
凡购买本社图书，如有印制质量问题，我社负责调换。
服务电话：(010) 65250042